A história do embaixador Morgenthau

O depoimento pessoal sobre um dos maiores genocídios do século XX

Henry Morgenthau
Embaixador americano em Constantinopla entre 1913 e 1916

© Fotógrafo Harris & Ewing, Inc./CORBIS/Corbis (DC)/Latinstock

HENRY MORGENTHAU

A história do embaixador Morgenthau
O depoimento pessoal sobre um dos maiores genocídios do século XX

Tradução: Marcello Lino

© 1918 by Doubleday, Page & Company
Traduzido do original em inglês *Ambassador Morgenthau's Story*

Tradução: Marcello Lino

Produção gráfica: Katia Halbe
Preparação de originais: Paula Souza Dias Nogueira
Projeto gráfico e diagramação: Join Bureau
Capa: Miriam Lerner
Imagens de capa: Henry Morgenthau / embaixador americano em Constantinopla entre 1913 e 1916.
© Fotógrafo Harris & Ewing, Inc./CORBIS/Corbis (DC)/Latinstock. Armênios marcham para prisão escoltados por soldados turcos em abril de 1915. Armênios deportados em marcha (quarta capa).

Foram feitos todos os esforços para identificar corretamente a autoria das imagens aqui reproduzidas, bem como a fonte e/ou o detentor dos direitos autorais.
A Editora Paz e Terra compromete-se a reparar erros ou omissões não intencionais retificando-os, sempre que notificada, nas edições seguintes.

CIP-Brasil. Catalogação na Fonte
Sindicato Nacional dos Editores de Livros, RJ

M848h

Morgenthau, Henry, 1856-1946
 A história do embaixador Morgenthau: o depoimento pessoal sobre um dos maiores genocídios do século XX / Henry Morgenthau; tradução Marcello Lino. – São Paulo: Paz e Terra, 2010.
 324 p.: il.

 Tradução de: Ambassador Morgenthau's story
 ISBN 978-85-7753-133-2

 1. Morgenthau, Henry, 1856-1946. 2. Guerra Mundial, 1914-1918 – Turquia. 2. Turquia – Relações exteriores – Alemanha. 3. Alemanha – Relações exteriores – Turquia. 4. Estados Unidos – Relações exteriores – Turquia. 5. Turquia – Relações exteriores – Estados Unidos. 6. Massacre dos armênios, 1915-1923. I. Título.

10-4424
CDD: 940.324561
CDU: 94(100)"1914/1918"(560)
021435

EDITORA PAZ E TERRA LTDA.
Rua do Triunfo, 177
Santa Ifigênia, São Paulo, SP – CEP: 01212-010
Tel.: (11) 3337-8399
e-mail: vendas@pazeterra.com.br
home page: www.pazeterra.com.br

2010
Impresso no Brasil / *Printed in Brazil*

A
Woodrow Wilson

O expoente nos Estados Unidos da opinião pública mundial iluminada, que decretou que os direitos das pequenas nações devem ser respeitados e que crimes como os descritos neste livro nunca mais obscurecerão as páginas da história.

Apresentação

A decisão de traduzir este livro teve o objetivo de continuar a disponibilizar em português obras de grande relevância sobre o genocídio armênio. Durante sua vida, meu pai, Varujan Burmaian, trabalhou continuamente para esclarecer ao mundo sobre os atos criminosos determinados pelo governo turco contra os armênios, inclusive patrocinando a tradução de obras esclarecedoras publicadas pela editora Paz e Terra, que à época tinha o comando do Dr. Fernando Gasparian.

A história do embaixador Morgenthau foi escrita originalmente em 1918 para tornar públicas as memórias de Henry Morgenthau em sua temporada como embaixador dos Estados Unidos no Império Otomano durante os anos da Primeira Guerra.

O embaixador penetra na intimidade da diplomacia para expor o jogo desenvolvido pela Alemanha para dominar o mundo e a maneira como ela colocou a Turquia sob seu controle e influência. No capítulo chamado "O assassinato de uma nação", Morgenthau descreve detalhadamente como, de forma organizada e planejada, o governo turco executou seu plano de extermínio contra a raça armênia.

Henry Morgenthau foi o embaixador americano para o Império Otomano durante o genocídio armênio. Naturalizado americano, de família judia-alemã, foi um advogado de muito sucesso e bastante ativo na política do partido democrata. Com a eleição do presidente Woodrow Wilson, foi apontado embaixador em 1913. Em Constantinopla, estabeleceu uma relação pessoal com os líderes dos Jovens Turcos, especialmente o ministro do interior Talaat, com quem tentou em vão aliviar a difícil situação da população armênia quando as notícias de deportações e massacres começaram a chegar à embaixada, a partir de abril de 1915. Naquele momento, os consulados dos Estados Unidos no interior do Império Otomano transmitiram uma sequência alarmante de relatórios detalhando a extensão das medidas tomadas contra os armênios. Embora existissem grandes dificuldades de comunicação durante a guerra, as evidências e o testemunho pessoal relatado pelos consulados levaram o embaixador a enviar pessoalmente uma mensagem ao Departamento de Estado Americano alertando que "uma campanha de extermínio de uma raça está em andamento". Com as energias esgotadas pelo seu esforço malsucedido para evitar o desastre, Morgenthau retornou aos Estados Unidos em 1916 e, pelo tempo restante da guerra, dedicou-se pessoalmente a levantar fundos para os armênios sobreviventes.

Até os dias de hoje a Turquia segue negando os fatos relatados por Morgenthau neste livro. A mesma Turquia, que tenta provar ao mundo que está preparada para integrar a União Europeia, tem uma postura inaceitável diante de um crime cometido no passado pelos dirigentes de seu país. Em vez de ganhar respeito internacional ao criticar seu passado honestamente da mesma maneira que a Alemanha fez com o holocausto, a negação de algo incontestável faz com que a Turquia se perpetue como um Estado genocida.

As intermináveis evidências históricas constituem provas mais do que suficientes para condenar aquela carnificina cometida por uma gente bárbara e assassina. Assustadoramente, a Turquia dos dias de hoje, que tenta iludir a opinião pública internacional ao mostrar-se um país ocidentalizado, de cultura democrática e respeitador dos direitos humanos, se faz cúmplice dos que efetivamente cometeram aqueles crimes ao continuar trabalhando politicamente para esconder e negar uma realidade histórica.

Na obsessão doentia de esconder um dos maiores crimes cometidos contra a humanidade no século XX, a Turquia trata internamente qualquer referência à questão como crime e grita "mentira!" a cada vez que o termo genocídio é mencionado. No campo externo, o país organiza sua força diplomática para pressionar qualquer movimento de governos no sentido de reconhecer o genocídio armênio.

Os Estados Unidos, que têm a Turquia como importante aliada, foram ameaçados com "eles terão de enfrentar sérias consequências", quando o Comitê de Assuntos Estrangeiros da Câmara dos Deputados dos Estados Unidos aprovou uma resolução que classifica como "genocídio" o massacre de um milhão e meio de armênios em 1915. Num esforço em pressionar o governo americano a não permitir maiores progressos dessa resolução, o governo turco ameaçou um rompimento do relacionamento entre Turquia e Estados Unidos, com a retirada do apoio nas questões do Paquistão, Iraque e Oriente Médio.

Além disso, a Turquia patrocina bolsas de estudos em universidades americanas para assegurar-se de que a sua distorcida visão da história seja apresentada numa tentativa de esterilizar seu passado.

Em um importante testemunho histórico, A *história do embaixador Morgenthau* revela diálogos impressionantes do embaixador com Talaat e com Enver, dois dos mais importantes e sanguinários líderes dos Jovens Turcos, então governantes do Império Otomano. Na tentativa de intervir para suspender os massacres contra os armênios, Morgenthau ouve várias confissões da intenção de eliminação da raça armênia. "Já nos livramos de três quartos dos armênios; Não resta mais nenhum deles em Bitlis, Van e Erzerum. O ódio entre turcos e armênios é tão intenso agora que temos de acabar com eles. Senão, eles planejarão sua vingança", diz Talaat ao argumentar que era muito tarde para o embaixador tentar intervir.

Sem saber que a mesma desumanidade seria um dia imposta aos judeus na Alemanha, Morgenthau detecta semelhanças entre os métodos dos governantes turcos e a filosofia bélica alemã de então. Sua pressão sobre o embaixador alemão foi em vão, já que Hans Freiherr von Wangenheim se recusou a intervir a favor dos armênios. Ao ser intimidado pela embaixada alemã para deixar de divulgar e atuar na defesa dos interesses armênios, Morgenthau manteve-se firme em sua batalha e declarou "Se eu tiver de ser um mártir, não vejo causa mais digna do que esse sacrifício. Na verdade, seria um prazer para mim, pois não posso pensar em honra maior do que ser chamado de volta ao meu país pelo fato de, sendo judeu, eu ter feito tudo que estava ao meu alcance para salvar a vida de centenas de milhares de cristãos."

Além da questão armênia, o livro descreve também, de forma viva, o desenrolar da Primeira Grande Guerra ao relatar os movimentos da guerra ilustrados pelas conversas pessoais de diversos embaixadores envolvidos no conflito. A sinceridade do embaixador alemão Wangenheim a Morgenthau impressionam pela clareza com que ficam expressos não somente os sentimentos alemães de precipitar uma guerra preventiva contra a França e a Rússia, mas também as intenções de dominação da Alemanha.

Não se pretende semear o ódio ao fazer conhecer e manter viva a memória dos sofrimentos impostos aos armênios. O que realmente se pretende, é que o governo turco pare de falsificar os fatos e a realidade do genocídio armênio e reconheça definitivamente as violências de que foram vítimas centenas de milhares de pessoas inocentes. O reconhecimento é também uma obrigação da comunidade internacional. Crimes contra a humanidade não podem ser esquecidos e devem ser confrontados para prevenir a repetição de condutas bárbaras no futuro. Há de se trancar no passado aquela passagem negra da história humana, porém o perdão daqueles trágicos e criminosos episódios somente poderá ocorrer se os atuais governantes da Turquia se libertarem da cumplicidade, confessarem o erro e pedirem desculpas às vítimas. Ainda assim, o sangue precioso daqueles que foram martirizados jamais será esquecido e sempre nos ajoelharemos em sua homenagem.

Alexandre Burmaian

Prefácio

A ESTA ALTURA, O POVO americano provavelmente já se convenceu de que os alemães planejaram deliberadamente a conquista do mundo. Todavia, os americanos hesitam em condená-los com base em provas circunstanciais e, por esse motivo, todas as testemunhas oculares do maior crime da história moderna deveriam apresentar voluntariamente o próprio depoimento.

Portanto, deixei de lado qualquer escrúpulo em relação ao decoro de revelar a meus concidadãos os fatos de que tomei conhecimento enquanto os representava na Turquia. Foi como funcionário dos Estados Unidos que obtive essas informações, as quais, portanto, pertencem tanto ao povo americano quanto a mim.

Lamento profundamente ter sido obrigado a omitir o relato das esplêndidas atividades das instituições missionárias e educacionais dos Estados Unidos na Turquia, mas, para fazer jus a esse tema, seria necessário um outro livro. Tive de omitir a história dos judeus na Turquia pelos mesmos motivos.

Devo manifestar minha gratidão ao meu amigo sr. Burton J. Hendrick pela inestimável assistência prestada na preparação deste livro.

Henry Morgenthau
outubro de 1918.

Sumário

Apresentação 7

CAPÍTULO 1   Um super-homem alemão em Constantinopla 15

CAPÍTULO 2   O *Boss System* no Império Otomano e como ele se revelou útil à Alemanha 27

CAPÍTULO 3   "O representante pessoal do kaiser" — Wangenheim se opõe à venda de navios de guerra americanos à Grécia 43

CAPÍTULO 4   A Alemanha mobiliza o exército turco 57

CAPÍTULO 5   Wangenheim contrabandeia o *Goeben* e o *Breslau* através de Dardanelos 63

CAPÍTULO 6   Wangenheim conta ao embaixador americano como o kaiser iniciou a guerra 73

CAPÍTULO 7   Os planos da Alemanha para os novos territórios, postos de abastecimento de carvão e compensações 79

CAPÍTULO 8   Um exemplo clássico de propaganda alemã 83

CAPÍTULO 9   A Alemanha fecha Dardanelos, e assim separa a Rússia dos seus aliados 91

CAPÍTULO 10 A Turquia revoga as capitulações — Enver reside em um palácio, com muito dinheiro e uma noiva imperial 97

CAPÍTULO 11	A Alemanha força a Turquia a entrar em guerra 105
CAPÍTULO 12	Os turcos tentam tratar os inimigos estrangeiros decentemente, mas os alemães insistem em persegui-los...... 111
CAPÍTULO 13	A invasão da escola Notre Dame de Sion 123
CAPÍTULO 14	Wangenheim e a Bethlehem Steel Company: uma "Guerra Santa" feita na Alemanha................................ 131
CAPÍTULO 15	Djemal, um Marco Antônio problemático — a primeira tentativa da Alemanha de obter uma paz germânica............. 141
CAPÍTULO 16	Os turcos se preparam para fugir de Constantinopla e estabelecer uma nova capital na Ásia Menor — a frota Aliada bombardeia Dardanelos........................... 151
CAPÍTULO 17	Enver como o homem que demonstrou "a vulnerabilidade da frota britânica" — as defesas antiquadas de Dardanelos 163
CAPÍTULO 18	A armada Aliada vai embora apesar de estar à beira da vitória... 175
CAPÍTULO 19	Uma luta por três mil civis 185
CAPÍTULO 20	Mais aventuras dos residentes estrangeiros........................... 201
CAPÍTULO 21	A Bulgária na tribuna de leilão 207
CAPÍTULO 22	Os turcos voltam às origens ancestrais 217
CAPÍTULO 23	A "revolução" em Van 231
CAPÍTULO 24	O assassinato de uma nação 237
CAPÍTULO 25	Talaat diz por que "deporta" os armênios............................. 255
CAPÍTULO 26	O paxá Enver fala sobre os armênios 267
CAPÍTULO 27	"Nada farei pelos armênios", diz o embaixador alemão 283
CAPÍTULO 28	Enver tenta mais uma vez a paz — adeus ao sultão e à Turquia 297
CAPÍTULO 29	Von Jagow, Zimmermann e os teuto-americanos................. 305

Apêndice 313

CAPÍTULO 1

UM SUPER-HOMEM ALEMÃO EM CONSTANTINOPLA

Q UANDO COMECEI A ESCREVER estas reminiscências do meu período em Constantinopla como embaixador, os planos da Alemanha no Império Turco e no Oriente Próximo pareciam ter alcançado um sucesso temporário. Os Poderes Centrais haviam aparentemente desintegrado a Rússia, transformado o Mar Báltico e o Mar Negro em lagos alemães e obtido uma nova rota para o Oriente através do Cáucaso. Naquelas circunstâncias, a Alemanha dominava a Sérvia, a Bulgária, a Romênia e a Turquia, e considerava suas aspirações a um novo Império Teutônico, que se estendesse do Mar do Norte ao Golfo Pérsico, praticamente realizadas. O mundo agora sabe, embora não entendesse claramente esse fato em 1914, que a Alemanha precipitou a guerra para destruir a Sérvia, assumir o controle das nações balcânicas, transformar a Turquia em um Estado vassalo e, assim, obter um enorme Império Oriental que formaria a base para um domínio mundial ilimitado. Essas agressões alemãs no Oriente significaram que seu amplo programa havia sido bem-sucedido?

Ao pensar em um mapa que mostre os triunfos militares e diplomáticos da Alemanha, minhas experiências em Constantinopla assumem um novo significado. Agora, vejo os acontecimentos daqueles 26 meses como parte de uma história conexa e precisa. Os vários indivíduos que influíram naquele cenário agora aparecem como atores em uma peça cuidadosamente encenada e magnificamente administrada. Vejo com bastante clareza agora que a Alemanha havia arquitetado todos os planos para a dominação mundial e que o país ao qual fui enviado como embaixador americano era uma das pedras fundamentais de toda a estrutura política e militar do kaiser. Se a Alemanha não tivesse assumido o controle de Constantinopla nos primeiros dias da guerra, é provável que as hostilidades tivessem terminado poucos meses após a Batalha de Marne. Foi sem dúvida um surpreendente lance do acaso que me colocou naquele grande quartel-general de intrigas exatamente no momento em que os planos do kaiser para controlar a Turquia, os quais haviam sido cuidadosamente postos em prática por um quarto de século, estavam prestes a alcançar o sucesso final.

Para realizar o trabalho de subjugar a Turquia e transformar seu exército e seu território em instrumentos da Alemanha, o imperador havia enviado a Constantinopla um embaixador perfeito para a tarefa. O simples fato de ter escolhido pessoalmente o barão Von Wangenheim para tal posto mostra que o kaiser avaliara minuciosamente as qualidades humanas necessárias para aquele grande empreendimento diplomático.

O kaiser havia detectado desde cedo em Wangenheim um instrumento perfeitamente qualificado para a intriga oriental; convocou-o mais de uma vez a Corfu nas férias e podemos ter certeza de que, lá, os dois espíritos congeniais passaram muitos dias discutindo as ambições alemãs no Oriente Próximo. Quando o conheci, Wangenheim tinha 54 anos, havia passado um quarto de século no corpo diplomático, servido em lugares tão diferentes quanto Petrogrado, Copenhague, Madri, Atenas e Cidade do México, e sido *chargé d'affaires* em Constantinopla, para onde voltou anos mais tarde como embaixador. Ele entendia completamente todos os países, inclusive os Estados Unidos; seu primeiro casamento foi com uma americana e, quando foi ministro no México, Wangenheim estudou intimamente nosso país e nutriu admiração por nossa energia e progresso. Ele tinha um equipamento técnico completo para um diplomata: falava alemão, inglês e francês com a mesma fluência, conhecia pormenorizadamente o Oriente e tinha ampla familiaridade com homens públicos. Fisicamente, era uma das pessoas mais imponentes que já conheci. Durante minha infância na Alemanha, a pátria era geralmente simbolizada por uma bela e poderosa mulher, uma espécie de Valquíria resplandecente; no entanto, quando penso na Alemanha moderna, a figura maciça e corpulenta de Wangenheim me vem à mente. Ele tinha um metro e noventa de altura, uma estrutura sólida, ombros largos como Gibraltar, eretos e inexpugnáveis, uma cabeça confiante e desafiadora, olhos penetrantes; toda a sua estrutura física pulsava com vida e atividade; eu diria que lá estava não a Alemanha que eu havia conhecido, mas a Alemanha cujas ambições ilimitadas haviam transformado o mundo em um cenário de horror. E todos os atos e palavras de Wangenheim simbolizavam aquele novo e temível portento entre as nações. A Pangermânia preenchia todas as horas de sua vigília e guiava todas as suas ações. A deificação do imperador era o único instinto religioso que o impelia. A aristocrática e autocrática organização da sociedade alemã representada pelo sistema prussiano era, aos olhos de Wangenheim, algo a ser venerado e cultuado; com essa base, a Alemanha estava inevitavelmente destinada, a seu ver, a governar o mundo. O grande *junker* proprietário de terras representava a perfeição da raça humana.

— Eu me desprezaria se tivesse nascido em uma cidade — disse-me uma vez seu assistente mais próximo, e esta também era a atitude de Wangenheim.

O embaixador alemão dividia a humanidade em duas classes: os governantes e os governados. Ele ridicularizava a ideia de que a classe alta podia ser recrutada em meio à classe baixa. Lembro-me do fervor e do entusiasmo com que ele costumava descrever a organização de castas das propriedades alemãs, como o imperador as havia transformado em propriedades não transferíveis e até mesmo tomado providências para que os proprietários, ou os proprietários em potencial, não pudessem se casar sem o consentimento imperial.

— Dessa maneira — dizia Wangenheim —, mantemos nossas classes governantes puras, sem mistura de sangue.

Como toda a sua classe social, Wangenheim venerava o sistema militar prussiano. Seu esplêndido porte mostrava que ele havia servido no exército e, de forma tipicamente alemã, Wangenheim via quase todas as situações a partir de uma perspectiva militar. Tive um curioso exemplo desse fato quando lhe perguntei um dia por que o imperador alemão não visitava os Estados Unidos.

— O kaiser gostaria imensamente — ele respondeu —, mas seria perigoso demais. A guerra pode eclodir quando ele estiver no mar e o inimigo o capturará.

Sugeri que isso dificilmente aconteceria, pois o governo americano escoltaria seu convidado de volta com seus navios de guerra, e nação alguma gostaria de ver os Estados Unidos aliados à Alemanha, mas Wangenheim ainda assim achava que o perigo militar tornava a visita impossível.

Dele, mais do que de qualquer outro representante diplomático da Alemanha, dependia o sucesso da conspiração do kaiser para a dominação mundial. Aquele diplomata alemão foi para Constantinopla com um único propósito.

Por vinte anos, o governo alemão cultivou seu relacionamento como o Império Turco. Durante todo aquele tempo, o kaiser preparou uma guerra mundial na qual a Turquia deveria desempenhar um papel decisivo. Se não obtivesse o Império Otomano como aliado, a Alemanha teria poucas chances de sucesso em um conflito geral europeu. Quando a França fez sua aliança com a Rússia, a força humana de 170 milhões de pessoas daquele país foi colocada do seu lado na eventualidade de uma guerra com a Alemanha. Durante mais de vinte anos, a Alemanha lutou diplomaticamente para desvincular a Rússia da aliança francesa, mas fracassou. Só havia uma maneira de a Alemanha invalidar a Aliança Franco-Russa: obtendo a Turquia como aliada. Com a Turquia do seu lado, a Alemanha podia fechar Dardanelos, a única linha de comunicação funcional entre a Rússia e seus aliados ocidentais. Esse ato simples privaria o exército do czar das munições de guerra, destruiria economicamente a Rússia, interrompendo a exportação de grãos, sua maior fonte de riqueza, e a apartaria de seus parceiros na Guerra Mundial. Portanto, a missão de Wangenheim era assegurar de forma absoluta a união da Turquia à Alemanha na grande disputa iminente.

Wangenheim acreditava que, caso conseguisse realizar sua tarefa, obteria a recompensa que, durante anos, havia representado seu objetivo final: a chancelaria do império. Sua habilidade em estabelecer relações pessoais amistosas com os turcos era uma grande vantagem em relação a seus rivais. Wangenheim tinha exatamente aquela combinação de força, persuasão, genialidade e brutalidade necessária para lidar com o caráter turco. Enfatizei suas qualidades prussianas, porém Wangenheim não era prussiano de nascimento, mas de formação. Ele era nativo da Turíngia e, além de características predominantemente prussianas, como garra e ambição, tinha algumas das características mais afáveis que associamos ao sul da Alemanha. E era dotado de uma qualidade conspícua que não era em nada prussiana: tato. De um modo geral, ele conseguia refrear suas tendências menos agradáveis, mostrando apenas seu lado mais cativante. Seu domínio era exercido não tanto pela força bruta quanto por uma mistura de vigor e amabilidade; externamente, não era um intimidador, seus modos eram mais insinuadores do que coercitivos. Wangenheim vencia pela persuasão e não pelo pulso forte, mas nós que o conhecíamos bem entendíamos que, por trás de toda a sua gentileza, espreitava uma ambição formidável, impiedosa e determinada. Entretanto, a impressão deixada não era de brutalidade, mas de bom caráter e excesso de ímpeto. De fato, Wangenheim aliava o entusiasmo jovial de um estudante à avidez de um funcionário prussiano e à despreocupação de um homem do mundo. Ainda me lembro da imagem daquele enorme homem que, sentado ao piano, improvisava algum belo tema clássico e, de repente, começava a martelar barulhentas canções de taberna ou melodias populares alemãs. Ainda o vejo montado em seu cavalo no campo de polo, esporeando o esplêndido animal para atingir a velocidade máxima, que, todavia, nunca era suficiente para o ambicioso esportista. De fato, em todas as suas atividades, sérias ou frívolas, Wangenheim demonstrava o mesmo espírito inquieto típico de um caçador. Quer estivesse flertando com as damas gregas em Pera, passando horas na mesa de carteado no Cercle d'Orient ou convencendo as autoridades turcas a ceder à sua vontade, de acordo com os interesses alemães, a vida para ele era um jogo a ser disputado com temeridade, no qual as chances favoreciam o homem ousado, audacioso e disposto a obter sucesso ou fracasso em um único lance. E o maior jogo de todos, do qual dependia, como Bernhardi disse, "o império mundial ou a derrocada", não era disputado de forma lânguida por Wangenheim, como se fosse meramente uma tarefa a ele atribuída. Para usar a expressão alemã, ele era "fogo e chama", tinha consciência de ser um homem forte escolhido para realizar uma tarefa grandiosa. Ao escrever sobre Wangenheim, ainda me sinto afetado pela força da sua personalidade; no entanto, sei o tempo todo que, assim como o governo ao qual ele serviu com tanta lealdade, ele era fundamentalmente impiedoso, despudorado e cruel. Porém, o embaixador alemão se sentia à vontade para assumir todas as consequências de sua política, por mais hediondas que fossem. Via apenas um único objetivo e, com o realismo e a lógica tão caracteristicamente alemães, Wangenheim deixava de lado todos os sentimentos de humanidade e decência que pudessem interferir com o sucesso. Ele tomou para si a famosa afirmação de Bismarck de que um alemão deve estar pronto para sacrificar em nome do kaiser e da pátria não apenas a vida, mas também a honra.

Assim como Wangenheim personificava a Alemanha, seu colega Pallavicini personificava a Áustria. A qualidade essencial de Wangenheim era um egoísmo brutal, já Pallavicini era um cavalheiro calmo, afável e extremamente educado. Wangenheim estava sempre olhando para o futuro; Pallavicini, para o passado. Wangenheim representava a mistura de comercialismo e apetite medieval pela conquista que constituem a *weltpolitik* prussiana; Pallavicini era um diplomata remanescente da época de Metternich. "A Alemanha quer isto", Wangenheim insistia quando um ponto importante precisava ser decidido; "Consultarei meu

Ministério das Relações Exteriores", o cauto Pallavicini dizia em uma ocasião semelhante. O austríaco, com seu pequeno bigode grisalho virado para cima e um andar bastante duro, até mesmo um pouco empertigado, parecia um antiquado marquês estereotipado nas peças teatrais. Posso comparar Wangenheim ao representante de uma grande empresa pródiga em seus gastos e inescrupulosa em seus métodos, ao passo que seu colega austríaco representava uma casa que se orgulhava dos feitos passados e estava totalmente contente com sua posição. O mesmo prazer que Wangenheim tinha com os planos pangermânicos, Pallavicini tinha com todos os requintes e as obscuridades da técnica diplomática. O austríaco representou seu país na Turquia durante muitos anos e era o decano do corpo diplomático, uma honra da qual muito se orgulhava. Deleitava-se em receber todas as honras de sua posição; era um especialista na ordenação da precedência em jantares cerimoniais e não havia um único detalhe de etiqueta que não fosse de seu domínio. Contudo, quando o assunto eram negócios de Estado, ele era apenas uma ferramenta de Wangenheim. De fato, o embaixador austríaco parecia aceitar desde o início sua posição de diplomata mais ou menos sujeito à vontade do seu aliado mais poderoso. Dessa maneira, Pallavicini desempenhava para seu colega alemão exatamente o mesmo papel que seu imperador desempenhava perante o kaiser. Nos primeiros meses da guerra, a postura desses dois homens espelhava fielmente os êxitos e fracassos de seus respectivos países. À medida que a Alemanha se vangloriava de uma vitória após a outra, a figura já enorme e ereta de Wangenheim parecia se tornar ainda maior e mais imponente, ao passo que Pallavicini, à medida que os austríacos perdiam uma batalha após a outra para os russos, parecia se tornar menor e mais encolhido.

A situação na Turquia naqueles meses críticos parecia quase ter sido propositalmente engendrada para criar as maiores oportunidades para um homem com o gênio de Wangenheim. Durante dez anos, o Império Turco sofreu um processo de dissolução e, àquela altura, havia atingido um estado de decrepitude que o tornou uma presa fácil para a diplomacia alemã. A fim de entender a situação, devemos nos lembrar de que não havia na verdade um governo ordenado e estabelecido na Turquia naquela época, pois os Jovens Turcos não eram um governo, mas, na verdade, um partido irresponsável, uma espécie de sociedade secreta que, por meio de intriga, intimidação e assassinato, obteve a maioria dos cargos do Estado. Ao descrever os Jovens Turcos desta maneira, eu talvez esteja dissipando certas ilusões. Antes de ir para a Turquia, eu tinha ideias muito diferentes sobre a organização. Já em 1908, lembro-me de ter lido notícias sobre a Turquia que agradavam fortemente minhas convicções democráticas. Esses relatos me informavam que um grupo de jovens revolucionários havia partido das montanhas da Macedônia, marchado sobre Constantinopla, deposto o sanguinário sultão Abdul Hamid e estabelecido um sistema constitucional. Os jornais nos contavam que a Turquia havia se tornado uma democracia, com um Parlamento, um ministério responsável, sufrágio universal, igualdade perante a lei para todos os cidadãos, liberdade de opinião e de imprensa, bem como todos os elementos essenciais de uma comunidade livre e amante da liberdade. Eu sabia que um partido turco lutara anos por tais reformas e o fato de suas ambições terem se tornado realidade parecia indicar que, finalmente, havia algo que pudesse ser considerado progresso humano. Uma longa sequência de massacres e desordens no Império Turco aparentemente chegara ao fim; "o grande assassino", Abdul Hamid, havia sido relegado ao confinamento solitário em Salônica e seu irmão, o simpático Maomé V, havia ascendido ao trono com um programa democrático progressista. Essa havia sido a promessa, mas, quando cheguei a Constantinopla em 1913, muitas mudanças haviam ocorrido. A Áustria anexara duas províncias turcas, a Bósnia e a Herzegóvina; a Itália havia tomado Trípoli; a Turquia havia travado uma guerra desastrosa com os Estados balcânicos e perdido todos os seus territórios na Europa, com exceção de Constantinopla e de uma pequena região no interior. Os objetivos de regeneração da Turquia que haviam inspirado a revolução foram obviamente abortados e logo descobri que quatro anos de um governo supostamente democrático haviam resultado em uma nação ainda mais degradada, empobrecida e desmembrada do que nunca. De fato, muito antes da minha chegada, essa tentativa de estabelecer uma democracia turca havia falhado. O fracasso foi provavelmente o mais completo e desalentador da história das instituições democráticas. Nem preciso explicar detalhadamente a causa daquele colapso. Não vamos criticar com dureza excessiva os Jovens Turcos, já que sua sinceridade no início está fora de questão. Em um discurso na Praça da Liberdade em Salônica, em julho de 1908, o paxá Enver, considerado pelo povo como o cavalheiresco e jovem líder da insurreição contra a secular tirania, declarou eloquentemente:

— Hoje, o governo arbitrário desapareceu. Somos todos irmãos. Não há mais na Turquia búlgaros, gregos, sérvios, romenos, muçulmanos nem judeus. Sob o mesmo céu azul, todos nós temos orgulho de ser otomanos.

Essa afirmação representava o ideal dos Jovens Turcos para o novo Estado, mas era um ideal que evidentemente estava além da capacidade de realização do grupo. As raças que foram maltratadas e massacradas durante séculos pelos turcos não podiam se transformar da noite para o dia em irmãs, e os ódios, ciúmes e preconceitos religiosos do passado ainda subdividiam a Turquia em uma miscelânea de clãs em guerra. Acima de tudo, as devastadoras guerras e a perda de grandes partes do Império Turco haviam destruído o prestígio da nova democracia. Houve muitos outros motivos para o fracasso, mas não é necessário discuti-los neste momento.

Portanto, os Jovens Turcos haviam desaparecido como uma força regeneradora positiva, mas ainda existiam como máquina política. Seus líderes, Talaat, Enver e Djemal, haviam abandonado bem antes qualquer expectativa de reformar o Estado, mas desenvolveram uma sede insaciável de poder pessoal. Em vez de uma nação de quase vinte milhões de habitantes que se desenvolvia segundo linhas democráticas, desfrutava do sufrágio, incrementava a indústria e a agricultura e lançava as bases para a educação universal, o saneamento básico e o progresso geral, vi que a Turquia era constituída por muitos escravos inarticulados, ignorantes e miseráveis dominados por uma oligarquia cruel que estava preparada para usá-los a fim de promover seus interesses privados. Aqueles homens eram praticamente os mesmos que, alguns anos antes, haviam transformado a Turquia em um Estado constitucional. Não era possível imaginar uma queda mais desconcertante dos pináros do idealismo ao materialismo mais crasso. Talaat, Enver e Djemal eram os líderes aparentes, porém, atrás deles, estava a Comissão, formada por cerca de quarenta homens. Essa Comissão se reunia secretamente, manipulava eleições e preenchia os cargos com seus próprios homens de confiança. Ocupava um edifício em Constantinopla e tinha um chefe supremo que dedicava todo o seu tempo a seus negócios e dava ordens aos subordinados. Esse funcionário governava o partido e o país quase como o *boss* de uma cidade americana nos nossos dias de maior devassidão, e a organização como um todo era um exemplo típico do que às vezes descrevemos como "governo invisível". Esse tipo de controle irresponsável às vezes florescia nas cidades americanas principalmente porque os cidadãos dedicavam todo o seu tempo a seus negócios privados e negligenciavam o bem público. Na Turquia, porém, as massas eram em geral ignorantes demais para entender o significado da democracia, além de que a falência e as vicissitudes do país haviam deixado a nação praticamente sem governo, transformando-a em uma presa fácil para um obstinado bando de aventureiros. A Comissão de União e Progresso, com o bei Talaat como líder supremo, era tal bando. Além dos quarenta homens em Constantinopla, subcomissões foram organizadas em todas as cidades importantes do império. Os homens colocados no poder pela Comissão "recebiam ordens" e faziam as nomeações que lhes eram apresentadas. Ninguém podia ocupar um cargo de alto ou baixo escalão se não fosse aprovado pela Comissão.

Todavia, tenho de admitir que estou sendo muito injusto com nossas corruptas gangues americanas ao compará-las com a Comissão de União e Progresso da Turquia. Talaat, Enver e Djemal haviam acrescentado a seu sistema um detalhe que não figurava com tanta frequência na política americana: o assassinato e o homicídio oficial. Eles tomaram o poder de outras facções por meio da violência. Esse golpe de Estado aconteceu em 26 de janeiro de 1913, pouco menos de um ano antes da minha chegada. Naquele momento, um grupo político liderado pelo venerável paxá Kiamil, no cargo de grão-vizir, e o paxá Nazim, como ministro da guerra, controlava o governo e representava uma facção conhecida como "Partido Liberal", que se distinguia principalmente por sua inimizade com os Jovens Turcos. Esses homens haviam travado a desastrosa Guerra dos Bálcãs e, em janeiro, sentiram-se obrigados a aceitar o conselho das potências europeias e entregar Adrianópolis à Bulgária. Os Jovens Turcos estavam fora de combate havia cerca de seis meses, procurando uma oportunidade para voltar ao poder. A proposta de capitulação de Adrianópolis aparentemente representou essa oportunidade. Adrianópolis era uma importante cidade otomana e o povo turco naturalmente considerou a capitulação como um novo marco rumo à derrocada da sua nação. Talaat e Enver rapidamente reuniram cerca de dois mil seguidores e marcharam para a Porta Sublime, onde o ministro se encontrava. Ao ouvir a balbúrdia, Nazim foi para o corredor. Enfrentou corajosamente a multidão com um cigarro na boca e as mãos enfiadas nos bolsos.

— Ora, rapazes — disse em tom jocoso —, que barulheira é essa? Não sabem que isso está atrapalhando nossas deliberações?

Mal essas palavras tinham acabado de sair de sua boca, ele caiu morto. Uma bala perfurou um órgão vital.

A turba liderada por Talaat e Enver abriu caminho à força até a câmara do conselho. Obrigaram Kiamil, o grão-vizir, a renunciar, ameaçando-o de ter o mesmo fim que Nazim.

O assassinato, que havia sido o meio para que aqueles chefes conquistassem o poder supremo, continuou a ser o instrumento para que mantivessem o controle. Além de seus outros encargos, Djemal se tornou governador militar de Constantinopla e, nessa função, tinha o controle da polícia. Nesse cargo, desenvolveu todos os talentos de um Fouché e realizou seu trabalho com tanto sucesso que qualquer indivíduo que quisesse conspirar contra os Jovens Turcos deveria ir para Paris ou Atenas. Os meses que precederam minha chegada foram dominados pelo terror. Os Jovens Turcos destruíram o regime de Abdul Hamid e adotaram os métodos favoritos daquele sultão para silenciar a oposição. Em vez de ter um único Abdul Hamid, a Turquia descobriu que tinha vários. Homens eram presos e deportados aos montes e enforcamentos de criminosos políticos (ou seja, opositores do grupo dos governantes) eram acontecimentos corriqueiros.

As fraquezas do sultão facilitaram a ascensão da Comissão. Devemos lembrar que Maomé V era não apenas sultão, mas também califa, ou seja, era não apenas o governante secular, mas também o chefe da Igreja maometana. Como líder religioso, ele era objeto de veneração para milhões de muçulmanos devotos, um fato que teria proporcionado a um homem forte em sua posição grande influência para a libertação da Turquia de seus opressores. Deduzo que até aqueles que tinham os sentimentos mais bondosos em relação ao sultão não o teriam descrito como um homem enérgico e imperioso. É um milagre que as circunstâncias impostas pelo destino a Maomé V não o tenham destruído completamente muito tempo antes. Ele era irmão de Abdul Hamid, o "grande assassino" de Gladstone, um homem que governava por meio de espionagem e derramamento de sangue, e cuja consideração por seus parentes não era maior do que a que ele demonstrava pelos armênios massacrados. Um dos primeiros atos de Abdul Hamid ao ascender ao trono foi trancar seu herdeiro aparente em um palácio, cercá-lo de espiões, restringir seu contato social ao seu harém e a um punhado de funcionários palacianos e mantê-lo sob o medo constante de ser assassinado. Obviamente, a educação de Maomé V fora limitada; ele falava apenas turco e a única maneira para que ele se inteirasse do mundo exterior era um jornal turco lido ocasionalmente. Contanto que permanecesse inativo, o herdeiro aparente teria conforto e uma razoável segurança, mas ele sabia que a primeira manifestação de revolta, ou até mesmo um interesse forte demais pelo que estava acontecendo, seria o sinal para a sua morte. Por mais árduo que fosse, esse suplício não destruiu sua natureza fundamentalmente benévola e gentil.

O sultão não tinha características que sugerissem o "terrível turco". Era simplesmente um senhor calado, afável e de modos cavalheirescos. Todos gostavam dele e não creio que ele nutrisse ressentimento em relação a nenhum ser humano. Ele não podia governar seu império, pois não havia sido preparado para uma tarefa tão difícil; certamente sentia certa satisfação por causa do seu título e da consciência de ser um descendente do grande Osman; entretanto, era óbvio que não podia se contrapor aos planos dos homens que lutavam pelo controle da Turquia. A substituição de Abdul Hamid por Talaat, Enver e Djemal não melhorou muito a posição pessoal do sultão. A Comissão de União e Progresso o comandava exatamente como governava o resto da Turquia: por meio da intimidação. De fato, eles já haviam dado uma amostra de seu poder, pois o sultão tentou em uma ocasião afirmar sua independência, e o desfecho desse episódio não deixou dúvidas sobre quem realmente comandava. Um grupo de 13 "conspiradores" e outros criminosos, dos quais alguns eram criminosos de verdade e outros eram simples transgressores políticos, foi sentenciado ao enforcamento. Dentre eles, estava um genro imperial. Antes da execução, o sultão tinha de assinar os mandados de execução. Ele implorou para que pudesse perdoar o genro imperial, embora não objetasse em presenciar os enforcamentos dos outros doze. O governante nominal de vinte milhões de pessoas literalmente se ajoelhou diante de Talaat, mas suas súplicas não afetaram aquele homem determinado. Talaat pensou que aquela era uma chance para decidir de uma vez por todas quem comandava, o sultão ou eles. Alguns dias mais tarde, a figura melancólica do genro imperial balançando na extremidade de uma corda diante da população lembrava visivelmente ao império que Talaat e a Comissão é que comandavam a Turquia. Depois desse trágico teste de força, o sultão nunca mais tentou interferir nos assuntos de Estado. Ele sabia o que havia acontecido com Abdul Hamid e temia que seu próprio destino fosse ainda mais terrível.

Quando cheguei a Constantinopla, os Jovens Turcos controlavam totalmente o sultão. Ele era chamado pelo povo de "máquina de *irade*", expressão que significa uma pessoa que aprova qualquer decisão sem questioná-la. Seus deveres de Estado se limitavam apenas a desempenhar certas cerimônias, como receber embaixadores, e apor sua assinatura aos documentos que Talaat e seus companheiros colocavam na sua frente. Essa foi uma mudança profunda no sistema turco, pois, naquele país, o sultão foi durante séculos um déspota indisputado cuja vontade era a única lei e que havia centralizado em sua própria pessoa todo o poder da soberania. Não apenas o sultão, mas o Parlamento também havia se tornado uma criatura subserviente à Comissão, que escolhia praticamente todos os seus integrantes, os quais votavam apenas de acordo com os ditames dos chefes predominantes. A Comissão já havia preenchido vários dos cargos mais relevantes do gabinete ministerial com seus seguidores e estava tentando obter várias outras posições importantes que, por diversos motivos, ainda permaneciam em outras mãos.

CAPÍTULO 2

O *BOSS SYSTEM* NO IMPÉRIO OTOMANO E COMO ELE SE REVELOU ÚTIL À ALEMANHA

TALAAT, O PROTAGONISTA DESSE bando de usurpadores, realmente tinha qualidades pessoais notáveis. Naturalmente, sua vida e personalidade se revelaram interessantes para mim, pois eu conhecia havia anos o *boss system* em meu próprio país e, em Talaat, vi muitas semelhanças com os cidadãos brutos, mas capazes, que tantas vezes no passado ganharam poder na política local e estadual americana. A origem de Talaat era tão obscura que circulavam várias histórias a seu respeito. Um relato dizia que ele era um cigano búlgaro, enquanto outro o descrevia como um *pomak*, ou seja, um homem de sangue búlgaro cujos ancestrais adotaram séculos antes a fé maometana. Segundo essa última explicação, que acredito ser a verdadeira, esse governante do Império Turco não era de forma alguma turco. Posso testemunhar pessoalmente que ele não dava importância alguma ao maometismo, pois, como a maior parte dos líderes de seu partido, zombava de todas as religiões.

— Odeio todos os padres, rabinos e *hodjas* — ele me disse uma vez, sendo que um *hodja* é o equivalente mais próximo que os maometanos têm de um ministro religioso.

Na política das cidades americanas, não é incomum ver muitos homens das camadas mais humildes da sociedade que desenvolveram grandes habilidades como políticos; de modo semelhante, Talaat começou a vida como carteiro. Dessa posição, passou a operador de telégrafo em Adrianópolis. Ele se mostrava extremamente orgulhoso de suas origens humildes. Visitei-o uma ou duas vezes em sua casa; embora Talaat fosse, na época, o homem mais poderoso do Império Turco, sua residência ainda era a moradia modesta de um homem do povo. A mobília era barata, todo o conjunto me lembrava um apartamento de preço moderado em Nova York. Seu objeto mais estimado era o aparelho de telégrafo com o qual, em um dado momento, ele já havia ganhado a vida. Talaat me disse uma noite que havia recebido naquele dia o salário de ministro do interior e que, após pagar as dívidas, restavam-lhe apenas cem dólares no total. Ele gostava de passar parte do tempo livre com o pessoal rude que compunha a Comissão de União e Progresso; quando estava fora do ministério, costumava ocupar diariamente sua mesa na sede do partido, administrando pessoalmente a máquina partidária. Apesar das origens humildes, Talaat havia desenvolvido algumas das qualidades de um homem do mundo. Embora seu treinamento inicial não tenha incluído lições sobre como usar um garfo e uma faca (esses instrumentos são totalmente desconhecidos entre as classes mais pobres da Turquia), Talaat era capaz de ir a jantares diplomáticos e representar seu país com considerável dignidade e desembaraço pessoal. Sempre considerei uma prova da sua inteligência inata o fato de ele, não obstante a pouca escolaridade, ter aprendido francês suficiente para conversar de maneira tolerável nesse idioma. Fisicamente, ele era uma figura impressionante. Sua estrutura portentosa, suas enormes costas arqueadas e seus sólidos bíceps enfatizavam a força mental natural e a impetuosidade que tornaram possível sua carreira. Ao discutir questões, Talaat gostava de se sentar à escrivaninha com os ombros levantados, a cabeça inclinada para trás e os pulsos, duas vezes maiores do que os de um homem comum, plantados com firmeza na mesa. Sempre tive a impressão de que seria necessário um pé de cabra para tirar do lugar aqueles pulsos, cravados sobre a bancada pela força e pelo espírito desafiador de Talaat. Toda vez que penso nele, o que me vem à mente em primeiro lugar não é seu riso dobrado, sua alegria ruidosa ao ouvir uma boa história, o passo firme com que cruzava a sala, sua ferocidade, sua determinação ou sua falta de remorsos, mas aqueles gigantescos pulsos.

Talaat, como a maioria dos homens fortes, tinha seus humores desagradáveis, até mesmos ferozes. Um dia, encontrei-o sentado no lugar de sempre, os ombros maciços levantados, os olhos brilhando, os pulsos plantados sobre a mesa. Eu sempre previa problemas toda vez que o encontrava naquela posição. À medida que eu fazia minhas solicitações, Talaat respondia entre as pitadas em seu cigarro:

— Não! Não! Não!

Fui para o seu lado da escrivaninha.

— Acho que esses pulsos estão causando todo o problema, Vossa Excelência — eu disse. — Não poderia tirá-los de cima da mesa?

O rosto de ogro de Talaat começou a se enrugar, ele jogou os braços para cima, recostou-se e riu com um rugido ensurdecedor. Ele gostava tanto daquele modo de tratamento que deferia todos os meus pedidos.

Em outra ocasião, entrei na sua sala quando havia dois príncipes árabes presentes. Talaat foi solene e digno, e recusou todas as minhas solicitações.

— Não, não farei isso. Não tenho a mínima intenção de fazer isso — eram suas respostas.

Vi que ele estava tentando impressionar seus convidados principescos, mostrar-lhes que havia se tornado um homem tão importante a ponto de não hesitar em "repudiar" um embaixador. Então, aproximei-me mais e falei baixinho:

— Vejo que está tentando impressionar esses príncipes. Bem, se for necessário manter a pose, faça isso com o embaixador austríaco, que está lá fora, esperando para entrar. Meus negócios são importantes demais para serem motivo de gracejos.

Talaat riu.

— Volte daqui a uma hora — disse.

Eu voltei; os príncipes árabes haviam partido e não tivemos dificuldade em resolver as questões de forma satisfatória para mim.

— Alguém precisa governar a Turquia, por que não nós? — Talaat me disse uma vez. A situação estava nesse pé. — Fiquei muito decepcionado com a incapacidade dos turcos de apreciar as instituições democráticas — acrescentou. — Era o que eu almejava, e trabalhei arduamente para isso, mas eles não estavam preparados.

Ele viu um governo que podia ser conquistado pelo primeiro homem empreendedor que aparecesse e resolveu que seria aquele homem. De todos os políticos turcos que conheci, Talaat era, a meu ver, o único que realmente tinha uma habilidade nata extraordinária. Ele era dotado de grande determinação e domínio, pensava rápido e com precisão e tinha um entendimento quase sobrenatural dos motivos que moviam os homens. Sua grande simpatia e seu vivaz senso de humor o tornavam um esplêndido gestor de homens. Ele demonstrou astúcia nas medidas que tomou após o assassinato de Nazim a fim de obter o controle daquele conturbado império. Ele não tomou o governo de uma vez, agiu gradualmente, testando seu caminho. Percebeu as fraquezas de sua posição; tinha de lidar com muitas forças — a inveja de seus parceiros na Comissão revolucionária que o apoiava, o exército, os governos estrangeiros e as várias facções que constituíam o que, na época, era considerada a opinião pública na Turquia. Qualquer um desses elementos podiam destruí-lo política e fisicamente. Ele percebia que estava percorrendo um perigoso caminho e sempre previu uma morte violenta.

— Não espero morrer na minha cama — disse-me.

Ao se tornar ministro do interior, Talaat ganhou o controle da polícia e da administração das províncias ou *vilayets*, o que lhe angariou muito apoio, usado para fortalecer o poder da Comissão. Ele tentou obter o apoio de todas as facções influentes colocando gradualmente seus representantes nos outros cargos do gabinete ministerial. Embora mais tarde tenha se tornado o principal responsável pelo massacre de centenas de milhares de armênios, Talaat, naquela época, dizia que a Comissão representava a unidade de todas as raças do império e, por isso, seu primeiro gabinete ministerial continha um cristão árabe, um *deunme* (uma pessoa de raça judia, mas religião maometana), um circassiano, um armênio e um egípcio.

Esse último foi nomeado grão-vizir, o cargo mais alto do governo, uma posição que corresponde aproximadamente à de chanceler do Império Alemão. O homem que Talaat selecionou para aquele cargo, que em tempos comuns era o mais nobre e importante do império, pertencia a uma classe social muito diferente da sua. Não é incomum que os *bosses* nos Estados Unidos escolham testas de ferro da alta sociedade como prefeitos ou até mesmo governadores, homens que imprimem respeitabilidade à sua facção e que, ao mesmo tempo, na opinião dos chefes, podem ser controlados. Foi algum motivo como esse que fez com que Talaat e seus parceiros elevassem Said Halim ao cargo de grão-vizir. Said Halim era um príncipe egípcio, primo do quediva do Egito, um homem de grande riqueza e cultura. Falava inglês e francês com a mesma fluência com que falava seu próprio idioma e era uma figura de prestígio para qualquer sociedade do mundo. No entanto, era um homem de vaidade e ambição ilimitadas. Seu grande desejo era se tornar quediva do Egito e isso fez com que ele confiasse sua sorte política ao bando que estava ascendendo na Turquia. Ele foi o maior "colaborador de campanha" e, de fato, financiou amplamente os Jovens Turcos desde o início. Em troca, eles lhe deram o cargo mais alto do império, com o acordo tácito de que ele não deveria tentar exercer os verdadeiros poderes de sua função, mas se contentar em desfrutar de suas honrarias.

As preparações da Alemanha para a guerra incluíram durante anos o estudo das condições internas de outros países; uma parte indispensável do programa imperial foi tirar partido das desorganizações existentes para fazer avançar seus planos de penetração e conquista. O que seus emissários tentaram na França, na Itália e até mesmo nos Estados Unidos é patente e seu sucesso na Rússia mudou muito o curso da guerra. Obviamente, uma situação como a que prevalecia na Turquia em 1913 e 1914 fornecia uma oportunidade ideal para manipulações daquele tipo. E, na Turquia, a Alemanha tinha uma grande vantagem que não era um elemento tão conspícuo em outros países. Talaat e seus parceiros precisavam quase tanto da Alemanha quanto a Alemanha precisava deles. No geral, eles não tinham experiência na gestão de um império. Suas finanças estavam esgotadas; o exército e a marinha, quase em frangalhos; os inimigos constantemente tentavam solapá-los em seu próprio território e as grandes potências os consideravam aventureiros pobres cuja carreira estava destinada a ser breve. Sem o forte apoio de uma fonte externa, a questão era quanto o novo regime poderia sobreviver. Talaat e sua Comissão precisavam que alguma potência estrangeira organizasse o exército e a marinha, financiasse a nação, os ajudasse a reconstruir o sistema industrial e os protegesse das intromissões das nações vizinhas. Desconhecendo a diplomacia estrangeira, eles precisavam de um conselheiro habilidoso para guiá-los por todos os canais da intriga internacional. Onde seria possível obter tal protetor? Obviamente, apenas uma das grandes potências europeias poderia desempenhar aquela função. Qual delas seria? Dez anos antes, a Turquia teria naturalmente recorrido à Inglaterra. No entanto, os turcos naquele momento viam a Inglaterra simplesmente como a nação que os havia despojado do Egito e que não havia conseguido protegê-los do desmembramento após as Guerras dos Bálcãs. Junto com a Rússia, a Grã-Bretanha controlava a Pérsia e, portanto, constituía uma ameaça constante – ou pelo menos era isso que os turcos achavam – aos seus domínios na Ásia. A Inglaterra estava gradualmente retirando seus investimentos da Turquia. Os estadistas ingleses acreditavam que a tarefa de tirar os turcos da Europa estava quase completa e que toda a política britânica para o Oriente Próximo se baseava na manutenção da organização dos Bálcãs, que havia sido determinada pelo

Tratado de Bucareste, um tratado que a Turquia se recusava a considerar vinculatório e que estava determinada a obstruir. Os turcos temiam sobretudo a Rússia em 1914; na verdade, temiam-na desde os tempos de Pedro, o Grande. O inimigo histórico era a Rússia, a nação que libertara a Bulgária e a Romênia, que havia sido muito ativa no desmembramento do Império Otomano e que se considerava uma potência, o que lhe dava, em última instância, o direito de tomar Constantinopla. Esse medo da Rússia, não posso deixar de insistir, foi um dos fatores que, acima de qualquer outro, empurraram a Turquia para os braços da Alemanha. Por mais de meio século, a Turquia considerou a Inglaterra sua salvaguarda mais segura contra a agressão russa e agora os ingleses haviam se tornado praticamente aliados da Rússia. Mesmo naquela época, havia uma crença difundida, compartilhada pelos chefes turcos, de que a Inglaterra desejava que a Rússia herdasse Constantinopla e Dardanelos.

Embora em 1914 a Rússia não tivesse tais pretensões, pelo menos não abertamente, o fato de os russos estarem pressionando a Turquia sob outros pretextos impossibilitava que Talaat e Enver procurassem apoio naquela direção. A Itália havia acabado de tomar a última província turca na África, Trípoli, dominava naquele momento Rodes e outras ilhas turcas e, como era de conhecimento geral, acalentava planos agressivos para a Ásia Menor. A França era aliada da Rússia e da Grã-Bretanha e também estava aumentando constantemente sua influência na Síria, uma província para a qual, de fato, tinha grandes planos de "penetração" com estradas de ferro, colônias e concessões. A equação pessoal desempenhava um importante papel no drama resultante. Os embaixadores da Tríplice Entente mal escondiam seu desprezo pelos políticos turcos dominantes e seus métodos. Sir Louis Mallet, o embaixador britânico, era um cavalheiro inglês magnânimo e culto; Bompard, o embaixador francês, era igualmente fascinante e digno, e nenhum dos dois tinha as qualidades pessoais para participar das intrigas homicidas que constituíam então a política turca. Giers, o embaixador russo, era um diplomata orgulhoso e zombeteiro, com origem no velho regime aristocrático. Era exageradamente astuto, mas tratava os Jovens Turcos com desdém, manifestava um interesse quase de proprietário em relação ao país e, a meu ver, parecia já brandir o cnute sobre aquele governo desprezado. Era bastante aparente que os três embaixadores da Entente não consideravam o regime de Talaat e Enver permanente ou particularmente digno de seu esforço para cultivar boas relações. Eles sabiam que várias facções haviam ascendido e caído nos seis anos anteriores e também acreditavam que aquela última usurpação desapareceria em poucos meses.

Contudo, havia na Turquia, naquela época, um homem ativo que não tinha escrúpulos em usar os expedientes que estavam mais à mão para atingir seu propósito. Wangenheim viu com clareza o que seus colegas haviam apenas vislumbrado: aqueles homens estavam constantemente aumentando seu controle na Turquia e procuravam uma potência que reconhecesse sua posição e os encorajasse a mantê-la. Para podermos entender a situação com clareza, devemos nos transportar por um instante para um país mais próximo a nós do que a Turquia. Em 1913, Victoriano Huerta e seus amigos conspiradores obtiveram o controle do México usando meios não muito diferentes dos que deram a Talaat e a sua Comissão o poder supremo na Turquia. Assim como Huerta assassinou Madero, os Jovens Turcos assassinaram Nazim e, em ambos os países, homicídios se tornaram uma arma política corriqueira. Huerta controlava o Congresso e os cargos políticos no México da mesma maneira que Talaat controlava o Parlamento turco e os principais cargos daquele Estado. O México de Huerta era um país assolado pela pobreza, com finanças exauridas e indústria e agricultura esgotadas, assim como a Turquia de Talaat. Como Huerta tentou garantir sua posição e reabilitar seu atribulado país? Só havia uma maneira, é claro: conquistando o apoio de alguma potência estrangeira. Ele tentou várias vezes obter o reconhecimento dos Estados Unidos e, quando nos recusamos a tratar com um assassino, Huerta procurou a Alemanha. Suponhamos que o kaiser tivesse aceitado; ele poderia ter reorganizado as finanças mexicanas, reconstruído as estradas de ferro, restabelecido as indústrias, modernizado o exército e, assim, obtido um nível de controle daquele país que corresponderia praticamente a uma posse.

Só uma coisa evitou que a Alemanha fizesse isso: a Doutrina Monroe. Mas não havia nenhuma Doutrina Monroe na Turquia e o que descrevi como uma possibilidade no México é fundamentalmente uma descrição exata do que aconteceu no Império Otomano. Ao rever essa situação, tudo parece muito claro, simples e inevitável. Até aquele momento, a Alemanha era praticamente a única grande potência europeia que ainda não havia se apropriado de grandes fatias do território turco, um fato que lhe dava uma vantagem inicial. O representante alemão em Constantinopla era muito mais bem-qualificado do que o de qualquer outro país, não apenas por sua falta de escrúpulos, mas também por causa de seu conhecimento e habilidade para lidar com aquela situação.

Wangenheim não era o único alemão capaz em campo. Um enviado particularmente influente da Pangermânia era Paul Weitz, que havia representado o *Frankfurter Zeitung* na Turquia durante trinta anos. Weitz conhecia intimamente os turcos e seus negócios; não havia lugar, por mais recôndito que fosse, ao qual ele não tivesse acesso. Ele estava sempre atrás de Wangenheim, sugerindo, aconselhando, informando. O adido naval alemão, Humann, filho de um famoso arqueólogo alemão, nasceu em Esmirna e passou praticamente a vida toda na Turquia; não somente falava turco, mas também conseguia pensar como um turco, e toda a psicologia daquele povo era parte de seu equipamento mental. Além disso, Enver, um dos dois principais chefes turcos, era amigo de Humann. Quando penso nesse experiente trio – Wangenheim, Weitz e Humann – e nos cavalheiros fascinantes e dignos que se opunham a eles – Mallet, Bompard e Giers – os acontecimentos que se sucederam rapidamente parecem tão inevitáveis como processos naturais ordenados. Na primavera de 1914, Talaat e Enver, representando a Comissão de União e Progresso, praticamente dominavam o Império Turco. Wangenheim, sempre tendo em mente a guerra iminente, tinha um propósito inevitável: controlar Talaat e Enver.

No início de janeiro de 1914, Enver se tornou ministro da guerra, aos 32 anos. Como todos os principais políticos turcos daquele período, ele tinha origens humildes e seu título popular, "Herói da Revolução", mostra por que Talaat e a Comissão o escolheram para ser ministro da guerra. Enver tinha certa reputação militar, embora, até onde pude descobrir, nunca tenha obtido um grande sucesso marcial. A revolução da qual ele foi um dos líderes em 1908 havia custado poucas vidas; ele comandou um exército em Trípoli contra os italianos em 1912, mas certamente não houve nada de napoleônico naquela campanha. O próprio Enver me disse uma vez que, na Segunda Guerra dos Bálcãs, ele havia cavalgado a noite toda à frente de suas tropas para capturar Adrianópolis, mas que, lá chegando, os búlgaros haviam abandonado a cidade, possibilitando uma vitória incruenta. Todavia, Enver tinha uma característica que garantia seu sucesso em um país atribulado como a Turquia: audácia. Ele tomava decisões rapidamente, estava sempre pronto a apostar seu futuro e sua própria vida no sucesso de uma única aventura; de fato, desde o início, sua carreira havia sido uma sucessão de crises com desfechos favoráveis. Sua natureza apresentava uma impetência, uma falta de piedade e uma determinação insensível das quais seu belo rosto, sua figura pequena, mas robusta, e suas maneiras agradáveis não davam indício algum. O espectador casual também não suspeitaria da implacável ambição pessoal que o guiava. Os amigos costumavam chamá-lo de "Napoleonlik", o pequeno Napoleão, e esse apelido realmente representava sua firme convicção. Lembro-me de estar uma noite com Enver em sua casa: de um lado, havia um quadro de Napoleão; do outro, um de Frederico, o Grande, e, no meio, sentava-se Enver! Esse fato dá ideia da sua vaidade; aqueles dois guerreiros e estadistas eram seus grandes heróis e acho que Enver acreditava que o destino havia reservado para ele uma carreira semelhante à daqueles personagens. O fato de, aos 26 anos de idade, Enver ter participado como líder da revolução que depôs Abdul Hamid fazia com que ele, naturalmente, se comparasse a Bonaparte. Muitas vezes disse-me que se achava "um homem predestinado". Ele até parecia acreditar haver sido escolhido por Deus para restabelecer a glória da Turquia e se tornar um grande ditador. Porém, como sugeri, havia algo quase gracioso e feminino na sua aparência. Ele tinha o tipo que nos Estados Unidos chamamos de ídolo das matinês e a palavra que as mulheres costumavam usar para descrevê-lo era "irresistível". Seu rosto não tinha sequer uma ruga e nunca revelava suas emoções ou pensamentos; estava sempre calmo, impassível, imperturbável. Que a Enver faltava a perspicácia de Napoleão era evidente por causa da maneira como ele havia planejado obter o poder supremo: aliou, logo de início, sua sorte pessoal à Alemanha. Ele simpatizava com o kaiser havia anos. A Alemanha, seu exército e sua marinha, seu idioma e seu sistema autocrático exerciam um fascínio fatal sobre aquele jovem defensor da democracia turca. Depois da queda de Hamid, Enver foi a Berlim em uma missão militar e o kaiser imediatamente detectou nele um possível instrumento para executar seus planos no Oriente e cultivou sua amizade de várias maneiras. Depois, Enver ficou muito tempo em Berlim como adido militar e essa experiência aumentou ainda mais sua estima pela Alemanha. O homem que voltou para Constantinopla era praticamente mais alemão do que turco. Ele aprendeu a falar alemão fluentemente e até usava um bigode com as pontas levemente arqueadas para cima; de fato, havia ficado totalmente fascinado pelo prussianismo. Assim que Enver se tornou ministro da guerra, Wangenheim lisonjeou-o e adulou-o, utilizou-se de suas ambições e provavelmente prometeu todo o apoio da Alemanha para que ele as realizasse. Em suas conversas particulares, Enver não fazia segredo de sua admiração por aquele país.

Portanto, a ascensão de Enver ao posto de ministro da guerra foi praticamente uma vitória alemã. Ele imediatamente instituiu uma drástica reorganização. O próprio Enver me disse que só havia aceitado o cargo com a condição de ter carta branca, algo que ele logo colocou em prática. O exército ainda continha uma grande número de oficiais partidários do falecido Nazim e que preferiam o antigo regime aos Jovens Turcos. Enver logo demitiu 268 desses oficiais e os substituiu por turcos conhecidos como homens "da U. e P." (Comissão de União e Progresso) e muitos alemães. O grupo de Enver e Talaat sempre temeu uma revolução que os depusesse da mesma maneira que eles haviam deposto seus predecessores. Várias vezes, eles me disseram que seu próprio sucesso como revolucionários lhes havia mostrado a facilidade com que alguns homens obstinados podiam tomar o controle de um país e não queriam que um pequeno grupo no exército organizasse um golpe de Estado daquele tipo contra eles. A audácia da jogada de Enver alarmou até mesmo Talaat, mas Enver se mostrou resoluto e se recusou a reconsiderar sua ação, embora um dos oficiais removidos fosse o paxá Chukri, que havia defendido Adrianópolis na Guerra dos Bálcãs. Enver enviou uma circular aos comandantes turcos dizendo que as promoções eram decididas exclusivamente por ele e que os militares não avançariam em sua carreira se participassem de outro grupo político que não fosse o dominado pelos Jovens Turcos.

Portanto, os primeiros atos de Enver foram o início da prussificação do exército turco, mas Talaat não tinha tanto entusiasmo em relação à Alemanha quanto seu parceiro. Ele não tinha intenção alguma de aceitar o jogo da Alemanha, estava trabalhando sobretudo para a Comissão e para si mesmo. Porém, só poderia obter sucesso se controlasse o exército, portanto, nomeou Enver, seu grande companheiro durante anos na política da "U. e P.", ministro da guerra. Se era para ter um exército, que esse exército fosse forte e, assim, Talaat se voltou para a única fonte de auxílio, a Alemanha. No final de 1915, Wangenheim e Talaat negociaram para que o kaiser enviasse uma missão militar para reorganizar as forças turcas. Talaat me disse que, ao convocar tal missão, ele estava usando a Alemanha, embora a Alemanha fosse da opinião contrária. Ele bem sabia que aquela era uma jogada arriscada. Um assessor que discutiu essa situação com Talaat em janeiro de 1914 entregou-me o memorando de uma conversa que mostra com clareza o que estava se passando na cabeça de Talaat.

— Por que você entregou a administração do país para os alemães? — perguntou o assessor, referindo-se à missão militar alemã. — Não está vendo que isso faz parte do plano da Alemanha para transformar a Turquia em uma colônia, que nos tornaremos simplesmente outro Egito?

— Entendemos perfeitamente — replicou Talaat — que esse é o programa alemão. Também sabemos que não podemos reerguer este país com nossos próprios recursos. Portanto, tiraremos partido da assistência técnica e material que os alemães podem nos disponibilizar. Usaremos a Alemanha para nos ajudar a reconstruir e defender o país até que sejamos capazes de governar sozinhos, com nossa própria força. Quando esse dia chegar, poderemos dizer adeus aos alemães em 24 horas.

A condição física do exército turco certamente demonstrava a necessidade da assistência de uma fonte qualquer. Sempre considerei seu quadro antes da chegada dos alemães um retrato do império como um todo. Quando enviei convites para minha primeira recepção, um grande número de oficiais turcos pediu permissão para se apresentar em traje de noite, diziam que não tinham uniformes nem dinheiro para comprá-los ou alugá-los. Ficaram três meses e meio sem receber os soldos. Como o grão-vizir, que determina a etiqueta de cerimônias desse tipo, continuava a insistir no uniforme completo, muitos oficiais se viram obrigados a não comparecer. Aproximadamente na mesma época, a nova missão alemã pediu que o comandante da segunda unidade do exército exercitasse seus homens, mas o comandante respondeu que não era possível porque eles não tinham sapatos!

Talaat, mais tarde, se mostrou violento e perverso, por isso creio que ele não estava disposto a ser um instrumento nas mãos da Alemanha. Um episódio do qual participei demonstra essa visão. Ao descrever as relações entre as grandes potências e a Turquia, não mencionei os Estados Unidos. Na verdade, não tínhamos relações comerciais importantes naquela época. Os turcos nos consideravam um país de idealistas e altruístas, e o fato de termos gastado milhões construindo maravilhosas instituições educacionais em seu país por motivos puramente filantrópicos os deixava atônitos e possivelmente admirados. Eles gostavam dos americanos e nos consideravam praticamente seus únicos amigos desinteressados entre as nações. Todavia, nossos interesses na Turquia eram pequenos; os negócios da Standard Oil Company estavam crescendo, a Singer Company vendia máquinas de costura aos armênios e gregos; comprávamos uma quantidade razoável de tabaco, figos e tapetes e adquiríamos a raiz do alcaçuz. Além dessas atividades, missionários e especialistas em educação formavam nossos únicos contatos com o Império Turco. Os turcos sabiam que não desejávamos desmembrar seu país ou nos intrometer na política dos Bálcãs. O desinteresse do meu país talvez fosse o motivo para que Talaat discutisse com tanta liberdade as questões turcas comigo. No curso dessas conversas, eu muitas vezes expressava meu desejo de ajudá-los, e Talaat e alguns outros integrantes do gabinete ministerial adquiriram o hábito de me consultar em relação a questões comerciais. Logo após minha chegada, fiz um discurso na Câmara Americana de Comércio em Constantinopla; Talaat, Djemal e outros importantes líderes estavam presentes. Falei do atraso econômico da Turquia e adverti-os para que não desanimassem. Descrevi a condição dos Estados Unidos após a Guerra Civil e argumentei que nossos estados sulistas devastados apresentavam, na época, um espetáculo semelhante ao da Turquia naquele momento. Depois, relatei como havíamos trabalhado, desenvolvido nossos recursos e construído uma nação próspera. Minhas observações aparentemente causaram uma impressão forte, especialmente minha afirmação de que, após a Guerra Civil, os Estados Unidos haviam se tornado um grande tomador de empréstimos nos mercados financeiros estrangeiros e estimulado a imigração de todas as partes do mundo.

Ao que parece, aquele discurso deu uma nova ideia a Talaat. A hipótese de que os Estados Unidos fornecessem o apoio moral que ele estivera procurando na Europa não era impossível. Eu já havia sugerido que um especialista financeiro americano fosse enviado para estudar as finanças turcas e, nesse caso, mencionei o sr. Henry Bruère, de Nova York, uma sugestão que os turcos acolheram favoravelmente. Na época, o que a Turquia mais precisava era de dinheiro. A França havia financiado a Turquia por muitos anos e os banqueiros franceses, na primavera de 1914, estavam negociando outro grande empréstimo. Embora a Alemanha tivesse concedido alguns empréstimos, na época a condição do mercado financeiro em Berlim não encorajava os turcos a esperar uma grande assistência daquela fonte.

No final de dezembro de 1913, o efêndi Bustány, ministro do comércio e da agricultura, um árabe cristão que falava inglês fluentemente (ele havia sido o comissário turco para a Feira Mundial de Chicago de 1893), visitou-me e abordou a questão de um empréstimo americano. Bustány perguntou se não havia financistas americanos que pudessem se encarregar totalmente da renegociação das finanças turcas. Seu apelo foi na verdade um grito de desespero e fiquei profundamente tocado. Escrevi no meu diário na época: "Eles parecem estar raspando o fundo do cofre em busca de dinheiro". Mas eu só estava na Turquia havia seis semanas e, obviamente, não tinha informações para recomendar um contrato tão grande aos banqueiros americanos. Informei Bustány que meu conselho não teria muito peso nos Estados Unidos, a menos que se baseasse em um conhecimento pleno das condições econômicas na Turquia. Talaat me procurou alguns dias mais tarde, sugerindo que eu fizesse uma viagem prolongada pelo império e estudasse a situação pessoalmente. Perguntou se eu não podia naquele ínterim conseguir um pequeno empréstimo temporário. Disse que não havia dinheiro algum no Tesouro turco; se eu pudesse conseguir apenas cinco milhões de dólares, eles já ficariam satisfeitos. Eu respondi a Talaat que tentaria levantar aquela quantia para eles e que adotaria sua sugestão de inspecionar o império com a possível ideia de suscitar interesse nos investidores americanos. Após obter o consentimento do Departamento de Estado, escrevi ao meu sobrinho e parceiro comercial, o sr. Robert E. Simon, pedindo-lhe para sondar certas instituições e banqueiros de Nova York a propósito de um pequeno empréstimo colateral de curto prazo para a Turquia. As investigações do sr. Simon logo revelaram que um empréstimo à Turquia não parecia ser considerado uma transação comercial atraente em Nova York. Entretanto, o sr. Simon escreveu que o sr. C.K.G. Billings havia mostrado muito interesse na ideia e que poderia ir com seu iate discutir a questão com o gabinete ministerial turco e comigo. Poucos dias depois, o sr. Billings partiu para Constantinopla.

A notícia da aproximação do sr. Billings se espalhou com grande rapidez em toda a capital turca. Sua viagem até lá em seu iate particular parecia aumentar a importância e o *glamour* do acontecimento. O fato de um milionário americano estar preparado para reforçar o esgotado Tesouro turco e de essa ajuda ser simplesmente o passo preliminar na reorganização das finanças daquele país por parte de capitalistas americanos produziu um tremendo alvoroço nas embaixadas estrangeiras. De fato, as informações se espalharam com tanta rapidez que suspeitei que o gabinete ministerial turco não havia se esforçado muito para mantê-las em segredo. Essa suspeita foi reforçada por uma visita que recebi do rabino-chefe Nahoum, que me informou que Talaat havia pedido para ele me procurar.

— Corre um boato — disse o rabino-chefe — de que os americanos estão prestes a conceder um empréstimo à Turquia. Talaat ficaria muito grato se o senhor não o contradissesse.

Wangenheim demonstrou um interesse quase histórico: a ideia de que os Estados Unidos fossem ajudar financeiramente a Turquia não quadrava de forma alguma com seus planos, pois, a seu ver, a pobreza da Turquia era extremamente valiosa como meio de forçar o império a cair nas mãos da Alemanha. Um dia, mostrei a Wangenheim um livro com gravuras das casas, quadros e cavalos do sr. Billings. Ele se mostrou muito interessado não apenas nos cavalos (o próprio Wangenheim era um cavaleiro), mas também naquela prova tangível de grande riqueza. Nos dias seguintes, vários embaixadores e ministros foram ao meu escritório, todos pedindo solenemente para dar uma olhada naquele livro! Com a aproximação da chegada do sr. Billings, Talaat começou a fazer planos elaborados para seu entretenimento; consultou-me sobre quem deveríamos convidar aos jantares, almoços e recepções propostos. Como sempre, Wangenheim se adiantou a todos os outros. Ele não podia comparecer ao jantar que havíamos planejado e me pediu para convidá-lo para o almoço e, assim, conheceu o sr. Billings várias horas antes dos outros diplomatas. O sr. Billings disse com toda a franqueza que estava interessado na Turquia e que era provável que concedesse o empréstimo.

À noite, oferecemos um jantar à comitiva de Billings; todos os membros importantes do gabinete ministerial turco estavam presentes. Antes daquele jantar, Talaat, o sr. Billings e eu tivemos uma longa conversa sobre o empréstimo. Talaat nos informou que os banqueiros franceses haviam aceitado seus termos naquele mesmo dia e que, portanto, não precisariam de dinheiro americano naquele momento. Ele foi extremamente gentil e agradável com o sr. Billings, e expressou sua gratidão de forma profusa, o que era pertinente, já que a chegada do sr. Billings permitiu que a Turquia finalmente fechasse as negociações com os banqueiros franceses. Sua tentativa de expressar seu apreço teve uma manifestação curiosa. Enver, o segundo homem do gabinete ministerial, estava celebrando seu casamento quando o sr. Billings chegou. O progresso que Enver estava fazendo no mundo turco era evidenciado pelo fato de, embora ele ter origens humildes, como mencionei, sua noiva ser uma das filhas da casa imperial. Os casamentos turcos são cerimônias prolongadas e duram dois ou três dias. No dia após o jantar na embaixada, Talaat ofereceu à comitiva de Billings um almoço no Cercle d'Orient e insistiu para que Enver deixasse sua cerimônia de casamento pelo tempo necessário para comparecer àquele compromisso. Enver, portanto, foi ao almoço, ouviu todos os discursos e voltou à sua festa de casamento.

Estou convencido de que Talaat não considerava o episódio Billings encerrado. Ao reavaliar aquela transação, vejo claramente que ele estava tentando libertar seu país, e a possibilidade de os Estados Unidos o auxiliarem naquele resgate sempre esteve presente em sua mente. Ele sempre falava comigo do sr. "Beelings", como ele o chamava, e mesmo após a Turquia ter rompido com a França e a Inglaterra e já depender financeiramente da Alemanha, sua mente ainda voltava à visita do magnata americano. Talvez ele considerasse nosso país um possível refúgio financeiro após a concretização do seu plano de expulsão dos alemães. Tenho certeza de que a possibilidade de ajuda americana o levou, no período da guerra, a fazer muitas coisas por mim que não teriam sido feitas em outras circunstâncias.

— Mande minhas lembranças ao sr. Beelings — essas foram praticamente as últimas palavras que ele me disse quando deixei Constantinopla.

Tenho certeza de que, embora não tenham faltado elementos cômicos na época, aquela visita de iate acabou livrando muitas vidas da fome e do massacre.

CAPÍTULO 3

"O representante pessoal do kaiser" — Wangenheim se opõe à venda de navios de guerra americanos à Grécia

Já em março de 1914, os alemães haviam aumentado bastante seu controle na Turquia. Liman von Sanders, que chegara em dezembro, tornou-se a influência predominante no exército turco. No início, a nomeação de Von Sanders não gerou nenhuma hostilidade especial, pois outras missões alemãs já haviam sido convocadas para instruir o exército turco, notadamente a de Von der Goltz, e uma missão naval inglesa, comandada pelo almirante Limpus, ainda estava na Turquia tentando realizar a difícil tarefa de reorganizar a marinha turca. Todavia, logo descobrimos que a missão militar de Von Sanders era bastante diferente das que citei. Antes mesmo da sua chegada, foi anunciado que ele assumiria o comando da primeira unidade do exército turco e que o general Bronssart von Schnellendorf se tornaria chefe do Estado-maior. As nomeações significavam que o kaiser havia quase completado seus planos de anexar o exército turco ao seu próprio exército. Para mostrar o poder que a nomeação de Von Sanders lhe dava, basta dizer que a primeira unidade do exército praticamente controlava Constantinopla. Aquelas mudanças mostravam claramente até que ponto o paxá Enver havia se tornado uma engrenagem no sistema prussiano. Obviamente, os representantes das potências da Entente não podiam tolerar tal usurpação por parte da Alemanha. Os embaixadores da Grã-Bretanha, França e Rússia procuraram imediatamente o grão-vizir e protestaram de forma mais acalorada do que educada contra a ascensão de Von Sanders. O gabinete turco tergiversou como sempre, protestando que a mudança não era importante, mas, no final, retirou a nomeação de Von Sanders como chefe da primeira unidade do exército e o designou como inspetor geral. Contudo, isso não melhorou muito a situação, pois aquele posto dava a Von Sanders mais poder do que seu cargo anterior. Portanto, em janeiro de 1914, sete meses antes do início da Grande Guerra, a Alemanha detinha a seguinte posição no exército turco: um general alemão era chefe do Estado-maior, outro era inspetor geral, hordas de oficiais alemães ocupavam comandos de primeira importância e o político turco que defendia abertamente a Alemanha, o paxá Enver, era ministro da guerra.

Após conquistar esse triunfo diplomático, Wangenheim foi recompensado com férias, certamente merecidas, e Giers, o embaixador russo, saiu de férias no mesmo período. A baronesa Wangenheim me explicou (na época, eu desconhecia todas as sutilezas da diplomacia) o que aquelas férias significavam exatamente. A licença de Wangenheim, ela disse, significava que o Ministério das Relações Exteriores da Alemanha considerava o caso Von Sanders encerrado – e encerrado com uma vitória alemã. Já a licença de Giers, ela explicou, significava que a Rússia se recusava a aceitar aquele ponto de vista e não considerava o caso Von Sanders encerrado. Lembro-me de escrever para minha família que, naquela misteriosa diplomacia do Oriente Próximo, as nações dialogavam entre si por meio de atos, e não de palavras, e apresentei como exemplo a explicação daquelas férias diplomáticas fornecida pela baronesa Wangenheim.

Um incidente que aconteceu na minha casa abriu os olhos de todos nós para a seriedade com que Von Sanders encarava sua missão militar. Em 18 de fevereiro, ofereci meu primeiro jantar diplomático. Von Sanders e suas duas filhas compareceram. O general se sentou ao lado de minha filha Ruth, que não teve uma noite muito agradável. Aquele marechal de campo alemão, trajando seu magnífico uniforme e com o peito coberto de medalhas reluzentes, mal pronunciou uma palavra durante toda a refeição. Comeu em silêncio e amuado; todas as tentativas da minha filha para entabular uma conversa evocaram apenas um rabugento monossílabo. O comportamento daquele grande líder militar era o de uma criança mimada.

Ao final do jantar, Von Mutius, o *chargé d'affaires* alemão, me abordou em um estado de grande inquietação. Ele demorou até conseguir controlar sua agitação e transmitir sua mensagem.

— O senhor cometeu um terrível equívoco, embaixador — disse.

— Qual foi? — perguntei, naturalmente surpreso.

— O senhor ofendeu gravemente o marechal de campo Von Sanders. Colocou-o no jantar em uma posição inferior à dos ministros estrangeiros. Ele é o representante pessoal do kaiser e, como tal, tem direito a uma posição igual à dos embaixadores. Ele deveria ter sido posicionado à frente dos ministros do gabinete turco e dos ministros estrangeiros.

Ou seja, eu havia afrontado o próprio imperador! Aquela, então, era a explicação para o comportamento rude de Von Sanders. Felizmente, minha posição era inexpugnável. Eu não havia organizado a precedência dos lugares à mesa daquele jantar; enviei a lista de convidados ao marquês Pallavicini, o embaixador austríaco e decano do corpo diplomático, a maior autoridade em Constantinopla em relação a assuntos tão delicados quanto aquele. O marquês devolveu a lista com a precedência marcada em tinta vermelha ao lado de cada nome – 1, 2, 3, 4, 5 etc. Ainda possuo esse documento exatamente como o recebi do embaixador austríaco, e o nome do general Von Sanders aparece com o numeral 13 ao seu lado. Devo admitir, entretanto, que, na "13ª cadeira", ele ficou bem para o final da mesa.

Expliquei a situação a Von Mutius e pedi ao sr. Panfili, *conseiller* da embaixada austríaca, que era um dos convidados do jantar, que se aproximasse e esclarecesse tudo junto ao furioso diplomata alemão. Como austríacos e alemães eram aliados, ficou bastante evidente que o deslize, se deslize houve, não fora intencional. Panfili disse que havia ficado indeciso quanto à questão da posição de Von Sanders e havia questionado o marquês. O resultado foi que o próprio embaixador austríaco estabeleceu a posição de Von Sanders como a de número 13. Todavia, a embaixada alemã não deixou que a questão morresse ali; posteriormente, Wangenheim visitou Pallavicini e discutiu o problema com uma vivacidade considerável.

— Se Liman von Sanders representa o kaiser, quem o senhor representa? — Pallavicini perguntou a Wangenheim.

Era um bom argumento, já que o embaixador é sempre considerado o *alter ego* do seu soberano.

— Não é costumeiro — continuou o marquês — para um imperador ter dois representantes na mesma corte.

Como o marquês não cedia, Wangenheim levou a questão até o grão-vizir. No entanto, Said Halim se recusou a assumir a responsabilidade por uma decisão tão grave e encaminhou a disputa para o conselho de ministros. Aquela entidade debruçou-se solenemente sobre a questão e proferiu o veredicto: Von Sanders deveria ter precedência sobre os ministros estrangeiros, mas não sobre os integrantes do gabinete ministerial turco. Então, os ministros estrangeiros levantaram suas vozes em protesto. Von Sanders não apenas se tornou muito impopular por levantar a questão, mas o modo ditatorial e autocrático por meio do qual o fizera suscitou uma aversão generalizada. Os ministros declararam que, se Von Sanders tivesse precedência em qualquer cerimônia daquele tipo, eles se levantariam da mesa em grupo. O resultado foi que Von Sanders nunca mais foi convidado a um jantar diplomático. Sir Louis Mallet, o embaixador britânico, demonstrou um interesse sardônico pelo episódio. Disse que, por sorte, aquilo não tinha acontecido em sua embaixada, senão, os jornais teriam publicado colunas inteiras sobre as desgastadas relações entre a Inglaterra e a Alemanha!

Por fim, aquele incidente teve uma grande importância internacional. A vaidade pessoal fez com que Von Sanders revelasse um segredo diplomático: ele não era apenas um mestre do treinamento militar enviado para instruir o exército turco, mas era exatamente o que afirmava ser, o representante pessoal do kaiser. O kaiser o selecionara, assim como havia selecionado Wangenheim, como um instrumento para fazer valer sua vontade na Turquia. Posteriormente, Von Sanders me falou, com todo o orgulho que os aristocratas alemães manifestam quando falam de seu senhor imperial, da conversa de algumas horas que tivera com o kaiser no dia em que foi nomeado para aquela missão em Constantinopla e me disse que, no dia da partida, Guilherme ficou mais uma hora com ele transmitindo as instruções finais. Relatei ao meu governo esse incidente durante o jantar como indicação da crescente ascendência da Alemanha sobre a Turquia e presumo que os outros embaixadores tenham feito o mesmo. O adido militar americano, o major John R. M. Taylor, que estava presente, atribuiu uma importância suprema àquele fato. Um mês após o acontecido, ele e o capitão McCauley, comandante do *Scorpion*, o *stationnaire* americano em Constantinopla, almoçaram no Cairo com o lorde Kitchener. Foi um almoço íntimo, apenas os americanos, lorde Kitchener, sua irmã e um assessor estavam presentes. O major Taylor relatou o incidente e Kitchener se mostrou muito interessado.

— O que acha que isso significa? — Kitchener perguntou.

— Acho que significa que, quando a grande guerra eclodir, a Turquia provavelmente se aliará à Alemanha — disse o major Taylor. — Se não estiver em uma aliança direta, acho que pelo menos se mobilizará na linha do Cáucaso, desviando, assim, três unidades do exército russo do teatro de operações europeu.

Kitchener pensou um pouco e depois disse:

— Concordo com você.

Por vários meses, tivemos diante de nossos olhos o espetáculo do exército turco sob o controle efetivo da Alemanha. Os oficiais alemães treinavam as tropas diariamente. Hoje estou convencido de que tudo aquilo era uma preparação para a guerra iminente. Os resultados alcançados surgiram quando, em julho, houve uma grande inspeção militar. Tratava-se de uma esplêndida ocasião de gala. O sultão participou com grande pompa: ficou sentado sob uma tenda ricamente decorada, na qual reuniu uma pequena corte. O quediva do Egito, que era o príncipe da coroa da Turquia, os príncipes de sangue imperial e todo o gabinete ministerial também estavam por perto. Vimos então que, nos seis meses anteriores, o exército turco havia sido completamente prussianizado. O que em janeiro era uma turba indisciplinada e esfarrapada naquele momento marchava com passo de ganso; os homens trajavam o uniforme de campo cinza dos alemães e até usavam um chapéu em forma de elmo que sugeria levemente o *pickelhaube* alemão. Os oficiais alemães estavam imensamente orgulhosos da apresentação e a transformação dos imprestáveis soldados turcos de janeiro naquelas tropas bem-vestidas, com passo coordenado e manobras esplêndidas era realmente um feito militar louvável. Quando o sultão me convidou para ir à sua tenda, eu naturalmente o congratulei pela excelente apresentação de seus homens. Ele não demonstrou muito entusiasmo, disse que lamentava a possibilidade da guerra e que, no fundo, era um pacifista. Notei certas ausências conspícuas naquela grande festa alemã, já que os embaixadores da França, Grã-Bretanha, Rússia e Itália não compareceram. Bompard disse que havia recebido suas dez entradas, mas que não considerava aquilo um convite. Wangenheim me disse, com certa satisfação, que os outros embaixadores estavam com ciúme e não queriam ver o progresso que o exército turco havia feito sob instrução alemã. Eu não tinha a menor dúvida de que os embaixadores haviam se recusado a comparecer porque não queriam honrar aquela comemoração alemã, e não podia culpá-los.

Enquanto isso, tive outras provas de que a Alemanha estava desempenhando seu papel na política turca. Em junho, as relações entre Grécia e Turquia quase chegaram ao ponto de ruptura. O Tratado de Londres (30 de maio de

1913) deixara sob domínio grego as ilhas de Khíos e Mitilene. Uma pesquisa no mapa revela a importância estratégica dessas ilhas. Elas ficam no Mar Egeu como guardiãs que controlam a baía e o grande porto de Esmirna e é bastante evidente que qualquer nação militar forte que controle permanentemente aquelas posições privilegiadas controlará também Esmirna e toda a costa do Egeu na Ásia Menor. A situação racial torna a retenção permanente dessas ilhas por parte da Grécia um perigo militar constante para a Turquia. A população das ilhas era grega desde os tempos de Homero; o próprio litoral da Ásia Menor também era grego; mais da metade da população de Esmirna, o maior porto marítimo da Turquia no Mediterrâneo, era grega; as indústrias, o comércio e a cultura da cidade eram tão predominantemente gregas que os turcos costumavam se referir à cidade como *giaour Ismir*, "a infiel Esmirna". Embora fosse de nacionalidade nominalmente otomana, aquela população não escondia seu afeto pela pátria grega e até fazia contribuições para promover os objetivos nacionais daquele país. As ilhas do Egeu e o continente, na verdade, constituíam a *Graecia Irredenta*, e o fato de a Grécia estar determinada a recuperá-las, precisamente como havia recuperado Creta pouco antes, não era um segredo diplomático. Não havia muita dúvida de que, se os gregos conseguissem aportar com seu exército no litoral da Ásia Menor, a população de origem grega o receberia com entusiasmo e colaboração.

No entanto, a Alemanha tinha seus próprios planos para a Ásia Menor, e os gregos naquela região formavam uma barreira às aspirações pangermânicas. Enquanto permanecesse sendo grega, aquela região formaria um obstáculo natural ao caminho da Alemanha até o Golfo Pérsico, exatamente como a Sérvia. Qualquer um que tenha lido mesmo superficialmente a literatura pangermânica conhece o método peculiar que os publicistas defendiam para lidar com as populações que atrapalhavam a Alemanha. Tratava-se de deportação. A transferência violenta de povos inteiros de uma parte da Europa a outra, como se fossem rebanhos de gado, fez durante anos parte dos planos do kaiser para a expansão alemã. Esse é o tratamento que, desde o início da guerra, a Alemanha aplicou à Bélgica, Polônia e Sérvia, mas sua manifestação mais hedionda, como mostrarei, foi na Armênia. Agindo sob estímulo alemão, a Turquia começou a aplicar esse princípio da deportação a seus cidadãos gregos na Ásia Menor. Três anos mais tarde, o almirante alemão Usedom, que ficara aquartelado em Dardanelos durante o bombardeio dos Aliados, me disse que foram os alemães "que sugeriram com urgência que os gregos fossem removidos do litoral". O motivo alemão, disse o almirante Usedom, era puramente militar. Não tenho certeza se Talaat e seus parceiros perceberam que estavam fazendo o jogo da Alemanha, mas não há dúvida de que os alemães os estavam instigando constantemente a realizar aquela conveniente tarefa.

Os eventos que se seguiram prenunciaram a política adotada nos massacres armênios. Os oficiais turcos se lançaram sobre os gregos, arrebanharam-os em grupos e os levaram em direção aos navios. Não deram tempo para que eles resolvessem seus assuntos privados e não se esforçaram para manter as famílias juntas. O plano era transportá-los para as ilhas totalmente gregas do Egeu. Obviamente, os gregos se rebelaram a tal tratamento, o que resultou em massacres ocasionais, especialmente em Foceia, onde mais de cinquenta pessoas foram assassinadas. Os turcos exigiram que todos os estabelecimentos estrangeiros em Esmirna demitissem os funcionários gregos e os substituíssem por muçulmanos. Dentre outras empresas americanas, a Singer Manufacturing Company recebeu instruções desse tipo e, embora eu tenha intercedido e obtido um adiamento de sessenta dias, a companhia teve de obedecer à ordem. Um boicote oficial foi decretado contra todos os cristãos, não apenas na Ásia Menor, mas em Constantinopla; todavia, esse boicote não discriminava os judeus, que sempre foram mais populares entre os turcos do que os cristãos. As autoridades exigiam especificamente que comerciantes judeus colocassem um sinal nas portas para indicar sua nacionalidade e ramo de negócio, sinais do tipo "Abraão, judeu, alfaiate", "Isaac, judeu, sapateiro" e coisas desse gênero. Encarei esse boicote como um exemplo da organização nacional invertida da Turquia, pois tínhamos uma nação que estabelecia um boicote comercial contra seus próprios cidadãos.

Aquele procedimento contra os gregos causou, justamente, minha indignação. Na época, eu não tinha a menor suspeita de que os alemães tivessem instigado aquelas deportações e as considerava simplesmente uma irrupção da ferocidade e do chauvinismo turcos. Àquela altura, eu conhecia bem Talaat, via-o quase diariamente, e ele costumava discutir quase todas as fases das relações internacionais comigo. Opus-me vigorosamente ao tratamento dispensado aos gregos, disse que aquilo causaria a pior impressão possível no exterior e que estava afetando os interesses americanos. Talaat explicou sua política nacional: aqueles diferentes *blocos* no Império Turco, disse, sempre haviam conspirado contra a Turquia; por causa da hostilidade daquelas populações nativas, a

Turquia havia perdido uma província após a outra – Grécia, Sérvia, Romênia, Bulgária, Bósnia, Herzegóvina, Egito e Trípoli. Assim, o Império Turco havia definhado até quase a extinção. Para que os resquícios da Turquia sobrevivessem, acrescentou Talaat, ele deveria se livrar daqueles povos estrangeiros. "A Turquia para os turcos", era então a principal ideia de Talaat. Portanto, ele propôs a "turquificação" de Esmirna e das ilhas adjacentes. Quase quarenta mil gregos partiram e ele me pediu mais uma vez para exortar as empresas americanas a empregar apenas turcos. Disse que os relatos de violência e assassinato haviam sido muito exagerados e sugeriu que uma comissão fosse enviada até lá para investigar.

— Eles querem uma comissão para reabilitar a Turquia — disse-me Sir Louis Mallet, o embaixador britânico.

Como previsto, quando foi apresentado, o relatório da comissão inocentava a Turquia.

Os gregos na Turquia tiveram uma grande vantagem em relação aos armênios, pois existia um governo grego, que, obviamente, tinha interesse em protegê-los. Os turcos sabiam que aquelas deportações precipitariam uma guerra contra a Grécia; na verdade, buscavam tal guerra e estavam se preparando para ela. O povo turco estava tão entusiasta que angariou fundos em uma coleta pública e comprou um *dreadnaught* brasileiro que estava sendo construído na Inglaterra. O governo também havia encomendado um segundo *dreadnaught* na Inglaterra e vários submarinos e destróieres na França. O propósito daquelas preparações navais não era segredo em Constantinopla. Assim que obtivesse aqueles navios, ou até mesmo o *dreadnaught* que estava quase pronto, a Turquia pretendia atacar a Grécia e recuperar as ilhas. Um único couraçado de batalha como o *Sultan Osman* (esse era o nome que os turcos haviam dado ao navio brasileiro) podia facilmente sobrepujar toda a marinha grega e controlar o Mar Egeu. Como aquele poderoso navio seria terminado e entregue em poucos meses, todos nós esperávamos que a guerra greco-turca eclodisse no outono. O que a marinha grega podia fazer contra aquele perigo iminente?

Essa era a situação quando, no início de junho, recebi um visitante muito agitado. Tratava-se do paxá Djemal, o ministro da marinha e um dos três homens que dominavam o Império Turco. Poucas vezes vi um homem que parecesse mais preocupado do que Djemal naquela ocasião. Quando começou a falar fervorosamente em francês com meu intérprete, com suas costeletas que tremiam de emoção e suas mãos que gesticulavam freneticamente, ele parecia estar quase fora de si. Eu sabia francês suficiente para entender o que ele estava dizendo, e a notícia que ele transmitia (era a primeira vez que eu a ouvia) explicava sua agitação. O governo americano, ele disse, estava negociando com a Grécia a venda de dois couraçados de batalha, o *Idaho* e o *Mississippi*. Ele insistiu para que eu tomasse providências para impedir tal transação. Sua atitude era a de um suplicante: ele rogou, implorou pela minha intervenção. Dizia o tempo todo que os turcos consideravam os Estados Unidos seus melhores amigos; eu havia expressado várias vezes o desejo de ajudá-los; bem, aquela era a oportunidade para demonstrar nossos bons sentimentos. O fato de a Grécia e a Turquia estarem praticamente à beira de uma guerra, disse Djemal, tornava a venda dos navios um ato de não neutralidade. Ainda assim, se a transação fosse puramente comercial, a Turquia gostaria de ter a oportunidade de fazer um lance.

— Pagaremos mais do que a Grécia — ele acrescentou.

Terminou com um pedido veemente para que eu enviasse imediatamente um telegrama para meu governo sobre aquela questão, o que prometi fazer.

Obviamente, os astutos gregos haviam virado o jogo. A Turquia alardeara demais suas intenções de atacar a Grécia assim que recebesse os *dreadnaughts*. Os dois navios que a Grécia estava negociando já estavam prontos para a batalha! O *Idaho* e o *Mississippi* não eram navios indispensáveis para a marinha americana, não podiam fazer parte da primeira linha de batalha, porém, eram suficientemente poderosos para expulsar toda a marinha turca do Egeu. Evidentemente, os gregos não pretendiam adiar educadamente a guerra iminente até que os *dreadnaughts* turcos estivessem prontos, mas atacar assim que recebessem os navios americanos. O argumento de Djemal, é claro, não tinha validade jurídica. Todavia, por maior que fosse a ameaça de guerra, Turquia e Grécia ainda estavam em paz. A Grécia tinha tanto direito de comprar navios de guerra nos Estados Unidos quanto a Turquia tinha direito de comprá-los no Brasil ou na Inglaterra.

Mas Djemal não foi o único homem de Estado que tentou evitar a venda, o embaixador alemão também mostrou um profundo interesse na questão. Alguns dias após a visita de Djemal, Wangenheim e eu estávamos cavalgando pelas colinas ao norte de Constantinopla quando Wangenheim começou a falar dos gregos, pelos quais mostrava uma violenta antipatia, da possibilidade de guerra e da venda dos navios de guerra americanos. Apresentou um longo argumento relativo à venda e seu raciocínio era exatamente igual ao de Djemal, um fato que atiçou minhas suspeitas de que ele mesmo havia preparado Djemal para sua entrevista comigo.

— Veja o perigoso precedente que vocês estão estabelecendo — disse Wangenheim. — É provável que os Estados Unidos em algum momento se vejam na mesma posição em que a Turquia se encontra hoje. Suponha que vocês estejam à beira de uma guerra com o Japão; a Inglaterra poderia, então, vender uma frota de *dreadnaughts* aos japoneses. O que os Estados Unidos achariam disso?

Depois, ele fez uma declaração que indicava o que realmente estava por trás do seu protesto. Pensei muito a esse respeito nos últimos três anos. A cena está impressa de maneira indelével em minha mente. Lá estávamos nós montados em nossos cavalos com a silenciosa e antiga floresta de Belgrado à nossa volta enquanto, a distância, o Mar Negro reluzia ao sol da tarde. Wangenheim de repente ficou calado e extremamente sério. Olhou nos meus olhos e disse:

— Acho que os Estados Unidos não percebem a gravidade dessa questão. A venda daqueles navios pode vir a causar uma guerra europeia.

Essa conversa aconteceu em 13 de junho, cerca de seis semanas antes da eclosão da guerra. Wangenheim sabia perfeitamente que a Alemanha estava apressando os preparativos para o grande conflito e sabia também que as providências bélicas ainda não haviam sido totalmente finalizadas. Como todos os embaixadores alemães, Wangenheim havia recebido instruções para impedir, até a finalização dos preparativos, o surgimento de qualquer crise que pudesse precipitar a conflagração. Ele não fazia objeções à expulsão dos gregos, pois aquilo fazia parte dos preparativos. No entanto, estava muito preocupado com a perspectiva de a Grécia conseguir se armar e perturbar as condições existentes nos Bálcãs. Naquele momento, os Bálcãs eram um vulcão em combustão lenta; a Europa havia passado por duas guerras nos Bálcãs sem se envolver como um todo, e Wangenheim sabia que outra guerra incendiaria todo o continente. E tinha consciência de que tal guerra estava a caminho, mas não a queria naquele momento. Estava simplesmente tentando me influenciar para ganhar um pouco mais de tempo para a Alemanha.

Até chegou a me pedir para enviar pessoalmente um telegrama ao presidente, explicar a gravidade da situação e chamar sua atenção para os telegramas enviados ao Departamento de Estado a respeito da venda dos navios. Considerei sua sugestão impertinente e me recusei a executá-la.

Para Djemal e outras autoridades turcas que continuavam a me pressionar, sugeri que o embaixador turco em Washington levasse a questão diretamente ao presidente. Eles aceitaram o conselho, porém, mais uma vez, os gregos os precederam. Às 14h de 22 de junho, o *chargé d'affaires* grego em Washington e o comandante Tsouklas, da marinha grega, visitaram o presidente e concluíram a venda. Enquanto deixavam o gabinete presidencial, o embaixador turco entrava — 15 minutos tarde demais!

Presumo que o sr. Wilson tenha consentido a venda porque sabia que a Turquia estava se preparando para atacar a Grécia e acreditava que o *Idaho* e o *Mississippi* evitariam tal ataque, preservando, assim, a paz nos Bálcãs.

Agindo com a autorização do Congresso, o governo vendeu os navios em 8 de julho de 1914 a Fred J. Gauntlett por 12.535,276,98 dólares. O Congresso imediatamente votou para que o dinheiro recebido com a venda fosse destinado à construção de um grande e moderno *dreadnaught*, o *California*. O sr. Gauntlett transferiu os navios para o governo grego. Rebatizados *Kilkis* e *Lemnos*, os couraçados de guerra se tornaram imediatamente os navios mais poderosos da marinha grega e o entusiasmo dos gregos em obtê-los não tinha limites.

Àquela altura, havíamos nos mudado da embaixada para nossa residência de verão no Bósforo. Todas as embaixadas de verão situavam-se lá e nunca vi um lugar mais bonito. Nossa residência era um edifício de três andares de estilo vagamente veneziano; atrás, uma colina erguia-se abruptamente com vários jardins em terraços, um em cima do outro. O edifício ficava tão perto da margem e as águas do Bósforo passavam tão depressa que, quando estávamos sentados do lado de fora, principalmente em uma noite enluarada, tínhamos quase a ilusão de estar sentados no convés de um veleiro em alta velocidade. Durante o dia, o Bósforo, naquele ponto com pouco mais de um quilômetro e meio de largura, era animado por embarcações de cores alegres; lembro-me dessa cena vivaz com particular nitidez porque guardo em minha mente o contraste com o quadro de alguns meses mais tarde, quando a entrada da Turquia na guerra resultou no fechamento imediato do estreito. Diariamente, os enormes barcos a vapor russos, retornando dos portos de Esmirna, Alexandria e de outras cidades no Mar Negro, deixavam clara a importância daquela pequena faixa de água e explicavam as disputas sangrentas das nações europeias, que se repetiam havia mais de mil anos, a fim de dominá-la. Todavia, aqueles primeiros meses de verão foram pacíficos; todos os embaixadores, ministros e familiares se encontravam constantemente. Ali se reuniam diariamente os representantes de todas as potências que, nos quatro últimos anos, travaram a guerra mais sangrenta da história. Na época, todos pareciam ser amigos, sentados à mesma mesa de jantar, caminhando de braços dados nas varandas. O embaixador de uma potência acompanhava graciosamente ao jantar a mulher de outro diplomata cujo país talvez fosse seu maior antagonista. Pequenos grupos se formavam após o jantar; o grão-vizir organizava uma recepção improvisada em um canto, ministros sussurravam em outro; um grupo de embaixadores discutia a situação grega na varanda; intrigadas, as autoridades turcas observavam a animada cena e talvez a comentassem baixinho em seu próprio idioma; o embaixador russo deslizava pelo salão, escolhia alguém com quem gostaria de conversar, dava-lhe o braço e o levava para um canto para um *tête-à-tête* secreto.

Enquanto isso, nossos filhos e filhas, os integrantes mais jovens do corpo diplomático e os oficiais de vários *stationnaires*, dançando e flertando, pareciam achar que todo aquele procedimento havia sido organizado apenas para que eles se divertissem. E era curioso notar que, enquanto tudo isso estava acontecendo, nem o grão-vizir nem as outras autoridades do alto escalão turco saíam de casa sem escolta nem guarda-costas, a despeito das emoções que uma atmosfera tão vibrante pudesse suscitar. Era muito interessante. Eu também achava que havia algo de elétrico naquilo tudo: a guerra era sempre o tópico favorito das conversas, todos pareciam perceber que aquela vida pacífica e frívola era transitória e que, a qualquer momento, poderia surgir a centelha que deixaria tudo em chamas.

Porém, quando chegou, a crise não produziu nenhuma sensação imediata. Em 29 de junho, soubemos do assassinato do grão-duque da Áustria e de sua consorte. Todos receberam a notícia com calma. Houve, de fato, uma sensação atordoada de que algo de grande importância havia acontecido, mas praticamente não houve agitação. Um ou dois dias após a tragédia, tive uma longa conversa com Talaat a respeito de questões diplomáticas; ele não fez alusão nenhuma ao acontecimento. Agora, creio que estávamos todos acometidos por uma espécie de paralisia emocional – como nos encontrávamos mais próximos do centro do que a maioria das pessoas, certamente percebíamos os perigos da situação. Em um ou dois dias, nossas línguas pareciam ter se soltado, pois começamos a falar – e a falar de guerra. Quando vi Von Mutius, o *chargé d'affaires* alemão, e Weitz, o correspondente-diplomata do *Frankfurter Zeitung*, eles também estavam discutindo o conflito iminente e, mais uma vez, deram à sua previsão um toque caracteristicamente germânico. Quando a guerra eclodisse, disseram, é claro que os Estados Unidos tirariam partido para obter todo o comércio mexicano e sul-americano!

Quando visitei Pallavicini para expressar minhas condolências pela morte do grão-duque, ele me recebeu com a mais imponente solenidade. Ele tinha ciência de que estava representando a família imperial e seu pesar parecia ser pessoal; era possível pensar que ele havia perdido o próprio filho. Expressei minha aversão, bem como a do meu país, diante daquele fato e manifestei nossa solidariedade com o idoso imperador.

— *Ja, ja, es ist sehr schrecklich* (Sim, sim, é terrível) — ele respondeu, quase murmurando. — A Sérvia será condenada por sua conduta — acrescentou. — Será obrigada a se retratar.

Alguns dias mais tarde, Pallavicini me visitou, falou das sociedades nacionalistas cuja existência era permitida pela Sérvia e da determinação daquele país em anexar a Bósnia e a Herzegóvina. Disse que seu governo insistiria no abandono daquelas sociedades e também das pretensões sérvias e que, provavelmente, seria necessária uma expedição punitiva àquele país para evitar ultrajes como o assassinato do grão-duque. Assim, tive minha primeira insinuação do famoso ultimato de 22 de julho.

Todo o corpo diplomático participou da missa fúnebre em homenagem ao grão-duque e à duquesa, celebrada na Igreja de Santa Maria em 4 de julho. A igreja está localizada na Grande Rua de Pera, perto da embaixada austríaca. Para chegar lá, tivemos de descer um lance de quarenta degraus de pedra. No final dessa escadaria, representantes da embaixada austríaca, trajando seu uniforme completo, com um crepe no braço direito, nos encontraram e nos levaram até nossos assentos. Todos os embaixadores sentaram-se no primeiro banco; essa lembrança suscita em mim emoções estranhas agora, pois foi a última vez em que nos sentamos juntos. A cerimônia foi digna e bonita. Tenho lembranças particularmente nítidas por causa da cena contrastante que logo a sucedeu. Quando os padres, imponentes e magnificamente vestidos, terminaram, todos nós apertamos a mão do embaixador austríaco, voltamos aos nossos automóveis e demos a partida para percorrer os 13 quilômetros de estrada ao longo do Bósforo até a embaixada americana. Aquele não foi apenas o dia em que prestamos nossa homenagem ao herdeiro assassinado daquela autocracia medieval, era também o Quatro de Julho. O panorama das duas cenas simbolizava aqueles dois ideais nacionais. Sempre penso naquele grupo de embaixadores descendo aqueles degraus de pedra até a igreja para prestar sua homenagem ao grão-duque e, depois, subindo-os para ir à embaixada americana, alegremente adornada, para celebrar a Declaração de Independência. Todos os navios oficiais de países estrangeiros perfilaram-se no curso d'água, decorados e preparados para comemorar nosso feriado nacional, e os embaixadores e ministros apresentaram-se com toda a pompa. Dos jardins superiores, podíamos ver o local em que Dário e sua multidão de persas cruzaram o estreito 2.500 anos antes, um daqueles antigos autocratas cuja linhagem ainda não foi totalmente extinta. De lá, também podíamos avistar o magnífico Robert College, uma instituição que representava o conceito americano de "penetração" no Império Turco. À noite, nossos jardins foram iluminados por lanternas chinesas; bons e velhos fogos de artifício americanos iluminaram as colinas circunvizinhas e o Bósforo. A bandeira americana tremulava na frente da casa, quase como um desafio às várias reminiscências de autocracia e opressão que vimos no início do dia. Do outro lado do estreito, a não mais de um quilômetro e meio de distância, as escuras e lúgubres colinas da Ásia, berço secular de despotismos militares, captavam um leve e, a meu ver, profético brilho dos jogos de luz.

Ao observar o grupo de embaixadores na igreja e, em seguida, em nossa recepção, fiquei surpreso em notar que uma figura conhecida estava faltando. Wangenheim, o aliado da Áustria, não estava presente. Naquele momento, fiquei intrigado, mas, depois, ouvi a explicação dos lábios do próprio Wangenheim. Ele havia partido alguns dias antes para Berlim. O kaiser o havia convocado para um conselho imperial, que se reuniu em 5 de julho e que decidiu mergulhar a Europa na guerra.

CAPÍTULO 4

A ALEMANHA MOBILIZA O EXÉRCITO TURCO

AO LER OS JORNAIS de agosto, que descreviam as mobilizações na Europa, fiquei particularmente surpreso com a ênfase dada ao espírito heroico que estava transformando da noite para o dia as populações civis em exércitos. Naquela época, a Turquia não havia entrado na guerra e seus líderes políticos estavam manifestando veementemente a intenção de manter uma neutralidade estrita. Apesar daquelas afirmações pacíficas, os eventos em Constantinopla eram quase tão bélicos quanto os que aconteciam nas capitais europeias. Embora a Turquia estivesse em paz, seu exército estava se mobilizando, segundo o que nos diziam, meramente como medida de precaução. No entanto, as cenas diárias que eu testemunhava em Constantinopla pouco lembravam as que agitavam todas as cidades da Europa. O patriotismo marcial dos homens e a paciência e o sacrifício sublimes das mulheres podem conferir à guerra um aspecto heroico, mas, na Turquia, a perspectiva era de indiferença e miséria. Diariamente, as várias hordas otomanas passavam pelas ruas. Árabes descalços, usando os trajes com as cores mais alegres, carregando sobre os ombros grandes bolsas de linho (contendo as obrigatórias rações para cinco dias) caminhavam com passo arrastado e atitude perplexa ao lado de beduínos igualmente desanimados, obviamente arrancados de repente do deserto. Esbarrando uns nos outros, os homens formavam uma mistura de turcos, circassianos, gregos, curdos, armênios e judeus com sinais de que haviam sido sumariamente retirados de suas fazendas e lojas. A maioria era maltrapilha e muitos pareciam semidesnutridos; tudo a seu respeito sugeria desespero e submissão a um destino que, como em um rebanho, eles sabiam ser inevitável. Não havia alegria na aproximação da batalha, nenhum sentimento de que eles estavam se sacrificando por uma causa nobre. Dia após dia, eles passavam como crianças relutantes de um império esmolambado que fazia uma última tentativa desesperada de se preparar para a ação.

Aqueles coitados não tinham ideia de que força os estava arrancando dos quatro cantos de seu país. Até mesmo nós do corpo diplomático ainda não havíamos entendido a verdadeira situação. Soubemos depois que o sinal para a mobilização não tinha sido dado originalmente por Enver, Talaat ou pelo gabinete turco, mas pelo Estado-maior em Berlim e por seus representantes em Constantinopla. Liman von Sanders e Bronssart estavam na verdade dirigindo a complicada operação. Havia sinais inconfundíveis de atividade alemã. Assim que os exércitos alemães cruzaram o Reno, começaram as obras de uma gigantesca estação de radiotelegrafia a algumas milhas de Constantinopla. Todo o material vinha da Alemanha via Romênia e os mecânicos capacitados, trabalhando com afinco de sol a sol, eram inequivocamente alemães. É claro, as leis de neutralidade teriam proibido a construção de uma estação de radiotelegrafia para uma nação beligerante em um país neutro como a Turquia; o anúncio oficial, portanto, era de que uma empresa alemã estava construindo para o governo turco uma estrutura que apontava para o céu na propriedade do próprio sultão. Mas essa história não enganava ninguém. Wangenheim, o embaixador alemão, falava abertamente do projeto como um empreendimento alemão.

— Já viu nossa estação radiotelegráfica? — ele me perguntava. — Venha, vamos até lá dar uma olhada.

O embaixador me disse orgulhosamente que aquela era a estação radiotelegráfica mais potente do mundo, capaz de captar todas as mensagens enviadas da Torre Eiffel em Paris! Disse que ela o colocaria em comunicação constante com Berlim. Suas tentativas de esconder quem realmente era o dono da estação eram tão fracas que, em muitas ocasiões, quando as comunicações telegráficas estavam suspensas, ele se oferecia para me deixar usá-la para enviar meus telegramas.

Aquela estação radiotelegráfica era um símbolo visível da associação estreita, mas não reconhecida, entre a Turquia e Berlim. Foi necessário certo tempo para concluir uma estação tão grande e, nesse ínterim, Wangenheim usava o equipamento do *Corcovado*, um navio mercante alemão que estava ancorado no Bósforo, em frente à embaixada alemã. Por razões práticas, Wangenheim tinha uma conexão telefônica constante com Berlim.

Os oficiais alemães eram quase tão ativos quanto os turcos naquela mobilização. Eles gostavam muito de tudo aquilo; de fato, davam todos os sinais de que estavam se divertindo como nunca. Bronssart, Humann e Lafferts estavam sempre atrás de Enver, aconselhando e dirigindo as operações. Os oficiais alemães corriam pelas ruas todos os dias em enormes automóveis, todos requisitados da população civil, enchiam os restaurantes e locais noturnos e celebravam seu prazer com aquela situação consumindo grandes quantidades de champanhe (também requisitada). Uma figura particularmente espetacular e ruidosa era a do paxá Von der Goltz. Ele estava sempre circulando pelas ruas como um vice-rei em um automóvel enorme e incrivelmente vistoso, em cujas laterais estavam pintadas resplandecentes águias alemãs. No assento dianteiro, um trombeteiro tocava seu instrumento a um volume desafiadoramente alto à medida que o carro avançava, e ai de quem, turco ou não, cruzasse na sua frente! Os alemães não tentavam esconder sua convicção de que eram os donos da cidade. Assim como Wangenheim havia criado uma pequena Wilhelmstrasse na sua embaixada, os militares alemães estabeleceram uma subestação do Estado--maior de Berlim. Até trouxeram suas mulheres e famílias da Alemanha. Ouvi a baronesa Wangenheim observar que estava em meio a uma pequena corte na embaixada alemã.

Os alemães, porém, eram praticamente os únicos que apreciavam esse procedimento. As requisições que acompanharam a mobilização eram na verdade saques à população civil. Os turcos pegaram todos os cavalos, mulas, camelos, ovelhas, vacas e outros animais em que puderam pôr as mãos; Enver me disse que eles haviam reunido cento e cinquenta mil animais. Fizeram tudo isso da forma menos inteligente, sem fazer provisões para a continuidade das espécies, deixando apenas duas vacas ou duas éguas em muitos dos vilarejos. Esse sistema de requisição, como descreverei, teve como resultado inevitável a destruição da agricultura da nação e, em última instância, ocasionou a inanição de centenas de milhares de pessoas. No entanto, os turcos, assim como os alemães, achavam que a guerra seria muito curta e que eles logo se recuperariam dos danos que seus métodos de aprovisionamento do exército estavam causando aos camponeses. O governo mostrou exatamente a mesma desfaçatez e falta de inteligência no modo como requisitou materiais de mercadores e comerciantes. Esses procedimentos correspondiam a nada menos do que furtos. Porém, praticamente nenhum dos mercadores era muçulmano, a maioria era cristã, embora houvesse alguns judeus, e as autoridades turcas, portanto, não apenas supriam as necessidades de seu exército e, incidentalmente, forravam os próprios bolsos, mas também descobriam um prazer religioso em saquear estabelecimentos de infiéis. Entravam em uma loja de varejo, pegavam praticamente todas as mercadorias das prateleiras e davam apenas um pedaço de papel como recibo. Como o governo nunca havia pagado os suprimentos usados nas guerras da Itália e dos Bálcãs, os comerciantes não esperavam receber nada por aquelas últimas requisições. Depois, os que entendiam da burocracia oficial e tinham influência política, recuperaram até 70% do valor – e o que foi feito dos 30% restantes não é segredo para quem já teve alguma experiência com os burocratas turcos.

Assim, para a maioria da população, as requisições significavam simplesmente ruína financeira. O fato de aquele processo ser um mero saque é demonstrado por muitos dos materiais que o exército levou, ostensivamente para o uso dos soldados. Os oficiais pegaram todo o *mohair* que conseguiram encontrar; em algumas ocasiões, levaram meias femininas de seda, corpetes e sapatinhos de bebê, e eu soube de um caso em que reforçaram os armazéns militares turcos com caviar e outras iguarias. Solicitaram cobertores de um comerciante que vendia roupa íntima feminina e, como ele não possuía tal artigo, levaram o que havia em sua loja. Em seguida, ele viu seus bens confiscados exibidos em estabelecimentos da concorrência. Os turcos fizeram a mesma coisa em muitos outros casos. O sistema prevalecente era o de levar os bens móveis disponíveis e convertê-los em numerário. Não sei onde esse dinheiro foi parar, mas não tenho dúvida de que muitas fortunas privadas foram acumuladas. Eu disse a Enver que esse método implacável de mobilização e requisição estava destruindo o país. Miséria e fome logo começariam a afligir a nação. De uma população de quatro milhões de homens adultos, mais de 1,5 milhão acabou sendo alistado e, assim, cerca de um milhão de famílias ficou sem provedor de sustento, todas em condição de extrema pobreza. O governo turco pagava aos soldados 25 *cents* por mês e dava às famílias um auxílio mensal de 1,20 dólar. O resultado foi que milhares de pessoas estavam morrendo por falta de alimento e muitas outras se enfraqueciam devido à desnutrição; creio que o império perdeu cerca de um quarto de sua população turca desde o início da guerra. Perguntei a Enver por que ele permitia que seu povo fosse destruído daquela maneira, mas sofrimentos desse tipo não o perturbavam. Ele estava muito impressionado com o próprio sucesso em reunir um grande exército praticamente sem dinheiro, algo que, ele afirmava com orgulho, nenhuma outra nação havia jamais feito. A fim de conseguir tal feito, Enver emitiu ordens que estigmatizavam a evasão do serviço militar como deserção, tornando-a, portanto, punível com a pena de morte. Também foi adotado um esquema no qual qualquer otomano podia obter a isenção do serviço militar mediante o pagamento de 190 dólares. Mesmo assim, Enver considerava seu feito notável. Era sua primeira experiência de poder ilimitado e ele estava adorando tudo aquilo.

O fato de os alemães estarem dirigindo aquela mobilização não é uma questão de opinião, mas de provas. Só preciso mencionar que os alemães estavam requisitando materiais em seu próprio nome para seu próprio uso. Tenho uma cópia fotográfica de uma requisição de um carregamento de torta oleaginosa feita por Humann, o adido naval alemão. Esse documento tem data de 29 de setembro de 1914: "O carregamento do vapor *Derindje* mencionado em sua carta do dia 26 foi requisitado por mim para o governo alemão". Isso mostra claramente como, um mês antes da entrada da Turquia na guerra, a Alemanha exercia poderes de soberania em Constantinopla.

CAPÍTULO 5

Wangenheim contrabandeia o *Goeben* e o *Breslau* através de Dardanelos

Em 10 de agosto, peguei uma pequena lancha para ir até o *Sicilia*, um pequeno navio italiano que havia acabado de chegar de Veneza. Eu estava particularmente interessado naquela nave porque a bordo estavam meu cunhado e minha filha, o sr. e a sra. Maurice Wertheim, e suas três pequenas filhas. A recepção se mostrou ainda mais interessante do que eu esperava. Encontrei os passageiros bastante agitados, pois haviam testemunhado no dia anterior uma batalha naval no Mar Jônio.

— Estávamos almoçando no convés ontem — disse minha filha — quando vi dois navios de aparência estranha no horizonte. Corri para pegar os binóculos e identifiquei dois grandes navios de guerra, o primeiro com duas torres esquisitas e exóticas e o outro bastante comum. Ficamos observando e vimos outro navio surgindo por trás deles em alta velocidade. Ele foi se aproximando cada vez mais e, então, ouvimos o estrondo de canhões. Colunas de água se ergueram no ar e houve muitas nuvens de fumaça branca. Demorei um pouco para perceber do que se tratava, então, de repente, me dei conta de que estávamos testemunhando um enfrentamento. Os navios mudavam constantemente de posição, mas não paravam. Os dois grandes navios viraram e seguiram furiosamente em direção ao pequeno, depois, aparentemente mudaram de ideia e voltaram. O navio menor, então, deu meia-volta e avançou calmamente em nossa direção. De início, fiquei um pouco alarmada, mas nada aconteceu. A embarcação circundou nosso navio com os marujos agitados, sorridentes e um pouco sujos. Sinalizaram ao nosso capitão muitas perguntas depois deram meia-volta e desapareceram. O capitão nos disse que os dois grandes navios eram alemães, haviam sido surpreendidos no Mediterrâneo e estavam tentando escapar da frota britânica. Acrescentou que os navios britânicos os estão procurando por todo o Mediterrâneo e que os navios alemães estão tentando chegar a Constantinopla. O senhor os viu? Onde acha que a frota britânica está?

Dardanelos e o Mar Negro

Horas mais tarde, encontrei-me por acaso com Wangenheim. Quando falei do que a sra. Wertheim havia visto, ele demonstrou um interesse agitado. Logo após o almoço, apareceu na embaixada americana com Pallavicini, o embaixador austríaco, e solicitou uma entrevista com minha filha. Os dois embaixadores instalaram-se solenemente em duas cadeiras na frente da sra. Wertheim e a submeteram a um interrogatório cruzado extremamente minucioso, mas muito educado.

— Nunca me senti tão importante em minha vida — ela me disse posteriormente.

Eles não permitiram que ela omitisse nenhum detalhe, queriam saber quantos disparos haviam sido feitos, que direção os navios alemães haviam seguido, o que todos a bordo haviam dito e assim por diante. A visita parecia dar àqueles embaixadores aliados imenso alívio e satisfação, pois eles partiram quase em júbilo, comportando-se como se um grande peso tivesse sido tirado de suas mentes. Ambos certamente tinham bons motivos para tanto entusiasmo. Minha filha transmitiu as notícias que eles mais desejavam ouvir: o *Goeben* e o *Breslau* haviam escapado da frota britânica e estavam viajando rapidamente em direção a Dardanelos.

Pois foram esses famosos navios alemães, o *Goeben* e o *Breslau*, que minha filha vira em uma batalha com um navio britânico de reconhecimento!

No dia seguinte, assuntos oficiais me fizeram ir até a embaixada alemã. Os modos entusiastas de Wangenheim logo revelaram que ele não tinha interesse algum em assuntos de rotina. Eu nunca o tinha visto tão nervoso e agitado. Ele não conseguia ficar sentado mais do que alguns minutos, estava constantemente se levantando, indo até a janela e olhando ansiosamente na direção do Bósforo, onde sua estação radiotelegráfica privada, o *Corcovado*, estava ancorada a cerca de quinhentos metros de distância. O rosto de Wangenheim estava corado e seus olhos brilhavam; ele caminhava pela sala, ora falando de uma recente vitória alemã, ora fornecendo-me pequenas previsões dos planos do seu país; depois, dirigia-se até a janela novamente e olhava mais uma vez para o *Corcovado*.

— Alguma coisa o está distraindo completamente — eu disse, levantando-me. — Vou-me embora e volto em outro momento.

— Não, não! — o embaixador quase gritou. — Quero que o senhor fique exatamente onde está. Este será um grande dia para a Alemanha! Se ficar aqui mais alguns minutos, ouvirá uma grande notícia, algo de suma importância para a relação da Turquia com a guerra.

Depois, dirigiu-se apressadamente para o pórtico e debruçou-se sobre o parapeito. No mesmo momento, vi uma pequena lancha zarpar do *Corcovado* em direção à doca do embaixador. Wangenheim desceu correndo, pegou um envelope de um dos marinheiros e, no instante seguinte, entrou na sala novamente.

— Nós conseguimos! — ele gritou para mim.
— O quê? — perguntei.
— O *Goeben* e o *Breslau* atravessaram Dardanelos!

Ele estava sacudindo o telegrama com todo o entusiasmo de um universitário cujo time de futebol acaba de ganhar uma partida.

Depois, controlando momentaneamente o próprio entusiasmo, ele se aproximou de mim em tom solene, balançou jocosamente o indicador, levantou as sobrancelhas e disse:

— É claro, o senhor entende que vendemos esses navios à Turquia! E o almirante Souchon — acrescentou — estará a serviço do sultão!

Wangenheim tinha motivos mais do que patrióticos para tanta exultação; a chegada daqueles navios marcou o dia mais importante de sua carreira diplomática. Era, na verdade, a primeira vitória diplomática da Alemanha. Durante anos, a chancelaria do império havia sido a louvável ambição de Wangenheim e, naquele momento, ele se comportava como um homem que via que seu prêmio estava ao seu alcance. A viagem do *Goeben* e do *Breslau* era seu triunfo pessoal; ele havia combinado com o gabinete turco a passagem dos navios por Dardanelos e dirigido sua movimentação no Mediterrâneo por meio de telegramas. Ao fazer com que o *Goeben* e o *Breslau* chegassem com segurança a Constantinopla, Wangenheim assegurou a conquista definitiva da Turquia como aliada da Alemanha. Todas as suas intrigas e tramas durante os três anos anteriores finalmente tiveram sucesso.

Duvido que quaisquer outros navios tenham influenciado mais a história do que aqueles dois cruzadores alemães. Na época, poucos dentre nós percebiam sua grande importância, mas os acontecimentos subsequentes justificaram plenamente a exuberante satisfação de Wangenheim. O *Goeben* era um possante cruzador de batalha construído havia pouco tempo; o *Breslau* não era um navio tão grande, mas, como o *Goeben*, era muito rápido, o que o tornava extremamente útil naquelas águas. Aqueles navios haviam passado os poucos meses que precederam a guerra percorrendo o Mediterrâneo e, quando a declaração finalmente foi feita, estavam recebendo suprimentos em Messina. Sempre considerei mais do que uma coincidência o fato de aqueles dois navios, ambos mais rápidos do que qualquer embarcação francesa ou inglesa no Mediterrâneo, não estarem longe da Turquia quando a guerra eclodiu. A escolha do *Goeben* foi particularmente afortunada, pois o cruzador já havia estado duas vezes em Constantinopla e seus homens e oficiais conheciam perfeitamente Dardanelos. O comportamento das tripulações ao receber as notícias da guerra indicava o espírito com que a marinha alemã deu início às hostilidades: os homens começaram a cantar e a gritar, levantaram o almirante sobre os ombros e fizeram uma verdadeira festança alemã. Dizem que o almirante Souchon guardou como *souvenir* da comovente ocasião seu uniforme branco com as marcas dos dedos de seus encardidos marinheiros!

Apesar de toda a alegria por causa da perspectiva de batalha, a situação daqueles navios ainda era precária. Eles não eram páreo para as grandes forças navais britânica e francesa, que se deslocavam pelo Mediterrâneo. O *Goeben* e o *Breslau* estavam longe de suas bases nativas; com o problema agudo de abastecimento de carvão e a Inglaterra no domínio de todas as estações importantes, para onde eles poderiam fugir em busca de segurança? Vários destróieres italianos estavam circundando os navios alemães em Messina, fazendo cumprir a neutralidade e lembrando-lhes ocasionalmente que podiam permanecer no porto apenas 24 horas. A Inglaterra tinha navios estacionados no Golfo de Ótranto, a entrada do Adriático, para interceptá-los caso tentassem escapar para o porto austríaco de Pola. A marinha britânica também montava guarda em Gibraltar e Suez, as únicas saídas que aparentemente ofereciam a possibilidade de escape. Só havia um lugar em que o *Goeben* e o *Breslau* talvez pudessem encontrar uma recepção segura e amistosa: Constantinopla. Aparentemente, a marinha britânica considerava essa ideia impossível. Na época, no início de agosto, as leis internacionais não haviam desaparecido inteiramente como conduta que guiava as nações. A Turquia era então um país neutro e, apesar das muitas evidências de dominação alemã, parecia propensa a manter sua neutralidade. O Tratado de Paris, assinado em 1856 assim como o Tratado de Londres, assinado em 1871, estipulavam que os navios de guerra não deveriam usar Dardanelos exceto com a permissão especial do sultão, que só podia ser concedida em tempos de paz. Na prática, o governo havia poucas vezes concedido tal permissão, a não ser por ocasião de cerimônias. Sob as condições existentes, a remoção da interdição aos navios de guerra em Dardanelos teria representado praticamente um ato hostil e a permissão para que o *Goeben* e o *Breslau* permanecessem mais de 24 horas em águas turcas seria nada menos do que uma declaração de guerra. Talvez não fosse surpresa que os britânicos, nos primeiros dias de agosto de 1914, quando a Alemanha não havia esclarecido inteiramente sua posição oficial de que "a lei internacional cessara de existir", considerassem que os princípios daqueles tratados impediam a entrada de navios alemães em Dardanelos e Constantinopla. Confiando na inviolabilidade daquelas normas internacionais, a marinha britânica havia obstruído todos os pontos pelos quais aqueles navios alemães poderiam escapar para posições seguras, exceto a entrada do estreito de Dardanelos. Se a Inglaterra tivesse enviado rapidamente um poderoso esquadrão para aquele ponto vital imediatamente após a declaração de guerra, a história dos últimos três anos talvez tivesse sido muito diferente!

"Sua Majestade espera que o *Goeben* e o *Breslau* tenham sucesso em sua penetração!" Esse era o conteúdo do telegrama que chegou àqueles navios em Messina às 17h do dia 4 de agosto. A permanência de 24 horas permitida pelo governo italiano já havia quase expirado. Fora, no estreito de Ótranto, estava a força de cruzadores de batalha britânicos, enviando mensagens de rádio falsas aos alemães, instruindo-os para se dirigir às pressas para Pola. Com bandas tocando, bandeiras tremulando e os oficiais e as tripulações com os espíritos inflamados por retórica e bebidas, os dois navios partiram a todo vapor em direção à frota inglesa que os esperava. O pequeno *Gloucester*, um barco de reconhecimento, manteve contato, telegrafando constantemente os movimentos alemães ao esquadrão principal. De repente, ao largo do cabo Spartivento, o *Goeben* e o *Breslau* lançaram na atmosfera todas as vibrações discordantes que seus telégrafos podiam emitir, congestionando o ar com tamanha balbúrdia que o *Gloucester* não foi capaz de enviar nenhuma mensagem inteligível. Depois, os cruzadores alemães viraram em direção ao sul e se dirigiram para o Mar Egeu. O pequeno e corajoso *Gloucester* ficou em seu encalço e, como minha filha relatou, até ofereceu batalha em uma ocasião. Algumas horas um pouco mais tarde, o esquadrão britânico perseguiu, inutilmente porém, os navios alemães, que, embora muito menos poderosos em termos de batalha, eram bem mais rápidos. Mesmo naquele momento o almirante britânico provavelmente pensou que havia estragado os planos alemães. Os navios alemães talvez chegassem antes a Dardanelos, mas, naquele ponto, a lei internacional seria o obstáculo, impedindo sua entrada.

Enquanto isso, Wangenheim conquistou seu grande sucesso diplomático. Da estação radiotelegráfica do *Corcovado* no Bósforo, mandava as notícias mais agradáveis ao almirante Souchon. Dizia para que ele hasteasse a bandeira turca ao alcançar o estreito, pois seus cruzadores haviam repentinamente se tornado parte da marinha turca e, portanto, as habituais proibições internacionais não se aplicavam. Aqueles cruzadores não eram mais o *Goeben* e o *Breslau*, pois, como em uma mágica oriental, Wangenheim os havia repentinamente transformando no *Sultan Selim* e no *Medilli*. O fato era que o embaixador alemão havia astutamente tirado partido da situação existente para realizar uma "venda". Como eu já disse, a Turquia tinha dois *dreadnaughts* em construção na

Inglaterra quando a guerra eclodiu. Aqueles navios não eram empreendimentos exclusivamente governamentais; sua aquisição representava o que, na superfície, aparentava ser o entusiasmo popular dos turcos. Eles seriam os instrumentos por meio dos quais a Turquia atacaria a Grécia e recuperaria as ilhas do Egeu, e o povo turco havia angariado o dinheiro para construí-los por meio de uma suposta subscrição popular. Agentes foram de casa em casa, coletando com dificuldade pequenas somas; houve espetáculos e feiras e, em sua avidez pela causa, as mulheres turcas haviam vendido seus cabelos para o benefício do fundo comum. Portanto, aqueles dois navios representavam um surto espetacular de patriotismo incomum na Turquia; na verdade, tão incomum que muitos detectavam sinais de que o governo o havia instigado. No exato momento em que a guerra começou, a Turquia fez seu último pagamento aos estaleiros ingleses e as tripulações turcas chegaram à Inglaterra preparadas para levar os navios acabados para seu país. Então, alguns dias antes da data acordada para a entrega, o governo britânico entrou em cena e requisitou os navios para a sua marinha.

Não há a menor dúvida de que a Inglaterra tinha o direito não apenas jurídico, mas também moral, de tomar tal decisão; também não há dúvida de que sua ação foi apropriada e de que, se estivesse lidando com praticamente qualquer outra nação, tal procedimento não teria suscitado nenhum ressentimento. Mas o povo turco não dava a menor importância para distinções desse tipo, tudo o que eles enxergavam era que haviam comprado com muito esforço dois navios que a Inglaterra havia lhes tomado. Mesmo sem pressão externa, tal ato teria causado ressentimento, mas pressão externa não faltou. A transação deu a Wangenheim a maior oportunidade de sua vida. Ataques violentos contra a Inglaterra emanados pela embaixada alemã começaram a ocupar a imprensa turca. Wangenheim estava constantemente discursando para os líderes turcos sobre a perfídia inglesa e sugeria que a Alemanha, amiga da Turquia, estava preparada para compensar o confisco "ilegal" da Inglaterra. Insinuava que a Turquia devia "comprar" o *Goeben* e o *Breslau*, que estavam circulando pelo Mediterrâneo, talvez antecipando aquela situação, e incorporá-los à marinha turca no lugar dos navios apropriados pela Inglaterra. No mesmo dia em que esses navios passaram por Dardanelos, o *Ikdam*, um jornal turco publicado em Constantinopla, tinha um relato triunfante da "venda", com grandes manchetes que a classificavam como um "grande sucesso para o governo imperial".

Portanto, a manobra de Wangenheim realizou dois propósitos: posicionou a Alemanha como amiga da Turquia aos olhos das pessoas comuns e também forneceu um subterfúgio para que os navios atravessassem Dardanelos, permitindo sua permanência em águas turcas. Tudo isso encantou a parcela mais ignorante do povo turco e deu ao gabinete ministerial um fundamento plausível para enfrentar as objeções dos diplomatas da Entente, mas não enganou nenhuma pessoa inteligente. O *Goeben* e o *Breslau* mudaram de nome e os marinheiros alemães puderam se adornar com chapéus turcos, mas todos nós sabíamos desde o início que aquela venda era um embuste. Quem conhecia a situação financeira da Turquia só conseguia rir da ideia de que o país tinha condições de comprar aquelas modernas embarcações. Além disso, os navios nunca foram incorporados à marinha turca; pelo contrário, o que realmente aconteceu foi a marinha turca ser anexada àqueles navios alemães. Um punhado de marinheiros turcos foi colocado a bordo em um dado momento para manter as aparências, mas os oficiais e as tripulações alemãs ainda eram os responsáveis em atividade. Em suas conversas comigo, Wangenheim nunca escondeu que os navios ainda eram de propriedade da Alemanha.

— Nunca achei que assinaria cheques tão vultosos — ele observou um dia, referindo-se às despesas do *Goeben* e do *Breslau*.

Ele sempre os chamava de "nossos" navios. Até mesmo Talaat me disse com todas as letras que os cruzadores não pertenciam à Turquia.

— Os alemães dizem que eles pertencem aos turcos — ele observou com uma risada característica. — De qualquer maneira, é muito reconfortante para nós tê-los aqui. Após a guerra, os alemães, se vencerem, esquecerão por completo essa questão e deixarão os navios para nós. Se perderem, não poderão tirá-los de nós!

O governo alemão sequer fingiu que a venda havia sido feita de boa-fé; pelo menos quando o ministro grego em Berlim protestou alegando que a transação era inamistosa em relação a seu país, esquecendo-se ingenuamente dos navios americanos que a Grécia havia adquirido pouco antes, os oficiais alemães o acalmaram admitindo *sotto voce* que a propriedade das embarcações permanecia sendo da Alemanha. Todavia, quando os embaixadores da Entente continuaram protestando contra a presença dos navios alemães, as autoridades turcas mantiveram sem muito empenho a farsa de que eles eram parte integral da marinha turca!

Os oficiais e tripulações alemãs apreciaram muito a farsa de que o *Goeben* e o *Breslau* eram navios turcos. Eles se deleitavam em colocar chapéus turcos, apresentando ao mundo dessa maneira a prova conclusiva de que aqueles leais marinheiros do kaiser agora faziam parte da marinha do sultão. Um dia, o *Goeben* subiu o Bósforo, parou em frente à embaixada russa e lançou âncora. Depois, os oficiais e os homens se perfilaram no convés, bem à vista da embaixada inimiga. Todos removeram solenemente os chapéus turcos e colocaram quepes alemães. A banda tocou "Deutschland über Alles", "Die Wacht am Rhein" e outras canções alemãs e os marinheiros as entoaram em alta voz. Depois de passar uma hora ou mais fazendo aquela serenata para o embaixador russo, os oficiais e tripulações tiraram os quepes alemães e recolocaram os chapéus turcos. O *Goeben*, então, levantou âncora e rumou para sua estação no sul, deixando no ouvido do diplomata russo os ecos das canções bélicas alemãs enquanto o cruzador desaparecia no horizonte.

Muitas vezes especulei sobre o que teria acontecido se os cruzadores de batalha ingleses que perseguiram o *Breslau* e o *Goeben* na entrada de Dardanelos não tivessem tido tantos escrúpulos em violar a lei internacional. Vamos supor que eles tivessem entrado no estreito, atacado e afundado os cruzadores alemães em Mármara. Poderiam ter feito isso e, com tudo o que sabemos agora, tal ação teria sido justificada. A destruição provavelmente teria mantido a Turquia fora da guerra, pois, com a chegada daqueles cruzadores, a união das forças turcas e alemãs no momento apropriado se tornou inevitável. Com aqueles navios, a marinha turca se tornou mais forte do que a frota russa no Mar Negro, garantindo, assim, que a Rússia não atacaria Constantinopla. O *Goeben* e o *Breslau*, portanto, praticamente deram às forças navais otomanas e alemãs o controle do Mar Negro. Além disso, aqueles dois navios podiam dominar facilmente Constantinopla e, por conseguinte, forneciam os meios para que a marinha alemã, caso a ocasião se apresentasse, aterrorizasse os turcos. Estou convencido de que, ao analisar esta guerra e suas consequências, os historiadores judiciosos dirão que a passagem do estreito por parte daqueles navios alemães tornava inevitável a união da Turquia e da Alemanha no momento em que os alemães desejassem tal assistência, além de selar o destino do Império Otomano. Havia homens no gabinete ministerial turco que, mesmo naquele momento, percebiam aquela situação. A história que era contada em Constantinopla, embora eu não possa garantir sua autenticidade, dizia que a reunião ministerial em que se tomou aquela importante decisão não foi totalmente harmoniosa. O grão-vizir e Djemal, ao que parece, se opuseram à "venda" fictícia e exigiram que a transação não fosse levada a cabo. Quando a discussão atingiu seu ponto máximo, Enver, que fazia o jogo da Alemanha, anunciou que já havia praticamente completado a transação. No silêncio que se seguiu à sua afirmação, aquele jovem Napoleão sacou sua pistola e a pôs sobre a mesa.

— Se alguém aqui deseja questionar essa compra — ele disse em voz baixa e tom glacial — estou pronto para responder.

Algumas semanas depois de o *Goeben* e o *Breslau* terem se instalado permanentemente no Bósforo, o bei Djavid, ministro da fazenda, encontrou por acaso com um jurista belga que se encontrava em Constantinopla.

— Tenho péssimas notícias para o senhor — disse o simpático homem de Estado turco. — Os alemães capturaram Bruxelas.

O belga, um homem enorme com mais de um metro e oitenta e cinco de altura, pôs o braço suavemente sobre o ombro do pequeno turco.

— Tenho notícias ainda mais terríveis para o senhor — disse, apontando para o curso d'água onde o *Goeben* e o *Breslau* estavam ancorados. — Os alemães capturaram a Turquia.

CAPÍTULO 6

Wangenheim conta ao embaixador americano como o Kaiser iniciou a guerra

Houve, todavia, um lugar em que aquela transação não produziu nenhum desânimo apreciável: a embaixada alemã. Aquele grande "sucesso" intoxicou razoavelmente o impressionável Wangenheim e outros acontecimentos incendiaram seu *furor Teutonicus*. O *Goeben* e o *Breslau* chegaram quase no mesmo momento em que os alemães capturaram Liège, Namur e outras cidades belgas. Seguiram-se o ataque alemão à França e o avanço aparentemente triunfante rumo a Paris. Em todos aqueles acontecimentos, Wangenheim, como um bom militar prussiano, viu a realização de um sonho de quarenta anos. Ainda estávamos morando nas embaixadas de verão ao longo do Bósforo. A embaixada alemã tinha um belo parque, um presente pessoal do sultão ao governo do kaiser; contudo, por algum motivo, Wangenheim parecia não gostar de suas acomodações durante aqueles meses de verão. Havia uma pequena guarita bem em frente à embaixada, na rua, a sete metros do Bósforo e, diante dela, ficava um banco de pedra. Aquele banco era um local de descanso para o guarda, mas Wangenheim parecia apreciá-lo imensamente. Sempre me lembrarei da figura daquele diplomata alemão, naqueles agitados dias antes da batalha de Marne, sentado naquele pequeno banco, levantando-se vez por outra para caminhar na frente da casa. Todas as pessoas que vinham de Constantinopla e seguiam em direção aos subúrbios setentrionais tinham de passar por aquela rua e até mesmo os diplomatas russos e franceses passavam por ali com frequência, ignorando formalmente a triunfante figura do embaixador naquele banco de pedra. Às vezes, acho que Wangenheim ficava ali sentado para soprar propositalmente a fumaça de seu charuto na direção deles. Aquilo me lembrava a cena em *Guilherme Tell*, de Schiller, na qual o protagonista está sentado no desfiladeiro da montanha, esperando que sua vítima, Gessler, passe:

"Aqui, por este profundo desfiladeiro, ele deve passar.
Não há outra estrada para Küssnacht."

Wangenheim também detinha os amigos, ou aqueles que considerava seus amigos, vangloriando-se das vitórias alemãs. Percebi que ele só parava naquele lugar quando os exércitos alemães estavam vencendo; se chegavam notícias de um revés, Wangenheim desparecia. Isso me fez notar que ele me lembrava um brinquedo no qual um personagem aparecia fora de sua caixa sempre que o tempo estava bom, mas que se escondia quando tempestades se formavam. Wangenheim gostou da minha anedota tanto quanto o resto do corpo diplomático.

Naquela época, porém, o tempo para o embaixador alemão estava bastante favorável. Ele ficava tão empolgado com a boa sorte dos exércitos alemães que, às vezes, cometia algumas indiscrições, e sua exuberância fez com que ele me revelasse alguns fatos que, a meu ver, terão sempre grande valor histórico. Ele indicou com precisão como e quando a Alemanha precipitou a guerra. Hoje, a revelação desse segredo parece uma monstruosa indiscrição, mas devemos nos lembrar do estado de espírito de Wangenheim na época. O mundo inteiro acreditava então que Paris estava fadada à conquista e Wangenheim refletia essa postura em suas frequentes declarações de que a guerra terminaria em dois ou três meses. Todo o empreendimento alemão estava evidentemente progredindo de acordo com os planos.

Já mencionei que o embaixador alemão havia partido para Berlim logo após o assassinato do grão-duque e, naquela conversa, revelou o motivo do seu desaparecimento súbito. Disse-me que o kaiser o havia convocado para uma conferência imperial. Aquela reunião aconteceu em 5 de julho em Potsdam. O kaiser a presidiu e quase todos os embaixadores importantes estavam presentes. O próprio Wangenheim foi convocado para apresentar garantias em relação à Turquia e esclarecer a seus colegas a situação em Constantinopla, que era considerada quase o ponto crucial da iminente guerra. Ao relatar quem estava naquela conferência, Wangenheim não usou nomes, embora tenha dito especificamente que, dentre aquelas pessoas estavam — os fatos são tão importantes que cito aqui textualmente suas palavras em alemão — "*Die Häupter des Generalstabs und der Marine*" (Os chefes do Estado-maior e da marinha). Deduzi, portanto, que ele se referia a Von Moltke e Von Tirpitz. Os grandes banqueiros, diretores de ferrovias e capitães da indústria alemã, todos tão necessários aos preparativos bélicos da Alemanha quanto o próprio exército, também estavam presentes.

Wangenheim me disse que o kaiser perguntou a cada um dos homens:

— Estão prontos para a guerra?

Todos responderam afirmativamente, exceto os financistas, que disseram precisar de duas semanas para vender os títulos estrangeiros e fazer empréstimos. Naquele momento, poucas pessoas haviam considerado a tragédia de Sarajevo algo que levaria inevitavelmente à guerra. Naquela conferência, Wangenheim me disse, todas as precauções foram tomadas para que tal suspeita não fosse levantada. Foi decidido dar tempo para que os banqueiros reajustassem suas finanças para a guerra iminente e, em seguida, vários participantes voltaram silenciosamente ao trabalho ou saíram de férias. O kaiser foi para a Noruega em seu iate, Von Bethmann-Hollweg viajou para descansar e Wangenheim voltou a Constantinopla.

Ao me relatar aquela conferência, Wangenheim, é claro, admitiu que a Alemanha havia provocado a guerra. Acho que ele se orgulhava de todo aquele desempenho, do método e da previdência do seu país ao abordar aquela questão e, sobretudo, do fato de ele mesmo ter sido convidado para participar de uma reunião tão determinante. Perguntei-me muitas vezes por que ele me revelou um segredo tão importante e acho que, talvez, o verdadeiro motivo fosse sua vaidade excessiva, seu desejo de me mostrar sua proximidade dos conselhos internos do imperador e o papel que ele havia desempenhado para que o conflito acontecesse. A despeito do motivo, aquela indiscrição certamente me mostrou quais realmente eram as partes culpadas naquele crime monstruoso. Os vários livros azuis, vermelhos e amarelos que inundaram a Europa durante os meses logo após a eclosão do conflito e as centenas de documentos publicados pelos propagandistas alemães na tentativa de estabelecer a inocência da Alemanha nunca me impressionaram minimamente, pois minhas conclusões sobre a responsabilidade do conflito não se baseiam em suspeitas nem crenças, tampouco no estudo de dados circunstanciais. Não preciso discutir nem debater a questão. Eu sei. A conspiração que provocou a maior das tragédias humanas foi arquitetada pelo kaiser e por seus auxiliares imperiais naquela conferência realizada em Potsdam no dia 5 de julho de 1914. Um dos principais participantes, excitado com seu triunfo no aparente sucesso da trama, me contou pessoalmente os detalhes. Toda vez que escuto as pessoas discutindo sobre a responsabilidade por esta guerra ou leio as desculpas canhestras e mentirosas apresentadas pela Alemanha, simplesmente me lembro da figura corpulenta de Wangenheim naquela tarde de agosto, pitando um enorme charuto preto e fazendo-me um relato daquela reunião histórica. Para que perder tempo discutindo a questão depois daquilo?

Aquela conferência imperial aconteceu em 5 de julho e o ultimato à Sérvia foi enviado em 22 de julho. Trata-se aproximadamente do intervalo de duas semanas que os financistas haviam pedido para levar a cabo seus planos. Todas as principais bolsas de valores do mundo mostram que os banqueiros alemães usaram aquele intervalo lucrativamente. Seus registros revelam que ações foram vendidas em grande quantidade e que os preços caíram rapidamente. Na época, os mercados ficaram um pouco intrigados com aquele movimento, mas a explicação de Wangenheim esclarece qualquer dúvida que possa restar. A Alemanha, visando à guerra, estava transformando seus títulos em dinheiro. Se alguém quiser verificar as afirmações de Wangenheim, sugiro que examine as cotações da bolsa de valores de Nova York naquelas duas semanas históricas. Descobrirá que houve quedas surpreendentes nas cotações, especialmente nas ações que tinham um mercado internacional. Entre os dias 5 e 22 de julho, as ações da Union Pacific caíram de 155,5 para 127,5; as da Baltimore and Ohio, de 91,5 para 81; as da United States Steel, de 61 para 50,5; as da Canadian Pacific, de 194 para 185,5, e as da Northern Pacific de 111 para 108. Na época, os analistas culpavam a lei tributária Simmons-Underwood por aquela queda nos valores, enquanto outros críticos do governo a atribuíam ao Federal Reserve Act, que ainda não havia entrado em vigor. Os corretores e especialistas em finanças não faziam ideia de que uma conferência imperial, que havia acontecido em Potsdam sob o comando do kaiser, era o verdadeiro motivo do enfraquecimento dos mercados!

Wangenheim não apenas me deu os detalhes daquela conferência em Postsdam, mas revelou o mesmo segredo ao marquês Garroni, o embaixador italiano em Constantinopla. Naquele momento a Itália era, tecnicamente, aliada da Alemanha.

O embaixador austríaco, o marquês Pallavicini, também praticamente admitiu que as Potências Centrais haviam previsto a guerra. Em 18 de agosto, aniversário de Francisco José, fiz a costumeira visita de serviço para apresentar meus cumprimentos. A conversa, naturalmente, voltou-se para o imperador, que, naquele dia, havia completado 84 anos. Pallavicini falou do soberano com sumo prazer e reverência. Contou-me da argúcia e da lucidez do idoso imperador, de seu perfeito entendimento das questões internacionais e da sua supervisão pessoal de todas as questões. Para ilustrar a compreensão dos acontecimentos públicos por parte do kaiser austríaco, Pallavicini citou uma audiência que tivera com Francisco José em Viena. Pallavicini relatou que, na época, o imperador disse que uma guerra europeia era inevitável. As Potências Centrais não aceitariam o Tratado de Bucareste como resolução da questão balcânica e apenas uma guerra generalizada, o imperador disse a Pallavicini, solucionaria aquele problema. O Tratado de Bucareste, cabe lembrar, foi o acordo que pôs fim à Segunda Guerra dos Bálcãs, dividindo os domínios europeus da Turquia, com exceção de Constantinopla e uma pequena parte de território adjacente, entre as nações balcânicas, principalmente Sérvia e Grécia. O tratado fortalecia muito a Sérvia, incrementando tanto os recursos daquele país a ponto de a Áustria temer que o tratado tivesse lançado as bases de um novo Estado europeu capaz de resistir a seus planos de expansão. A Áustria mantinha uma numerosa população sérvia sob seu jugo na Bósnia e Herzegóvina, e aqueles sérvios queriam, acima de tudo, ser anexados a seu próprio país. Além disso, os planos pangermânicos no leste exigiam a destruição da Sérvia, um Estado que, enquanto permanecesse intacto, bloquearia a rota germânica para o Oriente. A expectativa austro-alemã era de que a Guerra dos Bálcãs destruísse a Sérvia como nação, que a Turquia simplesmente aniquilasse as forças do rei Pedro. Era exatamente isso que os planos germânicos exigiam e, por esse motivo, Áustria e Alemanha nada fizeram para evitar as guerras balcânicas. Todavia, o resultado foi exatamente o inverso, pois a Sérvia emergiu do conflito mais forte do que nunca, erguendo-se como um quebra-mar contra a corrente germânica.

A maioria dos historiadores concorda que o Tratado de Bucareste tornou esta guerra inevitável. Eu tenho a prova do marquês Pallavicini de que essa também era a opinião do próprio Francisco José. A audiência em que o imperador fez essa afirmação aconteceu em maio, mais de um mês antes do assassinato do grão-duque. É óbvio, portanto, que temos a garantia do imperador austríaco de que a guerra aconteceria a despeito do assassinato em Sarajevo. É bastante evidente que aquele crime serviu meramente de pretexto conveniente para a guerra que já havia sido decidida pelos Impérios Centrais.

CAPÍTULO 7

OS PLANOS DA ALEMANHA PARA OS NOVOS TERRITÓRIOS, POSTOS DE ABASTECIMENTO DE CARVÃO E COMPENSAÇÕES

DURANTE AQUELES MOVIMENTADOS MESES de agosto e setembro, Wangenheim manteve sua atitude quase irresponsável; ora era levemente jactancioso, ora parecia deprimido; mostrava-se sempre nervoso e hipersensível; era agradável com um americano como eu, mas desdenhoso e mesquinho com os representantes das potências inimigas. Ele estava sempre demonstrando sua ansiedade e impaciência ao se sentar no banco de pedra para ganhar dois ou três minutos em seu acesso às mensagens telegráficas enviadas de Berlim por meio do *Corcovado*. Nunca perdia uma oportunidade de difundir as notícias de vitória; muitas vezes, adotava o expediente incomum de ir até a minha casa sem ser anunciado para me falar dos últimos acontecimentos e ler trechos das mensagens que acabara de receber. Aparentemente, era sempre franco, direto e até mesmo indiscreto. Lembro-me de sua grande agitação no dia em que a Inglaterra declarou sua entrada na guerra. Wangenheim havia sempre professado grande admiração pela Inglaterra e, sobretudo, pelos Estados Unidos.

— Só existem três grandes países — ele dizia repetidamente —, Alemanha, Inglaterra e Estados Unidos. Nós três deveríamos nos unir, assim, poderíamos governar o mundo.

Esse entusiasmo pelo Império Britânico arrefeceu repentinamente quando aquela potência decidiu defender os compromissos assumidos em seus tratados e declarou guerra à Alemanha. Wangenheim havia dito que o conflito seria breve e que o Dia de Sedan seria comemorado em Paris. No entanto, em 5 de agosto, fui até sua embaixada e o encontrei mais agitado e sério do que de costume. A baronesa Wangenheim, uma mulher alta e bonita, estava sentada na sala lendo as memórias de sua mãe na guerra de 1870. Ambos consideravam as notícias da Inglaterra quase uma mágoa pessoal, e o que mais me impressionou foi a total incapacidade de Wangenheim de entender os motivos dos britânicos.

— É uma péssima política por parte deles! — exclamava repetidamente o embaixador.

Sua atitude era exatamente a de Bethmann-Hollweg com o "pedaço de papel".

Fui dar um passeio em 26 de agosto e me encontrei por acaso com o embaixador alemão. Ele começou a falar como sempre das vitórias alemãs na França, repetindo, como já era seu costume àquela altura, sua profecia de que os exércitos alemães chegariam a Paris em uma semana. O fator decisivo naquela guerra, acrescentou, seria a artilharia Krupp.

— E lembre-se de que, desta vez — acrescentou —, nós estamos guerreando. E nós o faremos *rücksichtslos* (sem qualquer consideração). Não seremos obstruídos como em 1870. Naquela ocasião, a rainha Vitória, o czar e Francisco José interferiram e nos convenceram a poupar Paris. Agora, porém, não há ninguém para interferir. Levaremos para Berlim todos os tesouros artísticos de Paris que pertencem ao Estado, exatamente como Napoleão levou as obras de arte italianas para a França.

É evidente que a Batalha de Marne salvou Paris do destino de Leuven.

Wangenheim tinha tanta confiança em uma vitória imediata que começou a discutir os termos de paz. Ele disse que a Alemanha exigiria que a França, após a derrota de seus exércitos, se desmobilizasse completamente e pagasse uma indenização.

— A França neste momento — disse Wangenheim — pode fazer um acordo para pagar cinco bilhões de dólares, mas, se insistir na continuação da guerra, terá de pagar vinte bilhões de dólares.

O embaixador me disse que a Alemanha exigiria portos e estações de abastecimento de carvão "no mundo todo". Naquele momento, a julgar pelas afirmações de Wangenheim, a Alemanha estava buscando mais vantagens comerciais do que novos territórios. Estava determinada a ser a mais importante nação mercantil e, para isso, precisava ter portos livres, a estrada de ferro de Bagdá e direitos abrangentes na América do Sul e na África. Wangenheim dizia que a

Alemanha não queria mais territórios nos quais a população não falasse alemão, pois já tinham problemas suficientes desse tipo na Alsácia-Lorena, na Polônia e em outros países não germânicos. Essa afirmação certamente parecia interessante em vista dos recentes acontecimentos na Rússia. Ele não mencionava a Inglaterra ao falar das exigências alemãs em relação a portos e estações de abastecimento de carvão, mas devia estar pensando naquele país, pois que outra nação poderia dá-los à Alemanha "no mundo todo"?

Todas aquelas conversas foram tão esclarecedoras para mim quanto a revelação de Wangenheim sobre a conferência de 5 de julho. Aquele episódio claramente provou que a Alemanha havia conscientemente iniciado a guerra, ao passo que os esquemas grandiosos delineados pelo habilíssimo – mas falastrão – embaixador mostravam os motivos que impeliram o país para aquele grande empreendimento. Wangenheim me forneceu um quadro completo do Império Alemão embarcando em uma expedição de pirataria na qual o espólio seriam as riquezas acumuladas dos países vizinhos, bem como a habilidade e a perícia por eles reunidas ao longo dos séculos.

Se a Inglaterra tentasse subjugar a Alemanha pela fome, disse Wangenheim, a resposta de seu país seria simples: faria o mesmo com a França. Na época, vale lembrar, a Alemanha esperava conquistar Paris dali a uma semana e acreditava que, assim, acabaria assumindo o controle de todo o país. Segundo o raciocínio de Wangenheim, o plano alemão era, evidentemente, manter aquela nação como garantia do comportamento britânico, uma espécie de refém em escala gigantesca. Em tal situação, caso a Inglaterra obtivesse alguma vantagem militar, a Alemanha tentaria contra-atacar torturando todo o povo francês. Naquele momento, os soldados alemães estavam matando belgas inocentes em represália ao suposto mau comportamento de outros belgas e, evidentemente, a Alemanha havia planejado aplicar aquele mesmo princípio a nações inteiras, bem como a indivíduos.

Em todas aquelas conversas, Wangenheim mostrava a maior animosidade em relação à Rússia.

— Estamos com o pé no calo da Rússia — ele dizia — e pretendemos mantê-lo lá.

Com isso, ele provavelmente queria dizer que a Alemanha havia mandado o *Goeben* e o *Breslau* atravessar Dardanelos, controlando com esse golpe de mestre Constantinopla. A velha capital bizantina, dizia Wangenheim, era o prêmio que uma Rússia vitoriosa exigiria, e a carência de um porto em águas de clima temperado, capaz de funcionar o ano inteiro, era o ponto fraco da Rússia, seu "calo". Na época, Wangenheim se vangloriava dizendo que a Alemanha tinha 174 atiradores em Dardanelos, que o estreito podia ser fechado em menos de trinta minutos e que Souchon, o almirante alemão, havia informado que o estreito era inexpugnável.

— Todavia, não fecharemos Dardanelos — afirmou — a menos que a Inglaterra ataque o estreito.

Naquele momento, a Inglaterra, embora tivesse declarado guerra à Alemanha, não havia desempenhado um papel conspícuo nas operações militares; seu "desprezível exercitozinho" estava se retirando heroicamente de Mons. Wangenheim desconsiderava totalmente a Inglaterra como inimiga. Dizia que a intenção da Alemanha era colocar três grandes canhões em Calais e lançar suas bombas através do Canal da Mancha até as cidades costeiras inglesas; para ele, não existia a possibilidade de a Alemanha não conquistar Calais nos dez dias seguintes. Naquela e em outras conversas aproximadamente no mesmo período, Wangenheim ria da ideia de que a Inglaterra pudesse criar um exército grande e independente.

— Essa ideia é ridícula — afirmava. — São necessárias gerações de militarismo para produzir algo parecido com o exército alemão. Nós o construímos ao longo de duzentos anos. São necessários trinta anos de treino constante para produzir generais como os que temos. Nosso exército sempre manterá a própria organização. Temos quinhentos mil recrutas atingindo a idade militar anualmente e é impossível que tenhamos esse número de baixas em um ano, portanto, nosso exército permanecerá intacto.

Algumas semanas mais tarde, o mundo civilizado ficou indignado com o bombardeio alemão das cidades costeiras inglesas como Scarborough e Hartlepool. Aquela não foi uma inspiração alemã repentina, mas, sim, parte de planos cuidadosamente traçados. Em 6 de setembro de 1914, Wangenheim me disse que a Alemanha tinha intenção de bombardear todos os portos ingleses para interromper o fornecimento de alimentos. Também é evidente que a crueldade alemã contra o comércio marítimo americano não foi uma decisão súbita de Von Tirpitz, pois, naquela mesma data, o embaixador alemão em Constantinopla me advertiu que seria muito perigoso para os Estados Unidos enviar navios para a Inglaterra!

CAPÍTULO 8

Um exemplo clássico de propaganda alemã

Naqueles dias de agosto e setembro, a Alemanha não tinha intenção alguma de envolver a Turquia imediatamente na guerra. Como eu tinha um profundo interesse pelo bem-estar do povo turco e pela manutenção da paz, mandei um telegrama a Washington perguntando se poderia usar minha influência para manter a neutralidade da Turquia. A resposta foi afirmativa, contanto que minhas representações fossem feitas oficiosamente e com bases puramente humanitárias. Como os embaixadores da Inglaterra e da França estavam empreendendo todos os esforços para manter a Turquia fora da guerra, eu sabia que minha intervenção nesse sentido não desagradaria o governo britânico. A Alemanha, porém, talvez considerasse qualquer interferência de minha parte um ato de não neutralidade, e perguntei a Wangenheim se haveria alguma objeção de sua parte.

Sua resposta me surpreendeu de certa forma, mas, logo em seguida, compreendi.

— Absolutamente — ele disse. — A Alemanha deseja acima de tudo que a Turquia permaneça neutra.

Sem dúvida, a política da Turquia naquele momento se encaixava perfeitamente nos planos alemães. Wangenheim estava constantemente aumentando sua influência sobre o gabinete ministerial turco e a Turquia seguia o curso que mais convinha aos objetivos alemães. Sua política era manter a Entente em suspenso; nunca era possível saber, de um dia para o outro, qual era a posição da Turquia, se o império se manteria neutro ou se entraria na guerra do lado alemão. Devido à incerteza da postura turca, a Rússia era forçada a manter grandes contingentes no Cáucaso, a Inglaterra era obrigada a fortalecer suas posições no Egito e na Índia, além de manter uma frota considerável na entrada de Dardanelos. Tudo isso convinha perfeitamente aos planos alemães, pois aquelas forças destacadas enfraqueciam a Inglaterra e a Rússia no *front* europeu. Estou falando agora do período logo antes de Marne, quando a Alemanha esperava derrotar a França e a Rússia com a ajuda de sua aliada, a Áustria, e obter assim uma vitória que lhe possibilitaria ditar o futuro da Europa. Se estivesse realmente engajada em operações militares naquela época, a Turquia não poderia ajudar mais do que já estava fazendo, ou seja, mantendo consideráveis forças russas e inglesas distantes dos *fronts* mais importantes. Porém, caso obtivesse facilmente aquela vitória com a ajuda da Turquia, a Alemanha poderia achar sua nova aliada um estorvo. A Turquia certamente exigiria compensações e não seria particularmente modesta em suas exigências, que muito provavelmente incluiriam o controle pleno do Egito e, talvez, a devolução dos territórios balcânicos. Tais reajustes teriam interferido nos planos do kaiser. Portanto, ele não tinha interesse em ter a Turquia como uma aliada ativa, exceto no caso de a Alemanha não obter rapidamente o triunfo previsto. Todavia, se a Rússia progredisse muito contra a Áustria, a aliança ativa da Turquia teria grande valor, especialmente se sua entrada fosse coordenada para trazer junto Bulgária e Romênia como aliadas. Enquanto isso, Wangenheim estava fazendo um jogo de espera, tornando a Turquia uma aliada em potencial da Alemanha, fortalecendo seu exército e sua marinha, e preparando-se para usá-la no momento em que pudesse obter maior vantagem. Se não pudesse vencer a guerra sem a ajuda da Turquia, a Alemanha estava preparada para admiti-la como aliada; se pudesse vencer sem a Turquia, a Alemanha não teria de pagar os turcos por sua colaboração. Enquanto isso, o curso sensato a manter era preparar a Turquia caso suas forças se tornassem essenciais para o êxito alemão.

O duelo travado entre a Alemanha e a Entente pelos favores da Turquia se mostrava extremamente desigual. O fato era que a Alemanha havia vencido ao introduzir clandestinamente o *Goeben* e o *Breslau* no Mar de Mármara. Os embaixadores da Grã-Bretanha, França e Rússia tinham consciência disso e sabiam que não podiam transformar a Turquia em um aliado ativo da Entente; provavelmente, eles não tinham desejo algum de fazê-lo, mas esperavam poder mantê-la neutra. Todos os seus esforços eram voltados para essa finalidade.

— Vocês já passaram por guerras demais — diziam a Talaat e Enver. — Travaram duas guerras nos últimos quatro anos; arruinarão totalmente o país caso se envolvam nesta.

A Entente só tinha uma compensação a oferecer à Turquia por sua neutralidade: uma proposta de garantia de integridade do Império Otomano. Os embaixadores da Entente mostraram grande interesse em manter a Turquia fora da guerra ao não levar às últimas consequências o caso do *Breslau* e do *Goeben*. É verdade que eles protestaram repetidamente contra a presença daqueles navios, mas as autoridades turcas insistiram em dizer todas as vezes que se tratava de embarcações turcas.

— Se é assim — persistia Sir Louis Mallet, e seu argumento era inatacável — por que vocês não removem as tripulações e os oficiais alemães?

Essa era a intenção, respondia o grão-vizir. As tripulações turcas que haviam sido enviadas para guarnecer os navios construídos na Inglaterra estavam voltando à Turquia e seriam colocadas a bordo do *Goeben* e do *Breslau* assim que chegassem a Constantinopla. Mas dias e semanas se passaram, as tripulações voltaram e os alemães continuaram a guarnecer e comandar os cruzadores. Essas mudanças e atrasos nas decisões não enganavam os Ministérios das Relações Exteriores da Grã-Bretanha e da França. A presença do *Goeben* e do *Breslau* era um *casus belli* pendente, mas os embaixadores da Entente não exigiram seus passaportes, pois tal ato teria precipitado a crise que eles estavam exatamente tentando adiar e, se possível, evitar: a entrada da Turquia na guerra como aliada da Alemanha. Infelizmente, a promessa de manter a integridade do Império Otomano não convenceu a Turquia a passar para o lado da Entente.

— Eles prometeram que não seríamos desmembrados após as Guerras dos Bálcãs — Talaat me dizia — e veja o que aconteceu com a Turquia europeia.

Wangenheim sempre insistia nesse fato.

— Vocês não podem confiar em nada do que eles dizem — ele dizia a Talaat e Enver. — Todos eles não se voltaram contra vocês um ano atrás?

Com grande sagacidade, ele manipulava a única emoção que realmente move os turcos. Os descendentes de Osman não se parecem com nenhum outro povo que já vi. Eles não odeiam nem amam, não têm animosidades nem afetos duradouros. Apenas temem. E, naturalmente, atribuem aos outros os motivos que regulam sua própria conduta.

— Como vocês são tolos! — Wangenheim dizia a Talaat e Enver ao discutir a postura inglesa. — Não estão vendo por que os ingleses querem que vocês fiquem de fora? É porque eles têm medo. Não percebem que, com a ajuda da Alemanha, vocês voltarão a se tornar uma grande potência militar? Não é nenhuma surpresa a Inglaterra não querer lutar contra a Turquia!

Ele martelava tanto essas ideias nos ouvidos dos líderes turcos que eles acabaram por aceitá-las, pois esses argumentos não apenas explicavam completamente a postura da Entente, mas também lisonjeavam o orgulho turco.

A despeito da postura de Enver e Talaat, creio que a Inglaterra e a França eram mais populares do que a Alemanha entre todas as classes sociais da Turquia. O sultão se opunha à guerra; o herdeiro aparente, Youssouff Isseddin, era abertamente pró-Aliados; o grão-vizir, Said Halim, preferia a Inglaterra à Alemanha; Djemal, o terceiro integrante do triunvirato governativo, tinha a reputação de ser francófilo (havia acabado de voltar de Paris, onde a acolhida que recebeu o lisonjeou muito); a maior parte do gabinete ministerial não tinha entusiasmo algum em relação à Alemanha; e a opinião pública, na medida em que existia na Turquia, considerava a Inglaterra, e não a Alemanha, a amiga histórica do país. Wangenheim, portanto, tinha muita oposição a superar e os métodos que ele utilizou para vencê-la constituem um exemplo clássico da propaganda alemã. Ele iniciou uma pródiga campanha contra Inglaterra, França e Rússia. Descrevi os sentimentos dos turcos em relação à perda de seus navios na Inglaterra. Os agentes de Wangenheim preenchiam colunas de espaço comprado nos jornais com ataques ferrenhos contra o confisco daqueles navios por parte da Inglaterra. Toda a imprensa turca rapidamente passou para o controle alemão. Wangenheim comprou o *Ikdam*, um dos maiores jornais da Turquia, que começou imediatamente a louvar a Alemanha e atacar a Entente. O *Osmanischer Lloyd*, publicado em francês e alemão, se tornou um órgão da embaixada alemã. Embora a Constituição turca garanta a liberdade de imprensa, foi estabelecida uma censura para favorecer os interesses das Potências Centrais. Todos os editores turcos receberam ordens para escrever a favor da Alemanha e obedeceram as instruções. O *Jeune Turc*, um jornal pró-Entente publicado em francês, foi suprimido. Os jornais turcos exageravam as vitórias alemãs e fabricavam completamente outras vitórias; publicavam constantemente notícias de derrotas da Entente, a maioria totalmente imaginária. À noite, Wangenheim e Pallavicini me mostravam telegramas oficiais com os detalhes das operações militares, mas, de manhã, quando eu lia os jornais, descobria que as notícias haviam sido distorcidas ou falsificadas a favor da Alemanha. Um certo barão Oppenheim viajava por toda a Turquia fabricando informações contra a Inglaterra e a França. Aparentemente, ele era um arqueólogo, mas, na verdade, abria escritórios em qualquer lugar e espalhava calúnias sobre a Entente. Grandes mapas eram colados em muros, mostrando todos os territórios que a Turquia havia perdido em um século. A Rússia era retratada como a principal responsável por aqueles "roubos" e era dado destaque ao fato de a Inglaterra ter se tornado aliada da Rússia. Eram publicadas fotos que mostravam as potências ofegantes da Entente como animais de rapina atacando a pobre Turquia. Enver era descrito como o "herói" que havia recuperado Adrianópolis; a Alemanha era retratada como amiga da Turquia; o kaiser de repente se tornou o "*hadji* Guilherme", o maior protetor do islã, e até foram publicadas histórias que diziam que ele havia se convertido ao maometismo. O povo turco era informado de que os muçulmanos na Índia e no Egito estavam prestes a se revoltar e a depor os "tiranos" ingleses. O homem comum na Turquia aprendia a dizer "*Gott Strafe England*" e a força motriz de toda essa campanha infame era o dinheiro alemão.

Porém, a Alemanha estava fazendo mais do que apenas envenenar as mentes turcas: estava se apropriando dos recursos militares do país. Já descrevi como, em janeiro de 1914, o kaiser havia assumido o comando e reabilitado o exército turco em preparação para a guerra europeia. Em seguida, ele fez a mesma coisa com a marinha turca. Em agosto, Wangenheim se vangloriou comigo, dizendo que "agora controlamos tanto o exército quanto a marinha da Turquia". No momento em que o *Goeben* e o *Breslau* chegaram, uma missão inglesa, chefiada pelo almirante Limpus, estava trabalhando com afinco para restaurar a marinha turca. Logo depois, Limpus e seus parceiros foram dispensados sem cerimônia; a maneira como foram mandados embora foi realmente vergonhosa, pois nem mesmo as cortesias mais comuns foram observadas. Os oficiais navais britânicos partiram de Constantinopla silenciosos e inobservados rumo à Inglaterra, todos menos o almirante, que teve de permanecer mais tempo por causa da enfermidade de sua filha.

Noite após noite, vagões e mais vagões cheios de alemães chegavam a Constantinopla provenientes de Berlim, totalizando 3.800 homens, a maioria enviada para servir na marinha turca e fabricar munição. Eles enchiam os cafés toda noite e desfilavam pelas ruas de Constantinopla de madrugada, gritando e entoando canções patrióticas alemãs. Muitos eram mecânicos qualificados que foram imediatamente trabalhar no conserto de destróieres e de outros navios, preparando-os para a guerra. A empresa britânica Armstrong & Vickers tinha uma esplêndida doca em Constantinopla que foi apropriada pelos alemães. Noite e dia, era possível ouvir o trabalho sendo realizado e mal podíamos dormir por causa do barulho dos rebites e dos martelos. Wangenheim descobriu uma nova oportunidade para instilar mais veneno nas mentes de Enver, Talaat e Djemal. Declarou que os operários alemães haviam descoberto que os navios turcos estavam em péssimo estado de conservação, culpa, é claro, da missão naval inglesa. Ele dizia que a Inglaterra havia deliberadamente deixado que a marinha turca entrasse em declínio e afirmava que tudo aquilo fazia parte da trama inglesa para arruinar a Turquia.

— Vejam! — ele exclamava. — Vejam o que nós, alemães, fizemos com o exército turco e vejam o que os ingleses fizeram com seus navios!

De fato, tudo aquilo era mentira, pois o almirante Limpus havia trabalhado com afinco e cuidado para aprimorar a marinha e obtivera resultados excelentes nesse sentido.

Durante todo aquele tempo, os alemães estavam trabalhando em Dardanelos, procurando reforçar as fortificações e se preparando para um possível ataque dos Aliados. Com a chegada de outubro, a Porta Sublime praticamente deixou de ser o quartel-general do Império Otomano. Creio que a sede da autoridade mais influente naquele momento era um navio mercante alemão, o *General*. Essa embarcação estava atracada no Chifre de Ouro, na ponte Gálata, e uma escadaria permanente havia sido construída até o seu convés. Eu conhecia bem um dos visitantes mais frequentes do navio, um americano que costumava ir à embaixada e me entreter contando histórias sobre o que estava acontecendo.

Esse americano me informou que o *General* era praticamente um clube ou hotel alemão. Os oficiais do *Goeben* e do *Breslau* e outros oficiais alemães que haviam sido enviados para comandar os navios turcos comiam e dormiam a bordo. O almirante Souchon, que havia levado os cruzadores alemães até Constantinopla, presidia aquelas reuniões. Souchon era um homem de origem huguenote francesa, um marinheiro baixo, vivaz e distinto, muito enérgico e alerta. À paixão alemã pelo comando e pelos detalhes, ele acrescentava a genialidade e a exuberância gálicas. Naturalmente, ele imprimia muita vivacidade às festas noturnas no *General* e a cerveja e o champanhe que eram servidos em abundância naquelas ocasiões soltavam a língua dos outros oficiais. Suas conversas mostravam que eles não tinham ilusões sobre quem realmente controlava a marinha turca. Todas as noites, a impaciência daqueles oficiais por ação crescia; eles continuavam a declarar que, se a Turquia não atacasse os russos, eles a forçariam a fazê-lo. Relatavam como haviam enviado navios alemães para o Mar Negro na esperança de provocar a frota russa a tomar alguma ação que tornasse a guerra inevitável. No final de outubro, meu amigo me disse que as hostilidades não poderiam mais ser evitadas por muito tempo; a frota turca havia sido preparada para a ação, tudo estava pronto e a impetuosidade daqueles oficiais alemães *kriegeslustige* não podia ser contida por muito mais tempo.

— Eles são como um bando de garotos com vontade de brigar! Estão simplesmente querendo arrumar confusão! — disse.

CAPÍTULO 9

A Alemanha fecha Dardanelos, e assim separa a Rússia dos seus aliados

Em 27 de setembro, Sir Louis Mallet, o embaixador britânico, entrou no meu escritório em um estado de considerável perturbação. O quediva do Egito havia acabado de sair e comecei a falar com Sir Louis sobre questões egípcias.

— Falaremos sobre isso em algum outro momento — ele disse. — Tenho algo muito mais importante a contar. Eles fecharam Dardanelos.

Aquele "eles" se referia, obviamente, não ao governo turco, a única força que tinha legitimidade para tomar aquela decisão drástica, mas aos verdadeiros governantes da Turquia, os alemães. Sir Louis tinha bons motivos para me dar a notícia, pois aquela guerra era um ultraje aos Estados Unidos tanto quanto aos Aliados. Ele me pediu para acompanhá-lo para que fizéssemos um protesto conjunto. Sugeri, todavia, que seria melhor agirmos separadamente e saí imediatamente com destino à casa do grão-vizir.

Quando lá cheguei, uma reunião do gabinete ministerial estava em curso e, enquanto eu esperava na antessala, pude ouvir diversas vozes discutindo animadamente. Dentre elas, distingui claramente os timbres conhecidos de Talaat, Enver, Djavid, o ministro da fazenda, e de outros integrantes do governo. Era bastante óbvio, de tudo o que consegui ouvir através das finas divisórias, que aqueles governantes nominais da Turquia estavam quase tão exasperados com o fechamento do estreito quanto Sir Louis Mallet e eu.

O grão-vizir saiu para responder minha solicitação. Sua aparência era de causar pena. Ele era, pelo menos no título, a mais importante autoridade do governo turco, o porta-voz do sultão, no entanto, naquele momento, apresentava uma imagem de desamparo e medo abjetos. Seu rosto estava lívido e ele tremia dos pés à cabeça. Estava tão sobrepujado pelas emoções que mal conseguia falar. Quando perguntei se as notícias de que o estreito de Dardanelos havia sido fechado eram verdadeiras, ele finalmente gaguejou uma resposta afirmativa.

— O senhor sabe que isso significa guerra — eu disse e protestei da forma mais veemente possível em nome dos Estados Unidos.

Durante todo o tempo em que ficamos conversando, eu podia ouvir o forte tom de voz de Talaat e de seus colegas no interior dos aposentos. O grão-vizir se desculpou e voltou para lá. Depois, mandou Djavid para discutir a questão comigo.

— Foi uma surpresa para nós — foram as primeiras palavras de Djavid, o que fazia daquela afirmação uma admissão cabal de que o gabinete ministerial nada tinha a ver com aquela decisão. Repeti que os Estados Unidos não aceitariam o fechamento de Dardanelos; a Turquia estava em paz, só o sultão tinha o direito legal de fechar o estreito aos navios mercantes em caso de guerra. Disse que um navio americano repleto de provisões e víveres para a nossa embaixada estava fora do estreito naquele momento, aguardando para entrar. Djavid sugeriu que eu fizesse aquela embarcação descarregar em Esmirna; o governo turco, ele amavelmente acrescentou, pagaria o custo do transporte terrestre até Constantinopla. Tal proposta, é claro, era um subterfúgio ridículo e eu a recusei.

Djavid disse então que o gabinete ministerial propôs investigar a questão. Na verdade, era o que eles estavam discutindo naquele momento. Ele me contou como tudo acontecera. Um torpedeiro turco havia atravessado Dardanelos e tentado entrar no Egeu. Os navios de guerra britânicos estacionados fora do estreito interceptaram a embarcação turca, examinaram-na e descobriram que havia marinheiros alemães a bordo. O almirante britânico ordenou imediatamente que o navio voltasse, o que, naquelas circunstâncias, ele tinha direito de fazer. O paxá Weber, o general alemão encarregado das fortificações, não consultou os turcos, mas deu ordens para que o estreito fosse imediatamente fechado. Wangenheim já havia se vangloriado comigo, como já mencionei, que o estreito de Dardanelos podia ser fechado em trinta minutos, e os alemães puseram suas palavras em prática. Foram lançadas minas e redes; as luzes nos faróis foram apagadas; sinais foram colocados para avisar aos navios que "a passagem estava interditada" e, assim, os alemães realizaram sua façanha mais arriscada até aquele momento. E lá estava eu diante das únicas pessoas que tinham autoridade sobre aquela indispensável faixa de mar, os estadistas turcos, que tremiam e gaguejavam de medo, corriam para cima e para baixo como um bando de coelhos aterrorizados pela enormidade da ação alemã, mas que, aparentemente, não tinham poder para tomar qualquer providência decisiva. Eu certamente estava diante de um quadro explícito dos extremos a que a intimidação teutônica havia reduzido os governantes do Império Turco. Ao mesmo tempo, erguia-se em minha mente a figura do sultão, cuja assinatura era essencial para o fechamento legítimo daquelas águas, dormindo silenciosamente em seu palácio, totalmente alheio àquela transação.

Embora Djavid tenha me informado que o gabinete podia decidir pela reabertura de Dardanelos, essa possibilidade não se materializou. Aquela importante passagem está fechada há mais de quatro anos, desde 27 de setembro de 1914. É claro, vi com precisão o que aquela ação significava. Aquele mês de setembro havia sido decepcionante para os alemães. Os franceses haviam rechaçado a invasão e empurrado os exércitos alemães para trincheiras ao longo do Aisne. Os russos estavam avançando triunfantes pela Galícia; já haviam capturado Lemberg e não parecia improvável que logo cruzassem os Cárpatos e entrassem na Áustria-Hungria. Naqueles dias, Pallavicini, o embaixador austríaco, era uma figura desanimada, digna de pena. Ele me confiou seus temores em relação ao futuro, dizendo que o programa alemão para uma guerra curta e decisiva havia claramente falhado e que estava bastante evidente que a Alemanha só conseguiria vencer, se isso fosse possível, o que parecia cada vez mais duvidoso, após uma luta prolongada. Descrevi como Wangenheim, enquanto preparava o exército e a marinha turcos para qualquer eventualidade, estava simplesmente segurando a Turquia na palma de sua mão, pretendendo usar suas forças ativamente apenas caso a Alemanha não conseguisse esmagar a França e a Rússia em sua primeira campanha. Quando tal fracasso ficou evidente, Wangenheim foi instruído a usar o Império Turco como um aliado ativo. Até aquele momento, aquela nação de vinte milhões de habitantes havia sido um parceiro passivo, refreado por Wangenheim até que a Alemanha decidisse que seria necessário pagar o preço e permitir sua participação de fato na guerra. Era chegado o momento em que a Alemanha precisava do exército turco e o sinal externo de que a situação havia mudado foi o fechamento de Dardanelos. Assim, Wangenheim completou a tarefa pela qual estivera trabalhando e, com aquele ato, coroou a façanha de ter levado o *Goeben* e o *Breslau* até a Turquia. Mesmo hoje, poucos americanos percebem a influência acachapante que aquele ato exerceu sobre as operações militares futuras. Todavia, o fato de a guerra ter durado tantos anos é explicada pelo fechamento de Dardanelos.

Pois esse foi o acontecimento que separou a Rússia de seus aliados e que, em menos de um ano, levou à sua derrota e colapso, o que, por sua vez, foi o motivo que tornou a Revolução Russa possível. O mapa revela que o enorme território da Rússia tem apenas quatro maneiras de chegar até os mares. Uma é através do Báltico, que a frota alemã já havia fechado. Outra é em Arkhangelsk, no Oceano Ártico, um porto que permanece congelado durante vários meses no ano e que só está ligado ao coração da Rússia por uma longa ferrovia com uma linha única. Outra é o porto de Vladivostok, no Pacífico, que também fica congelado por três meses e é ligado à Rússia pela fina linha da ferrovia siberiana, com oito mil quilômetros de extensão. A quarta passagem era a de Dardanelos; na verdade, a única funcional. Era através daquele estreito portão que os produtos excedentes de 175 milhões de pessoas chegavam à Europa e nove décimos de todas as exportações e importações da Rússia seguiam havia anos. Ao fechá-lo subitamente, a Alemanha destruiu a Rússia como potência tanto econômica quanto militar. Ao obstruir as exportações de trigo russo, a Alemanha privou a nação inimiga do poder financeiro essencial para o sucesso na guerra. E o que talvez tenha sido ainda mais fatal: impediu que Inglaterra e França enviassem munição em quantidade suficiente para o *front* russo a fim de deter o ataque furioso dos alemães. Assim que Dardanelos foi fechado, a Rússia passou a depender de Arkhangelsk e Vladivostok para receber, quando possível, tais suprimentos. O motivo do colapso militar da Rússia em 1915 agora é conhecido: os soldados simplesmente não tinham munição para lutar. A Alemanha passou a primeira metade do ano de 1918 tentando sem sucesso abrir um "vão" entre os exércitos da França e da Inglaterra no *front* ocidental a fim de separar os Aliados e obter, assim, uma posição a partir da qual pudesse atacá-los separadamente. No entanto, a tarefa de neutralizar o tratado franco-russo e abrir um "vão" entre a Rússia e seus parceiros ocidentais se revelou fácil. Era simplesmente uma questão, como já descrevi, de controlar um governo corrupto e degenerado, obter o comando – enquanto aquele país estivesse em paz – dos principais integrantes do seu executivo, apossar-se do seu exército, da sua marinha e dos seus recursos e, no momento certo, ignorar os governantes nominais e fechar um pequeno canal com cerca de trinta quilômetros de extensão e três ou quatro quilômetros de largura! Isso não custou nenhuma vida humana nem um único disparo de canhão, porém a Alemanha concretizou em um piscar de olhos o que provavelmente três milhões de homens, em contraposição a uma força russa bem equipada, não teriam conseguido realizar. Foi um dos triunfos militares mais dramáticos da guerra, resultado exclusivo da propaganda, da penetração e da diplomacia alemãs.

Nos dias após o bloqueio da Rússia, o Bósforo começou a parecer um porto repentinamente acometido pela peste. Centenas de navios chegavam da Rússia, Romênia e Bulgária carregados de trigo, madeira e outros produtos e descobriam que não podiam prosseguir. Não havia docas suficientes para acomodar aquelas embarcações, que eram obrigadas a ir para o meio do curso d'água, lançar âncora e aguardar novos desdobramentos. A água era um amontoado de mastros e colunas de fumaça, e a quantidade de embarcações se tornou tão grande que um barco a motor tinha dificuldade para traçar seu caminho por entre aquela floresta. Os turcos tinham esperança de reabrir o estreito e, por esse motivo, aqueles navios, cujo número continuava a aumentar, esperaram pacientemente cerca de um mês. Depois, um a um, deram meia-volta, apontaram a proa para o Mar Negro e partiram lugubremente para seus portos de origem. Em poucas semanas, o Bósforo e as águas adjacentes se tornaram um deserto desolador. O que havia sido durante anos um dos portos navais mais movimentados do mundo só era ocasionalmente agitado por uma lancha, um minúsculo caíque turco ou um pequeno veleiro. Para se ter uma ideia exata do que isso significava do ponto de vista militar, basta lembrar do *front* russo no ano seguinte. Lá, os camponeses enfrentavam a artilharia alemã com seus corpos desprotegidos, poucos rifles e armas pesadas, ao passo que montanhas de munição inútil se acumulavam nos distantes portos do Ártico e do Pacífico sem estradas de ferro para levá-las até o campo de batalha.

CAPÍTULO 10

A Turquia revoga as capitulações — Enver reside em um palácio, com muito dinheiro e uma noiva imperial

Outra questão que vinha sendo discutida havia meses tornou-se naquele momento parte integrante da situação internacional turca: o problema das capitulações. Tratava-se de direitos estabelecidos por tratados que, durante séculos, regularam a posição dos estrangeiros no Império Turco. A Turquia nunca havia sido considerada em pé de igualdade com as nações europeias e, na verdade, nunca havia sido uma soberania independente. As leis e os direitos alfandegários do sultão diferiam tão radicalmente dos aplicados na Europa e nos Estados Unidos que nenhum país não muçulmano podia pensar em submeter seus cidadãos àquelas regras. Em muitas questões, portanto, o princípio da exterritorialidade sempre havia prevalecido em favor de todos os cidadãos ou súditos de países com direitos capitulatórios. Quase todos os países europeus, bem como os Estados Unidos, tiveram durante séculos seus próprios tribunais e prisões consulares, nos quais julgavam e puniam crimes cometidos por seus cidadãos na Turquia. Todos nós tínhamos nossas escolas, que não estavam sujeitas à lei e à proteção turcas, mas à lei e à proteção dos países mantenedores. Portanto, o Robert College e o Constantinople College for Women, aquelas maravilhosas instituições que a filantropia americana havia erguido no Bósforo, assim como centenas de instituições religiosas, caridosas e educacionais americanas, praticamente ficavam em território americano e contavam com a embaixada americana como guardiã. Várias nações tinham seus próprios correios, pois não gostavam de submeter a própria correspondência ao serviço postal otomano. Da mesma maneira, a Turquia não tinha poder ilimitado de tributação sobre os estrangeiros. Não podia sequer aumentar os direitos alfandegários sem o consentimento das potências estrangeiras. Em 1914, podia impor tarifas de apenas 11% e estava tentando garantir o direito de aumentá-las para 14%. Sempre consideramos a Inglaterra como o único país em que o livre-comércio era aplicado, negligenciando o fato de que aquela limitação dos direitos alfandegários tornava a Turquia uma seguidora relutante de Cobden. A Turquia estava, portanto, proibida pelas potências de desenvolver suas próprias indústrias; em vez disso, era forçada a comprar da Europa grandes quantidades de artigos de qualidade inferior. Contra essas restrições, os governantes turcos haviam protestado durante anos, declarando que elas constituíam um insulto ao seu orgulho nacional e interferiam no seu progresso. Todavia, o acordo era bilateral, e a Turquia não podia mudá-lo sem o consentimento de todas as potências contraentes. Porém, aquele momento, no qual tanto a Entente quanto as Potências Centrais estavam cortejando a Turquia, certamente representava uma valiosa oportunidade para realizar tal mudança. Assim, logo que os alemães iniciaram sua marcha rumo a Paris, circularam notícias de que a Turquia tinha intenção de revogar as capitulações. Boatos diziam que a Alemanha havia consentido em aboli-las como parte da compensação pela ajuda turca na guerra, e que a Inglaterra havia concordado com a revogação como parte do pagamento pela neutralidade turca. Nenhum desses relatos era verdadeiro. O que era evidente, porém, era o pânico que a mera sugestão da revogação produzia na população estrangeira. A ideia de ficarem sujeitos às leis turcas e de talvez serem jogados em prisões turcas os deixava arrepiados, e com razão.

Por volta dessa época, tive uma longa conversa com Enver. Ele me pediu para visitá-lo em sua residência, pois estava de cama com um artelho inflamado, resultado de uma intervenção cirúrgica. Tive, então, uma visão iluminadora do ministro da guerra *en famille*. Aquele humilde homem do povo havia certamente subido na vida. Sua casa, que ficava em uma das partes mais silenciosas e aristocráticas da cidade, era um esplêndido edifício antigo, muito grande e elaborado. Atravessei uma série de quatro ou cinco salões e, ao passar por uma porta, a princesa imperial, esposa de Enver, entreabriu-a e me olhou. Mais à frente, outra dama turca abriu sua porta e também deu uma olhada rápida no embaixador. Fui finalmente acompanhado até um lindo aposento, no qual Enver estava recostado em um divã. Ele estava usando um longo roupão de seda e seus pés, cobertos por meias, pendiam languidamente da beirada do assento. Ele parecia muito mais jovem do que em seu uniforme; era uma figura extremamente distinta e elegante, com um rosto pálido e suave, que chamava ainda mais a atenção por causa de seus cabelos negros e mãos brancas com dedos longos e esguios. Ele poderia facilmente se passar por um homem com menos de trinta anos e, de fato, não era muito mais velho do que isso. Tinha a seu alcance um violino e, ali perto, um piano também testemunhava seu gosto pela música. O aposento era esplendidamente forrado de tapetes; talvez sua característica mais conspícua fosse um estrado sobre o qual ficava uma cadeira dourada. Aquele era o trono matrimonial da esposa imperial de Enver. Ao olhar à minha volta para todo aquele luxo, devo admitir que tive alguns pensamentos pouco caridosos e que não pude deixar de pensar em uma pergunta que estava sendo feita por toda Constantinopla: onde Enver tinha arrumado dinheiro para uma residência tão cara? Ele não tinha fortuna própria, seus pais eram muito pobres e seu salário como ministro era de apenas oito mil dólares aproximadamente. Sua mulher recebia uma pensão moderada como princesa imperial, mas não tinha recursos próprios. Enver nunca havia se envolvido em negócios, sempre foi revolucionário, líder militar e político. Todavia, tinha um teor de vida que exigia uma renda altíssima. Enver também dava outras provas de grande e repentina prosperidade, e eu já tinha ouvido falar muito de seus investimentos em imóveis, um dos assuntos mais comentados na cidade.

Enver queria falar das capitulações. Ele praticamente disse que o gabinete ministerial havia decidido revogá-las e queria conhecer a posição dos Estados Unidos. Acrescentou que um país que havia lutado por sua independência como o nosso certamente simpatizaria com a tentativa da Turquia de se livrar daqueles grilhões. Havíamos ajudado o Japão a se libertar de fardos semelhantes e não ajudaríamos a Turquia? A Turquia certamente era uma nação tão civilizada quanto o Japão!

Respondi que achava que os Estados Unidos poderiam consentir o abandono das capitulações de caráter econômico. Na minha opinião, a Turquia deveria controlar suas tarifas alfandegárias e ter permissão para arrecadar dos estrangeiros os mesmos tributos cobrados de seus cidadãos. Contudo, enquanto os tribunais e as prisões turcas mantivessem aquele padrão, nunca concordaríamos em abrir mão das capitulações judiciais. A Turquia deveria corrigir os abusos de seus tribunais; depois, após ter estabelecido ideias europeias na administração da justiça, a questão poderia ser discutida. Enver retrucou que a Turquia estaria disposta a ter tribunais mistos e a permitir que os Estados Unidos indicassem alguns dos juízes, mas sugeriu que, visto que os juízes americanos não conheciam nem o idioma nem as leis da Turquia, esse esquema envolveria grandes dificuldades práticas. Eu também disse que nossas escolas e universidades eram muito estimadas pelos cidadãos americanos e que nunca consentiríamos em sujeitá-las à jurisdição turca.

Apesar dos protestos de todos os embaixadores, o gabinete ministerial emitiu sua notificação de que as capitulações seriam revogadas a partir de 1º de outubro. A revogação fazia parte do plano dos Jovens Turcos de se livrar da tutela estrangeira e criar um novo país com base na doutrina que pregava "a Turquia para os turcos". Representava, como demonstrarei, o ponto central da política turca nas relações do império não apenas com as potências estrangeiras, mas também com os povos sob seu jugo. A posição da Inglaterra em relação a essa questão era praticamente igual à nossa; o governo britânico consentiria a modificação das restrições econômicas, mas não as outras. Wangenheim ficou muito perturbado e acho que o Ministério das Relações Exteriores o repreendeu por deixar que a revogação acontecesse, pois ele me pediu afavelmente para anunciar que eu era o responsável! À medida que 1º de outubro se aproximava, os estrangeiros na Turquia ficaram em estado de grande apreensão. Dardanelos havia sido fechado, isolando-os da Europa e, naquele momento, eles sentiam que seriam deixados à mercê dos tribunais e das prisões turcas. Como era hábito nas prisões turcas agrupar inocentes e culpados, pôr no mesmo recinto assassinos e pessoas acusadas de pequenos delitos, mas não condenadas, além de dar bastonadas em testemunhas recalcitrantes, é possível imaginar os temores dos residentes estrangeiros. As instituições educacionais também estavam apreensivas e, em seu nome, fiz um apelo a Enver. Ele me garantiu que os turcos não tinham intenções hostis em relação aos americanos. Respondi que ele deveria demonstrar de maneira inequívoca que os americanos não seriam prejudicados.

— Tudo bem — ele respondeu. — O que o senhor sugere?

— Por que não visitar ostensivamente o Robert College em 1º de outubro, o dia em que as capitulações serão revogadas? — perguntei.

Aquela ideia era bastante singular, pois uma importante autoridade turca nunca visitara aquela instituição. Todavia, eu conhecia bem o caráter turco para entender que uma visita aberta e cerimoniosa de Enver causaria sensação entre o público. As notícias chegariam às fronteiras mais distantes do Império Turco e, certamente, seriam interpretadas da seguinte forma: um dos dois homens mais poderosos da Turquia havia se tornado o patrono daquela e de outras instituições americanas. Uma visita daquele tipo protegeria mais as universidades e escolas americanas na Turquia do que uma unidade do exército. Portanto, fiquei muito satisfeito quando Enver aceitou prontamente minha sugestão.

No dia em que as capitulações foram revogadas, Enver apareceu na embaixada americana com dois automóveis, um para ele e para mim e outro para seus assistentes, todos uniformizados. Fiquei contente por Enver ter tornado o procedimento tão espetacular, pois queria a mais ampla publicidade. No caminho até a escola, disse a Enver tudo sobre aquelas instituições americanas e o que elas estavam fazendo pela Turquia. Ele realmente sabia muito pouco a respeito e, como a maioria dos turcos, suspeitava que aquelas instituições ocultassem um propósito político.

— Nós, americanos, não estamos buscando vantagens materiais na Turquia — eu disse. — Só exigimos que vocês tratem com gentileza nossos filhos, essas escolas, pelas quais todo o povo americano nutre grande afeto.

Disse que o sr. Cleveland H. Dodge, presidente dos curadores do Robert College, e o sr. Charles R. Crane, presidente dos curadores do Women's College, eram amigos íntimos do presidente Wilson.

— Eles — acrescentei — representam o que há de melhor nos Estados Unidos e o belo espírito altruísta daqueles que, em nosso país, acumulam riqueza e depois a usam para fundar universidades e escolas. Ao estabelecer essas instituições na Turquia, eles não estão tentando converter seu povo ao cristianismo, mas ajudá-los nas ciências e nas artes e, assim, torná-los cidadãos melhores. Os americanos acham que as terras da Bíblia deram-lhes sua religião e desejam retribuir com a melhor coisa que os Estados Unidos têm: sua educação.

Depois, falei da sra. Russell Sage e da srta. Helen Gould, que haviam feito grandes doações para o Women's College.

— Mas onde essas pessoas conseguem todo esse dinheiro para obras beneficentes? — Enver perguntou.

Então, entretive-o por cerca de uma hora com algumas páginas das nossas "Mil e Uma Noites Americanas". Contei como Jay Gould chegou ainda menino a Nova York, sem um tostão, com uma ratoeira que ele havia inventado, e morreu quase trinta anos depois, deixando uma fortuna de cerca de cem milhões de dólares. Falei de como o comodoro Vanderbilt começou a vida como balseiro e se tornou um dos maiores "magnatas" das ferrovias nos Estados Unidos; como Rockefeller começou sua carreira como atendente em uma corretora de Cleveland, ganhando seis dólares por semana, e criou a maior fortuna jamais acumulada por um único homem na história do mundo. Falei de como os Dodge se tornaram nossos grandes "reis do cobre" e os Crane, os grandes fabricantes de canos de ferro. Enver achou aquelas histórias mais emocionantes do que qualquer fábula egressa de Bagdá e, mais tarde, descobri que ele as recontou com tanta frequência a ponto de torná-las conhecidas de quase todas as pessoas importantes em Constantinopla.

Enver também ficou muito impressionado com o que eu disse sobre as instituições americanas. Ele visitou todos os edifícios e expressou seu entusiasmo por tudo o que viu, chegou até mesmo a sugerir que gostaria que seu irmão estudasse ali. Tomou chá com a sra. Gates, mulher do presidente Gates, discutiu sobre os cursos com grande inteligência e perguntou se não poderíamos introduzir o estudo da agricultura. Os professores que ele conheceu pareciam uma grande revelação.

— Eu esperava encontrar missionários como os que são retratados nos jornais de Berlim — ele disse —, com cabelos compridos, queixos pendentes e mãos constantemente unidas em posição de prece. Mas aqui temos o dr. Gates, que fala turco como um nativo e age como um homem do mundo. Estou mais do que satisfeito, obrigado por ter me trazido.

Naquela tarde, todos nós vimos Enver em seu aspecto mais agradável. Minha ideia de que aquela visita protegeria as universidades de problemas se revelou acertada. O Império Turco tem sido um lugar tumultuado nos últimos quatro anos, mas as universidades americanas não passaram por dificuldades, nem com o governo nem com o povo turco.

Aquela visita foi apenas um interlúdio agradável entre eventos de caráter mais efervescente. Enver, por mais afável que pudesse ser em certas ocasiões, havia deliberadamente decidido pôr a Turquia na guerra do lado alemão. A Alemanha havia chegado ao ponto em que não ocultava mais as próprias intenções. Anteriormente, quando intercedi a favor da paz em uma ocasião, Wangenheim estimulou minha ação. O motivo, como indiquei, era que, naquele momento, a Alemanha queria a Turquia fora da guerra, pois o Estado-maior alemão esperava vencer o conflito sem a ajuda dos turcos. Àquela altura, porém,

Wangenheim queria a participação turca. Como eu não estava trabalhando para os interesses alemães, mas me via ansioso para proteger as instituições americanas, continuei exortando Enver e Talaat a se manter fora da guerra. Aquilo irritou Wangenheim.

— Achei que o senhor fosse neutro! — ele exclamou.

— Achei que o senhor estivesse na Turquia — respondi.

Por volta do final de outubro, Wangenheim estava fazendo de tudo para iniciar as hostilidades; tudo de que ele precisava era uma ocasião favorável.

Mesmo após a Alemanha ter fechado Dardanelos, a tarefa do seu embaixador não era fácil. Talaat ainda não estava totalmente convencido de que a melhor política era a guerra e, como eu já disse, ainda havia muitas autoridades que simpatizavam com os Aliados. Talaat não planejava se apossar de todas as pastas do gabinete ministerial de uma só vez, mas abrir caminho gradualmente até conquistar o controle inconteste. Naquela crise, os integrantes do gabinete ministerial mais respeitados pelo povo eram Djavid, ministro da fazenda, de origem judaica, mas de religião maometana; o paxá Mahmoud, ministro das obras públicas, circassiano; o efêndi Bustány, ministro do comércio e da agricultura, árabe cristão; e o efêndi Oskan, ministro dos correios e telégrafos, armênio e, obviamente, cristão. Todos aqueles líderes, bem como o grão-vizir, se opunham abertamente à guerra e todos informaram a Talaat e a Enver que renunciariam se a Alemanha levasse a cabo suas intrigas. A atmosfera, portanto, era efervescente; a tensão da situação pode ser demonstrada por um único episódio. Sir Louis Mallet, o embaixador britânico, havia aceitado um convite para jantar na embaixada americana no dia 20 de outubro, mas mandou um recado no último momento avisando que estava doente e não poderia comparecer. Fui visitar o embaixador uma ou duas horas mais tarde e o encontrei em seu jardim, aparentemente saudável. Sir Louis sorriu e disse que sua doença havia sido puramente política. Ele havia recebido uma carta que dizia que ele seria assassinado naquela noite e informava o local e o momento exatos nos quais a tragédia ocorreria. Portanto, ele achou melhor ficar em casa. Como eu não tinha dúvida de que tal crime havia sido planejado, ofereci a Sir Louis a proteção da nossa embaixada. Dei-lhe a chave do portão dos fundos do jardim e, com lorde Wellesley, um de seus secretários, descendente do duque de Wellington, tomei todas as providências para a fuga do embaixador para nossa morada caso fosse necessário. A localização das duas embaixadas permitia que, em caso de ataque, ele pudesse ir do portão dos fundos da sua representação até a entrada posterior da nossa sem ser visto.

— Essas pessoas estão voltando para a Idade Média, quando era costume jogar embaixadores em calabouços — disse Sir Louis, prevendo que os turcos podiam tratá-lo da mesma maneira.

Fui imediatamente até o grão-vizir e informei-o da situação, insistindo que o dano causado só poderia ser desfeito por uma visita de Talaat a Sir Louis a fim de tranquilizá-lo acerca de sua segurança. Eu podia fazer aquela exigência com legitimidade, pois já havíamos tomado providências para assumir os interesses britânicos quando a ruptura acontecesse. Duas horas mais tarde, Talaat realizou a tal visita. Embora um dos jornais turcos estivesse publicando ataques vis contra Sir Louis, o embaixador britânico era muito popular entre os turcos, e o grão-vizir expressou (com toda sinceridade) surpresa e pesar pelo fato de tais ameaças terem sido feitas.

CAPÍTULO 11

A ALEMANHA FORÇA A TURQUIA A ENTRAR EM GUERRA

NAQUELE MOMENTO, PORÉM, ESTÁVAMOS todos muito nervosos, pois sabíamos que a Alemanha se empenhava em gerar um *casus belli*. Souchon mandava com frequência o *Goeben* e o *Breslau* para exercícios no Mar Negro na esperança de que a frota russa atacasse. Várias situações pendentes poderiam terminar em guerra. Tropas turcas e russas travavam ocasionalmente escaramuças nas fronteiras da Pérsia e do Cáucaso. Em 29 de outubro, tropas beduínas cruzaram a fronteira egípcia e tiveram um pequeno confronto com soldados britânicos. No mesmo dia, dei um longo passeio com Talaat. Visitei-o em nome do embaixador britânico para falar da entrada dos beduínos no Egito. "Suponho", Sir Louis me escreveu, "que isso signifique guerra; o senhor pode mencionar essa notícia a Talaat e evocar-lhe os possíveis resultados desse ato insano". Sir Louis já tivera dificuldades com a Turquia em relação àquela questão. Quando ele protestou com o grão-vizir sobre as tropas turcas perto da fronteira egípcia, o estadista turco respondeu propositalmente que a Turquia não reconhecia a fronteira egípcia. Com isso, queria dizer, é claro, que o próprio Egito era território turco e que a ocupação inglesa era uma usurpação temporária. Quando mencionei a situação egípcia a Talaat, ele disse que nenhum beduíno otomano havia entrado no Egito. Os turcos estavam construindo poços na península do Sinai para serem usados caso a guerra com a Inglaterra eclodisse; a Inglaterra estava destruindo aqueles poços e, segundo Talaat, os beduínos haviam interferido para deter aquela destruição.

Naquele encontro, Talaat me disse com franqueza que a Turquia havia decidido ficar do lado dos alemães para qualquer eventualidade. Relembrou os motivos já conhecidos e acrescentou que, se a Alemanha vencesse, e estava convencido de que a Alemanha venceria, o kaiser se vingaria caso a Turquia não o tivesse ajudado a obter a vitória. Talaat admitiu francamente que o medo, o motivo que, como eu já disse, mais inspira as ações turcas, estava guiando seu país para a aliança alemã. Ele analisou toda a situação de maneira muito imparcial, disse que as nações não podiam se dar ao luxo de se entregar a emoções como gratidão, ódio ou afeto; o único guia para a ação deveria ser uma política de sangue-frio.

— Neste momento — disse Talaat —, é do nosso interesse ficar do lado da Alemanha. Se, daqui a um mês, for do nosso interesse apoiar a França e a Inglaterra, nós o faremos prontamente. A Rússia é nosso maior inimigo — continuou — e a tememos. Se agora, enquanto a Alemanha está atacando a Rússia, pudermos dar um forte chute nos russos e torná-los incapazes de nos prejudicar por algum tempo, é dever da Turquia dar tal chute! — argumentou. — *Ich mit die Deutschen* —, disse em seguida em seu alemão capenga para resumir toda a situação, virando-se para mim com um sorriso em parte melancólico e em parte desafiador.

No entanto, devido ao fato de o gabinete ministerial estar tão dividido, os próprios alemães tiveram de empurrar a Turquia para o precipício. Na noite após minha conversa com Talaat, notícias fatídicas chegaram da Rússia. Três torpedeiros turcos haviam entrado no porto de Odessa, afundado a canhoneira russa *Donetz*, matado parte da tripulação e danificado dois *dreadnaughts* russos. Também afundaram o navio francês *Portugal*, matando dois membros da tripulação e ferindo outros dois. Depois, apontaram seus canhões para a cidade e destruíram uma fábrica de açúcar, causando algumas mortes. Oficiais alemães comandavam aqueles navios turcos; havia pouquíssimos turcos a bordo, já que havia sido decretado feriado para a tripulação turca devido ao festival religioso do Bairão. O ato era simplesmente infundado e sem motivo; os alemães atacaram a cidade deliberadamente a fim de tornar a guerra inevitável. Os oficiais alemães no *General*, como meu amigo havia dito, estavam constantemente ameaçando cometer um ato daquele tipo se a Turquia não o fizesse. Bem, foi o que aconteceu. Quando a notícia chegou a Constantinopla, Djemal estava jogando cartas no Cercle d'Orient. Como Djemal era ministro da marinha, aquele ataque, se tivesse sido um ato oficial da Turquia, só poderia ter sido perpetrado sob suas ordens. Quando alguém o tirou da mesa de baralho para contar a notícia, Djemal ficou muito agitado.

— Nada sei a respeito — respondeu. — Não dei essa ordem.

Na noite do dia 29, tive outra conversa com Talaat. Ele me disse que não foi informado de antemão sobre o ataque e que toda a responsabilidade era do almirante alemão Souchon.

Não sei se Djemal e Talaat estavam dizendo a verdade ao alegar ignorância; minha opinião é que eles estavam esperando que algum ultraje como aquele acontecesse. Contudo, não há dúvida de que o grão-vizir, Said Halim, ficou realmente entristecido. Quando o sr. Bompard e Sir Louis Mallet o visitaram e solicitaram seus passaportes, ele começou a chorar. Implorou que eles esperassem mais um pouco, tinha certeza de que a questão podia ser resolvida. O grão-vizir era o único integrante do gabinete ministerial que Enver e Talaat desejavam acalmar. Como príncipe da casa real do Egito e nobre extremamente rico, sua presença, como eu já disse, dava ao gabinete certo status. Isso provavelmente explica a mensagem que recebi. Talaat me pedia para visitar o embaixador russo e perguntar que reparações o governo turco podia fazer para satisfazer o czar. Era pouco provável que Talaat realmente quisesse que eu consertasse a situação; seu propósito era simplesmente mostrar que estava tentando satisfazer os desejos do grão-vizir para mantê-lo no gabinete ministerial. Fui falar com o sr. Giers, mas não o encontrei em uma atitude de submissão. Ele disse que a Turquia só poderia se retratar se demitisse todos os oficiais alemães do exército e da marinha turca; ele tinha instruções para partir imediatamente e era o que pretendia fazer. No entanto, esperaria tempo suficiente na Bulgária para receber a resposta dos turcos e voltar caso eles aceitassem seus termos.

— A própria Rússia impedirá que a frota turca não volte a entrar no Mar Negro — disse o sr. Giers em tom soturno.

Talaat me visitou à tarde, dizendo que havia acabado de almoçar com Wangenheim. Afirmou que o gabinete ministerial estava analisando a resposta russa; o grão-vizir desejava que o sr. Giers informasse suas condições por escrito; será que eu podia tentar conseguir que ele o fizesse? Àquela altura, Garroni, o embaixador italiano, havia se encarregado dos assuntos russos e eu disse a Talaat que aquelas negociações estavam fora de minha alçada e que ulteriores acordos deveriam ser conduzidos por meio de Garroni.

— Por que o senhor não abandona a máscara de estafeta do grão-vizir e fala comigo como Talaat? — perguntei.

Ele riu e disse:

— Bem, Wangenheim, Enver e eu preferimos que a guerra aconteça agora.

Bustány, Oskan, Mahmoud e Djavid levaram a cabo suas ameaças imediatamente e renunciaram a seus cargos no gabinete, deixando o governo nas mãos dos turcos muçulmanos. O grão-vizir, embora tivesse ameaçado renunciar, não o fez; era excessivamente pomposo e vaidoso e gostava tanto das honrarias do seu cargo que, no momento da decisão final, não conseguiu se desvencilhar daquelas distinções. Portanto, o resultado da entrada da Turquia na guerra, no âmbito da política interna, foi colocar a nação totalmente nas mãos da Comissão de União e Progresso, que, a partir de então, passou a controlar quase todos os setores do governo. Assim, a organização idealista que havia sido criada para dar à Turquia as bênçãos da democracia acabou se tornando uma ferramenta da autocracia prussiana.

Tenho uma imagem final daqueles dias emocionantes. Na noite do dia 30, fui até a embaixada britânica. Muitos residentes britânicos já estavam se encaminhando ao meu escritório em busca de proteção, e os temores de maus-tratos, e até mesmo de massacre de estrangeiros, enchiam a cabeça de todos. Em meio a toda aquela tensão, descobri uma figura imperturbável. Sir Louis estava sentado na chancelaria diante de uma grande lareira, com altas pilhas de documentos formando um semicírculo à sua volta. Secretários e auxiliares estavam constantemente entrando com os braços cheios de papéis, que eram adicionados ao acúmulo que já cercava o embaixador. Sir Louis pegava um documento após o outro, os examinava e, quase invariavelmente, lançava-os ao fogo. Aqueles papéis continham os registros da embaixada durante provavelmente cem anos. Neles, estavam inscritas as grandes conquistas de uma longa linhagem de distintos embaixadores. Ali estava registrada a história de todos os triunfos diplomáticos na Turquia de Stratford de Redcliffe, o "Grande Elchi", como os turcos o chamavam, que, durante quase cinquenta anos, de 1810 a 1858, praticamente governou o Império Turco de acordo com os interesses da Inglaterra. Os registros de outros grandes embaixadores britânicos na Porta Sublime eram jogados, um a um, na lareira de Sir Louis Mallet. A longa história da ascendência britânica na Turquia havia chegado ao fim. A campanha de vinte anos do kaiser para destruir a influência britânica e se tornar o sucessor da Inglaterra havia finalmente triunfado e o fogaréu na chancelaria de Sir Louis era na verdade a pira funerária do poder extinto da Inglaterra na Turquia. Ao observar aquele diplomata digno, mas de alguma forma contemplativo, sentado entre os esplendores da embaixada britânica, pensei, obviamente, em como os sultães já haviam se curvado com medo e admiração diante da majestade da Inglaterra nos dias em que Prússia e Alemanha eram pouco mais do que meros nomes. Todavia, o embaixador britânico, como geralmente acontece no caso de figuras diplomáticas e militares da Grã-Bretanha, estava silencioso e calmo. Ficamos ali sentados diante daquela lareira e discutimos os detalhes de sua partida. Ele me forneceu uma lista dos residentes britânicos que deveriam partir e que deveriam ficar e eu tomei as providências finais com Sir Louis para assumir o controle dos interesses britânicos. Não obstante os vários aspectos perturbadores daquele colapso da influência britânica na Turquia, a honra da Grã-Bretanha e do seu embaixador ainda permanecia intacta. Sir Louis, ao contrário de Wangenheim, não havia subornado autoridades turcas, corrompido a imprensa daquele país, desprezado qualquer vestígio remanescente das leis internacionais, fraternizado com uma gangue de bandidos políticos nem conduzido uma campanha implacável de difamações e mentiras contra seu inimigo. Os estadistas ingleses não estavam qualificados para entrar no jogo diplomático que terminou com a derrota da Inglaterra. Aquele jogo exigia talentos que só alguém como Wangenheim possuía, aquela arte de governar alemã que, segundo a máxima de Bismarck, estava pronta para sacrificar em nome da pátria "não apenas a vida, mas também a honra".

CAPÍTULO 12

OS TURCOS TENTAM TRATAR OS INIMIGOS ESTRANGEIROS DECENTEMENTE, MAS OS ALEMÃES INSISTEM EM PERSEGUI-LOS

LOGO APÓS O BOMBARDEIO de Odessa, estive no gabinete de Enver para discutir a questão que mais preocupava todos os estrangeiros na Turquia: como o governo trataria os inimigos residentes? O governo turco os confinaria, criaria campos de concentração, os perseguiria com malignidade alemã e aplicaria as mesmas medidas dispensadas aos cristãos – tortura e massacre? Milhares de cidadãos de nações inimigas estavam naquele momento vivendo no Império Otomano, muitos deles haviam passado toda a vida lá, outros até haviam nascido em solo otomano. Quando a Turquia entrou na guerra, todas aquelas pessoas tinham todos os motivos para esperar o tratamento mais severo. Não é exagero dizer que a maioria delas vivia com medo constante de assassinato. Dardanelos fora fechado, portanto, havia pouca chance de que alguma ajuda externa pudesse chegar até aqueles estrangeiros; os direitos capitulatórios, sob os quais haviam vivido durante séculos, haviam sido revogados. Não existia realmente nada entre os residentes estrangeiros e o extermínio a não ser a bandeira americana. O estado de guerra me transformara, como embaixador americano, no protetor de todos os cidadãos britânicos, franceses, sérvios e belgas. Percebi desde o início que minha tarefa seria difícil. De um lado estavam os alemães, instigando suas conhecidas ideias de repressão e brutalidade; do outro, estavam os turcos, com seu tradicional ódio em relação aos cristãos e seu instinto natural de maltratar aqueles que estavam à mercê de seu poder.

No entanto, eu trazia alguns argumentos fortes do meu lado e procurei Enver a fim de expô-los. A Turquia desejava conquistar a simpatia dos Estados Unidos e esperava, após a guerra, encontrar apoio nos financistas americanos. Na época, todas as embaixadas em Constantinopla tinham certeza de que os Estados Unidos seriam os pacificadores; eu disse a Enver que, se a Turquia esperava que fôssemos seus amigos, deveria tratar os inimigos estrangeiros de maneira civilizada.

— Vocês esperam ser reintegrados como uma potência mundial — eu disse. — Devem se lembrar de que o mundo civilizado os observará minuciosamente, seu status futuro dependerá de sua conduta durante a guerra.

Os integrantes das classes dominantes entre os turcos, inclusive Enver, percebiam que o mundo externo os via como um povo que não tinha respeito pela sacralidade da vida humana nem pelas emoções mais refinadas, e essa postura lhes causava grande ressentimento. Lembrei a Enver que a Turquia tinha uma esplêndida oportunidade de desmentir todas aquelas críticas.

— O mundo pode dizer que vocês são bárbaros — argumentei. — Demonstrem pela maneira como os inimigos estrangeiros são tratados que não o são. Só assim vocês poderão se libertar permanentemente da ignomínia das capitulações. Provem que são dignos de serem emancipados da tutela estrangeira. Sejam civilizados, sejam modernos!

Em vista do que estava acontecendo na Bélgica e no norte da França naquele momento, o uso que fiz da palavra "modernos" foi um pouco infeliz. Enver rapidamente percebeu o equívoco. Até aquele momento, ele havia mantido sua costumeira postura ereta e digna, e seu rosto, como sempre, havia se mostrado atento, imperturbável, quase sem expressão. De repente, sua atitude mudou instantaneamente. Seu semblante se abriu em um riso cínico, ele se curvou, bateu com o punho na mesa e disse:

— Modernos? Não! A despeito de como a Turquia venha a travar a guerra, pelo menos não seremos "modernos". Esse é o sistema mais bárbaro de todos. Tentaremos ser simplesmente decentes!

Naturalmente, interpretei aquilo como uma promessa; no entanto, eu conhecia bastante bem a mutabilidade do caráter turco para saber que uma promessa não era suficiente. Os alemães estavam constantemente importunando as autoridades turcas, convencendo-as a adotar seu plano favorito contra os inimigos estrangeiros. A Alemanha ressuscitou muitos dos princípios da guerra antiga e medieval, dentre os quais um dos mais bárbaros, que era a prática de manter como reféns certos representantes da população, de preferência pessoas distintas e influentes, para garantir o "bom comportamento" dos outros. Naquele momento, os militares alemães estavam incitando a Turquia a manter os residentes estrangeiros em seu território para esse propósito. Da mesma maneira que mantinham não combatentes na Bélgica para garantir a "cordialidade" dos belgas e colocavam mulheres e crianças à frente de seus exércitos durante as investidas, os alemães na Turquia estavam planejando usar residentes franceses e britânicos como parte de seu sistema de proteção contra a frota Aliada. Eu sabia perfeitamente que aquela influência sinistra estava sempre sendo exercida, portanto, era necessário confrontá-la imediatamente e, se possível, estabelecer uma vantagem desde o início. Decidi que a partida de Constantinopla dos diplomatas e cidadãos dos países da Entente seria um teste para minha capacidade de proteger os residentes estrangeiros. Se todos os franceses e ingleses que realmente desejassem ir embora conseguissem sair da Turquia com segurança, tal demonstração, a meu ver, refrearia a influência não apenas dos alemães, mas também dos escalões mais baixos das autoridades turcas.

Assim que cheguei à estação de trem no dia após a ruptura, vi que minha tarefa seria difícil. Eu havia providenciado junto às autoridades turcas dois trens, um para os residentes ingleses e franceses, que deveria partir às 19h, e outro para os diplomatas e seus funcionários, com partida às 21h. Mas os horários não estavam sendo respeitados. Na estação, havia uma grande aglomeração de pessoas agitadas e assustadas; a polícia estava usando toda a sua força, empurrando as multidões para trás; a cena era uma mistura indescritível de soldados, gendarmes, diplomatas, bagagens e funcionários turcos.

Uma das figuras mais conspícuas era o bei Bedri, um político e advogado que havia sido elevado pouco tempo antes à posição de chefe de polícia e que percebia exatamente a importância do seu novo cargo. Bedri, além de amigo íntimo e subordinado político de Talaat, era uma de suas ferramentas mais valiosas. Ocupava uma posição importante na Comissão de União e Progresso e almejava obter um cargo ministerial. Talvez seu motivo mais forte fosse seu ódio dos estrangeiros e da influência externa. A seu ver, a Turquia era a terra exclusivamente dos turcos; ele desprezava todos os outros elementos em sua população e se ressentia especialmente do controle que as embaixadas estrangeiras haviam exercido durante anos nos assuntos domésticos do país. De fato, havia poucos homens na Turquia para quem a abolição permanente das capitulações fosse uma questão tão séria. Naturalmente, nos meses seguintes, tive muito contato com Bedri; ele estava sempre cruzando meu caminho, sentindo um prazer quase maldoso em interferir em todos os passos que eu dava em nome do interesse dos estrangeiros. Sua postura era em parte provocadora e em parte jocosa; estávamos sempre tentando ser um mais esperto do que o outro – eu procurava proteger os franceses e britânicos, e Bedri sempre surgia como um obstáculo aos meus esforços. De fato, a luta pelos estrangeiros quase se tornou um duelo pessoal entre o chefe de polícia e o embaixador americano. Bedri era capaz, culto, muito ágil e não particularmente maldoso, mas adorava se divertir com um estrangeiro indefeso. Obviamente, estava gostando da sua incumbência naquela noite.

— Qual o motivo de tanta confusão? — perguntei a Bedri.

— Mudamos de ideia — ele respondeu, e sua atitude demonstrava que a mudança não o desagradava. — Deixaremos partir o trem com os embaixadores e seus funcionários, mas decidimos não permitir a partida das classes não oficiais. O trem que os levaria não partirá.

Meus funcionários e eu havíamos trabalhado com afinco para obter o direito de trânsito para os cidadãos das nações inimigas. Aparentemente, alguma influência havia neutralizado nossos esforços. Aquela mudança repentina nos planos estava gerando grande confusão e consternação. Na estação, havia dois grupos de passageiros; um podia partir, o outro, não. Os embaixadores da Grã-Bretanha e da França não queriam deixar seus concidadãos para trás, e o diplomata francês se recusava a acreditar que seu trem não partiria naquela noite, como havia sido categoricamente prometido pelas autoridades turcas. Comuniquei-me imediatamente com Enver, que confirmou a afirmação de Bedri. Ele disse que a Turquia tinha muitos cidadãos no Egito cuja situação estava causando bastante ansiedade. Antes que os residentes franceses e ingleses pudessem deixar a Turquia, era necessário que garantias fossem dadas quanto à proteção dos direitos dos cidadãos turcos naqueles países. Eu não tive dificuldade em resolver aquele detalhe, pois Sir Louis Mallet forneceu imediatamente as garantias necessárias. Todavia, a questão não foi solucionada; de fato, aquilo era pouco mais do que um pretexto. Bedri continuou se recusando a deixar o trem partir; disse que a ordem que impedia a partida do trem não podia ser rescindida, pois sua anulação desalinharia o horário geral e poderia causar acidentes. Reconheci tudo aquilo como um mero subterfúgio turco. Eu sabia que a ordem provinha de uma fonte mais alta do que Bedri, mas, mesmo assim, nada podia ser feito naquele momento. Além disso, Bedri só deixava que alguém embarcasse no trem dos diplomatas após ter sido pessoalmente identificado por mim. Então, tive de ficar em pé ao lado de um pequeno portão e controlar cada pessoa que se apresentava para o embarque. Todos, pertencendo ou não ao corpo diplomático, tentavam forçar passagem através daquele estreito portão e houve algo semelhante ao antigo empurra-empurra da ponte de Brooklyn, mas em menor escala. As pessoas corriam em todas as direções, registrando bagagens, comprando passagens, brigando com autoridades, consolando mulheres desnorteadas e crianças assustadas, enquanto Bedri, calmo e sereno, observava aquele pandemônio com um sorriso antipático. Chapéus foram derrubados; roupas, rasgadas e, para aumentar ainda mais a confusão, Mallet, o embaixador britânico, se envolveu em uma discussão, vencida facilmente pelo inglês, com um turco intrometido. Eu vi Bompard, o embaixador francês, sacudir vigorosamente um policial turco. Uma senhora largou seu bebê em meus braços; mais tarde, outra me entregou um menino e, mais tarde ainda, quando eu estava em pé ao lado do portão, identificando os convidados da Turquia prestes a partir, um dos secretários britânicos me deixou tomando conta do seu cão. Enquanto isso, Sir Louis Mallet se tornou incontrolável e se recusou a partir.

— Ficarei aqui — ele disse — até que o último cidadão britânico deixe a Turquia.

Mas eu disse que ele não era mais o protetor dos britânicos, que eu, como embaixador americano, havia assumido aquela responsabilidade e que dificilmente poderia reivindicar tal posição se ele permanecesse em Constantinopla.

— Os turcos — eu disse — certamente não me reconheceriam como encarregado dos interesses britânicos se o senhor permanecesse aqui.

Além do mais, sugeri que ele permanecesse alguns dias em Dedeagatch e esperasse a chegada de seus concidadãos britânicos. Sir Louis aceitou com relutância meu ponto de vista e embarcou no trem. Enquanto o trem deixava a estação, vi pela última vez o embaixador britânico sentado em um compartimento privado, quase soterrado por uma massa de baús, mochilas, caixas e malotes diplomáticos, cercado pelos funcionários da embaixada e simpaticamente observado pelo cão do seu secretário.

Os outros estrangeiros permaneceram na estação várias horas, esperando, no último momento, receber permissão para partir. Bedri, porém, foi inexorável. A posição deles era quase trágica. Haviam deixado suas residências em Constantinopla e se encontravam praticamente desabrigados. Alguns foram acolhidos por amigos durante aquela noite, outros encontraram acomodações em hotéis. Mas sua situação causava tremenda ansiedade. Obviamente, apesar de todas as promessas oficiais, a Turquia estava determinada a manter aqueles residentes estrangeiros como reféns. De um lado, estavam Enver e Talaat, dizendo-me que pretendiam conduzir a guerra de maneira humana; do outro, estavam seus subalternos, como Bedri, comportando-se de uma maneira que neutralizava todas aquelas pretensões de civilização. O fato era que as autoridades estavam discutindo entre si a respeito do tratamento dos estrangeiros e o Estado-maior alemão estava dizendo ao gabinete ministerial turco que eles estavam cometendo um grande erro ao demonstrar leniência aos inimigos estrangeiros. Finalmente, consegui providenciar a partida dos estrangeiros para o dia seguinte. Bedri, com uma atitude mais complacente, passou aquela tarde na embaixada, vistoriando passaportes. Nós dois fomos à estação à noite e despachamos o trem com segurança rumo a Dedeagatch. Dei uma caixa de doces (manjar turco) a cada uma das cinquenta mulheres e crianças a bordo do trem. Em geral, o grupo estava contente e não tentou esconder o alívio em deixar a Turquia. Em Dedeagatch, encontraram-se com o corpo diplomático e, como vim a saber mais tarde, a reunião foi extremamente comovente. Fiquei feliz em receber muitos testemunhos de agradecimento, em especial uma carta, assinada por mais de cem pessoas, expressando gratidão à sra. Morgenthau, ao pessoal da embaixada e a mim.

Havia ainda muitas pessoas que queriam ir embora e, no dia seguinte, visitei Talaat em nome delas. Encontrei-o de ótimo humor. Ele disse que os ministros haviam cuidadosamente examinado a questão dos residentes ingleses e franceses na Turquia e que meus argumentos os haviam influenciado fortemente. Haviam chegado à decisão formal de que os estrangeiros de nações inimigas podiam partir ou ficar, como preferissem. Não haveria campos de concentração, os civis poderiam conduzir seus negócios em paz e, contanto que se comportassem, não seriam molestados.

— Com o tratamento dispensado aos estrangeiros — disse Talaat —, queremos mostrar que não somos uma raça de bárbaros.

Em troca daquela promessa, ele me pediu um favor: será que eu não poderia providenciar para que a Turquia fosse elogiada na imprensa americana e europeia por aquela decisão?

Depois de voltar à embaixada, convoquei imediatamente o sr. Theron Damon, correspondente da Associated Press, o dr. Lederer, correspondente do *Berliner Tageblatt* e o dr. Sandler, que representava o *Herald* de Paris e dei entrevistas elogiando a postura da Turquia em relação aos residentes estrangeiros. Também telegrafei as notícias a Washington, Londres, Paris e a todos os nossos cônsules.

Eu mal havia terminado com os correspondentes quando recebi mais uma vez notícias alarmantes. Eu havia providenciado outro trem para aquela noite e soube que os turcos estavam se recusando a vistoriar os passaportes dos estrangeiros cuja partida havia sido acertada. Aquela notícia, recebida logo após a promessa explícita da Turquia, era obviamente perturbadora. Fui imediatamente para a estação ferroviária e a visão que tive ao chegar lá aumentou minha raiva em relação ao ministro do interior. Uma multidão desorientada tomava conta da estação; as mulheres choravam e as crianças gritavam enquanto um pelotão de soldados turcos, comandados por um major nanico e almofadinha, empurrava todos para fora da estação com a coronha de suas armas. Bedri, como sempre, estava lá, divertindo-se com a confusão; alguns dos passageiros, ele me disse, não haviam pagado o imposto de renda e, por aquele motivo, não poderiam partir. Anunciei que eu me responsabilizaria pessoalmente por aquele pagamento.

— Não consigo deixá-lo para trás, não é mesmo, senhor embaixador? — Bedri disse rindo.

Com isso, todos nós achamos que minha oferta havia resolvido a questão e que o trem partiria no horário. Repentinamente, porém, chegou outra ordem atrasando a partida.

Como eu havia acabado de ouvir uma promessa de Talaat, decidi ir falar com ele e descobrir o que tudo aquilo significava. Subi no meu automóvel e fui à Porta Sublime, onde ele geralmente mantinha seu quartel-general. Não encontrando ninguém lá, disse ao motorista para ir diretamente à casa de Talaat. Algum tempo antes, eu havia visitado Enver em seu ambiente doméstico e aquela ocasião me dava a oportunidade de comparar seu estilo de vida com o do seu companheiro mais poderoso. O contraste era chocante. Vi Enver vivendo em meio ao luxo, em uma das áreas mais aristocráticas da cidade, e, naquele momento, estava me dirigindo a uma das regiões mais pobres. Chegamos a uma rua estreita, ladeada por casinhas de madeira rústicas e sem pintura. Apenas uma coisa distinguia aquela via de todas as outras em Constantinopla e sugeria que ali ficava a morada do homem mais poderoso do Império Turco: em cada extremidade, havia um policial que só deixava entrar quem apresentasse um motivo satisfatório. Nosso automóvel, como todos os outros, foi parado, mas logo pudemos prosseguir quando explicamos quem éramos. Ao contrário do palácio de Enver, com seus inúmeros aposentos e sua esplêndida mobília, a casa de Talaat era um velho e instável edifício de madeira de três andares. Posteriormente, soube que tudo aquilo fazia parte do cenário que Talaat havia criado para sua carreira. Como muitos políticos americanos, ele considerava sua posição de "homem do povo" uma vantagem política valiosa e sabia que uma demonstração repentina de prosperidade e ostentação enfraqueceria sua influência na Comissão de União e Progresso, cujos integrantes, em sua maioria, haviam, como ele mesmo, ascendido das camadas sociais mais baixas. O conteúdo da casa era coerente com o seu exterior. Não havia sugestões de magnificência oriental. A mobília era barata; algumas gravuras comuns estavam penduradas na parede e um ou dois tapetes gastos estavam espalhados pelo chão. De um lado, havia uma mesa de madeira sobre a qual ficava um aparelho de telégrafo – que já havia sido o instrumento de trabalho de Talaat e agora era seu meio de comunicação com os companheiros. Na conturbada situação da Turquia naquele momento, Talaat às vezes preferia enviar seus próprios telegramas!

Naquele aposento, esperei alguns minutos a entrada do Grande Chefe da Turquia. No seu devido tempo, a porta se abriu do outro lado do cômodo e uma figura enorme, desajeitada e alegremente ornada entrou. Fiquei pasmo com o contraste entre aquele Talaat e o que havia se tornado uma figura tão familiar na Porta Sublime. Não se tratava mais do Talaat que usava roupas europeias e mostrava uma sutil aparência de modos europeus; o homem que eu via naquele momento parecia um cigano búlgaro. Talaat usava o tradicional fez vermelho, o resto do seu avantajado corpo estava coberto por um pijama cinza e, daquela combinação, saía um rosto roliço e sorridente. O clima era em parte amistoso e em parte desaprovador; Talaat sabia que questões urgentes haviam me levado a invadir sua privacidade doméstica e seu comportamento parecia o de um menino travesso, mas impenitente, na escola. Ele veio, sentou-se com um sorriso afável e começou a se desculpar. A porta se abriu silenciosamente mais uma vez e uma garotinha hesitante entrou na sala, trazendo uma bandeja com cigarros e café. Vi que uma jovem mulher, aparentemente de 25 anos, estava em pé atrás da criança, incitando-a a entrar. Ali estavam a mulher e a filha adotiva de Talaat. Eu já havia descoberto que, embora nunca participassem da vida social nem agissem como anfitriãs, as mulheres turcas eram extremamente inquisitivas sobre os convidados do marido e gostavam de olhá-los furtivamente. Naquela ocasião, a sra. Talaat, é claro, não havia se contentado com sua visão preliminar, pois, alguns minutos mais tarde, apareceu em uma janela bem à minha frente, mas totalmente fora do campo de visão do seu marido, que estava virado para a direção oposta. Ela permaneceu ali vários minutos, muito quieta e observadora. Por estar dentro de casa, a jovem não estava usando o véu; seu rosto era bonito e inteligente e demonstrava claramente seu prazer com aquela visão de perto de um embaixador americano.

— Bem, Talaat — eu disse, percebendo que era hora de falar abertamente —, não sabe que está agindo como um tolo? O senhor me disse há poucas horas que havia decidido tratar decentemente os franceses e ingleses e me pediu para publicar essa notícia na imprensa americana e estrangeira. Liguei imediatamente para os jornalistas e falei do seu esplêndido comportamento. E isso porque o senhor me pediu! O mundo inteiro lerá essa notícia amanhã. Agora, o senhor está fazendo de tudo para contrariar todos os meus esforços a seu favor, quebrando, assim, sua primeira promessa de se comportar decentemente. Vai cumprir as promessas que fez para mim? Vai se ater a elas ou pretende ficar mudando de ideia o tempo todo? Vamos falar claramente. Nós, americanos, nos orgulhamos particularmente de manter nossa palavra. Nós o fazemos como indivíduos e como nação. Recusamo-nos a negociar de igual para igual com pessoas que não se comportam da mesma maneira. Talvez o senhor entenda agora que não podemos negociar a menos que eu possa confiar nas suas promessas.

— Bem, a culpa não é minha — Talaat respondeu. — A culpa pela retenção daquele trem é dos alemães. O chefe do Estado-maior alemão acabou de voltar e está fazendo muito alarde, dizendo que estamos sendo complacentes demais com os franceses e ingleses e que não devemos deixá-los partir. Ele diz que devemos mantê-los como reféns. Foi a interferência dele que ocasionou tudo isso.

Era exatamente o que eu suspeitava. Talaat havia feito uma promessa, depois, Bronssart, chefe do Estado-maior alemão, praticamente revogou suas ordens. A admissão de Talaat me proporcionou a abertura que eu desejava. Àquela altura, minha relação com Talaat havia se tornado tão amistosa que eu podia falar com ele com a maior franqueza.

— Muito bem — eu disse —, o senhor precisa de alguém para aconselhá-lo em sua relação com os estrangeiros. Precisa se decidir se quer seguir meus conselhos ou os do Estado-maior alemão. Não acha que cometerá um erro se ficar totalmente nas mãos dos alemães? Poderá chegar um momento em que precisará de mim contra eles.

— O que o senhor quer dizer com isso? — ele perguntou, esperando minha resposta com intensa curiosidade.

— Os alemães certamente pedirão que o senhor faça muitas coisas que não deseja fazer. Se puder dizer que o embaixador americano se opõe, meu apoio poderá se revelar útil. Além disso, sabe que todos esperam a paz em alguns meses. Sabe que os alemães realmente não dão a mínima para a Turquia e o senhor certamente não poderá recorrer aos Aliados para obter assistência. Só existe uma nação no mundo que a Turquia pode considerar um amigo desinteressado: os Estados Unidos.

Aquele fato era tão evidente que nem precisei argumentar muito detalhadamente. No entanto, eu tinha outro argumento ainda mais eficaz. A luta entre o Departamento de Guerra e os poderes civis já havia começado. Eu sabia que Talaat, embora fosse ministro do interior e civil, não estava determinado a sacrificar nem um pingo da sua autoridade a favor de Enver, dos alemães ou dos representantes das Forças Armadas.

— Se o senhor permitir que os alemães vençam esta discussão hoje — eu disse —, ficará praticamente nas mãos deles. No momento, o senhor comanda, mas é um civil. Vai deixar que as Forças Armadas, representadas por Enver e pelo Estado-maior alemão, invalidem suas ordens? Ao que parece, é o que está acontecendo hoje. Se aceitar essa situação, o senhor descobrirá que eles é que vão comandar daqui em diante. Os alemães colocarão este país sob lei marcial; então, qual será a posição de vocês, civis?

Pude ver que aquele argumento estava surtindo efeito em Talaat. Ele ficou calado por alguns instantes, obviamente refletindo sobre as minhas observações. Depois, disse com grande resolução:

— Vou ajudá-lo.

Virou-se para a mesa e começou a mexer no aparelho de telégrafo. Nunca me esquecerei daquela imagem: aquele turco enorme, vestindo um pijama cinza e um fez vermelho, operando diligentemente seu próprio telégrafo, sua jovem esposa a observá-lo de uma pequena janela e o sol do fim da tarde penetrando no aposento. Obviamente, o governante da Turquia estava tendo problemas e, à medida que a discussão se desenrolava via telégrafo, Talaat batia no teclado cada vez mais irritado. Ele me disse que o pomposo major na estação insistia em receber ordens por escrito de Enver, já que ordens via telégrafo podiam ser facilmente falsificadas. Talaat demorou um pouco a localizar Enver e, então, a discussão aparentemente recomeçou. Uma notícia que Talaat recebeu no telégrafo naquele momento quase arruinou meu argumento. Depois de um prolongado dedilhar no aparelho, durante o qual o rosto de Talaat perdeu sua afabilidade e se tornou quase selvagem, ele se virou para mim e disse:

— Os ingleses bombardearam Dardanelos esta manhã e mataram dois turcos! Pretendemos matar três cristãos para cada muçulmano que for assassinado!

Por um instante, achei que tudo estivesse perdido. O rosto de Talaat refletia apenas uma emoção: ódio dos ingleses. Depois, ao ler o relatório de Cromer sobre Dardanelos, descobri que a Comissão Britânica havia estigmatizado aquele ataque inicial como um erro, pois fornecia aos turcos indícios de seus planos. Posso testemunhar que foi um erro por outro motivo, pois descobri que aqueles estranhos disparos quase destruíram meus planos de tirar os residentes estrangeiros da Turquia. Talaat estava furioso e eu tive de repetir muitos dos meus argumentos, mas, no final, consegui apaziguá-lo mais uma vez. Vi que ele estava vacilando entre seu desejo de punir os ingleses e seu desejo de afirmar a própria autoridade como superior ao poder de Enver e dos alemães. Felizmente, esse último motivo prevaleceu. Ele estava determinado a mostrar a todo custo que era o chefe.

Permanecemos lá mais de duas horas, com meu anfitrião involuntário parando vez por outra de operar o telégrafo para me entreter com as últimas indiscrições políticas. Ele disse que Djavid, ministro da fazenda, havia renunciado, mas havia prometido trabalhar para eles em casa. O grão-vizir, apesar das ameaças, havia sido convencido a manter seu cargo. Os estrangeiros no interior não seriam molestados a menos que Beirute, Alexandreta ou algum porto não fortificado fosse bombardeado, mas, se tais ataques fossem feitos, os franceses e ingleses sofreriam represálias. A conversa de Talaat mostrava que ele não gostava particularmente dos alemães. Eles eram arrogantes e insolentes, ele disse, interferiam constantemente nas questões militares e tratavam os turcos com desprezo.

O trem finalmente foi providenciado. Talaat revelou vários estados de espírito naquela entrevista; mostrou-se amuado, afável, selvagem e complacente. Existe uma faceta do caráter turco que os ocidentais não compreendem e que é seu afiado senso de humor. Talaat adorava uma piada e uma anedota engraçada. Depois de ter restabelecido relações amistosas comigo e resgatado sua promessa, ele se tornou brincalhão mais uma vez.

— O seu pessoal pode ir embora agora — disse rindo. — Está na hora de comprar seus doces, embaixador!

Ele se referia, é claro, aos pequenos presentes que eu havia dado às mulheres e crianças na noite anterior. Voltamos imediatamente para a estação, onde encontramos os desconsolados passageiros sentados por toda parte, esperando uma palavra favorável. Quando eu disse que o trem partiria naquela noite, sua gratidão foi comovente.

CAPÍTULO 13

A INVASÃO DA ESCOLA NOTRE DAME DE SION

A AFIRMAÇÃO DE TALAAT DE que Bronssart, chefe do Estado-maior alemão, havia realmente retido o trem foi uma informação valiosa. Decidi investigar a questão mais a fundo e, como essa ideia em mente, visitei Wangenheim no dia seguinte. As autoridades turcas, eu disse, haviam prometido solenemente que tratariam decentemente os inimigos e é claro que eu não toleraria interferência alguma do chefe do Estado-maior alemão naquela questão. Wangenheim havia dito várias vezes que os alemães queriam que o presidente Wilson fosse o pacificador e, portanto, usei com ele o mesmo argumento que eu havia usado com Talaat. Procedimentos daquele tipo não ajudariam seu país no dia do acordo final! Eu disse que tínhamos diante de nós uma situação estranha, um país supostamente bárbaro como a Turquia tentando guerrear civilizadamente e tratar os inimigos cristãos com decência e bondade e, do outro lado, uma nação supostamente culta e cristã como a Alemanha tentando convencê-los a voltar à barbárie.

— Que impressão o senhor acha que isso causará no povo americano? — perguntei a Wangenheim.

Ele expressou o desejo de ajudar e sugeriu que eu tentasse convencer os Estados Unidos a insistir no livre-comércio com a Alemanha para que seu país pudesse receber abundantes carregamentos de cobre, trigo e algodão. Esse era o assunto ao qual Wangenheim sempre retornava, como relatarei.

Apesar da promessa de Wangenheim, eu não recebi praticamente apoio algum da embaixada alemã à minha tentativa de proteger os residentes estrangeiros dos maus-tratos dos turcos. Percebi que, devido à minha religião, talvez houvesse em alguns ambientes a sensação de que eu não estava me empenhando totalmente pelas pessoas e organizações religiosas cristãs – hospitais, escolas, mosteiros e conventos – e, naturalmente, pensei que minha influência junto aos turcos seria fortalecida se eu pudesse obter o apoio dos meus colegas cristãos mais poderosos. Tive uma longa conversa a respeito com Pallavicini, de fé católica e representante da maior potência católica. Pallavicini me disse francamente que Wangenheim nada faria para aborrecer os turcos. Havia naquele momento um medo constante de que as frotas inglesa e francesa forçassem a passagem por Dardanelos, capturassem Constantinopla e a entregassem à Rússia, e, segundo Pallavicini, apenas as forças turcas podiam evitar aquela calamidade. Os alemães, portanto, acreditavam que dependiam das boas graças do governo turco e não fariam nada para antagonizá-lo. Pallavicini obviamente queria que eu acreditasse que ele e Wangenheim realmente queriam ajudar. Todavia, tal promessa não era franca, pois eu sempre soube que a Turquia, se os alemães não tivessem interferido constantemente, teria se comportado de maneira decente. Descobri que o espírito malvado não era o governo turco, mas Bronssart, o chefe do Estado-maior alemão. O fato de alguns integrantes do gabinete ministerial turco que representavam a cultura cristã e europeia – homens como Bustány e Oskan – terem resignado em protesto pela entrada da Turquia na guerra havia tornado a situação dos estrangeiros ainda mais perigosa. Também havia muito conflito de autoridade; uma política decidida em um dia era revertida no dia seguinte, fazendo com que nunca soubéssemos nossa posição. O simples fato de o governo ter me prometido que os estrangeiros não seriam maltratados não resolvia de forma alguma a questão, pois alguns subalternos, como o bei Bedri, podiam muitas vezes encontrar uma desculpa para desrespeitar as instruções. A situação, portanto, exigia vigilância constante; eu precisava não apenas obter promessas de homens como Talaat e Enver, mas fiscalizar pessoalmente o cumprimento de tais promessas.

Acordei às 4h em uma madrugada de novembro; tive um sonho ou um "pressentimento" de que nem tudo estava bem com as irmãs de Nossa Senhora de Sion, uma irmandade francesa que dirigia havia muitos anos uma escola para meninas em Constantinopla. A sra. Bompard, mulher do embaixador francês, e várias damas da colônia francesa haviam nos pedido para vigiar com especial atenção aquela instituição. Era uma escola administrada esplendidamente; as filhas de muitas das melhores famílias de todas as nacionalidades a frequentavam e, quando aquelas garotas eram reunidas, as cristãs usando cruzes de prata e as não cristãs, estrelas de prata, a visão era particularmente bela e impressionante. Naturalmente, a ideia de turcos brutais invadindo aquela comunidade era suficiente para suscitar a ira de qualquer homem correto. Embora tivéssemos apenas uma sensação de que algo podia estar errado, a sra. Morgenthau e eu decidimos ir até a escola logo após o café da manhã. Ao nos aproximarmos do edifício, não percebemos nada particularmente suspeito; o lugar estava em silêncio e toda a atmosfera era de paz e santidade. No entanto, assim que subimos os degraus, cinco policiais turcos nos seguiram. Entraram atrás de nós no vestíbulo, causando consternação em algumas irmãs que se encontravam por acaso na sala de espera. O simples fato de o embaixador americano ter chegado com a polícia aumentou a agitação, embora nossa chegada concomitante tivesse sido puramente acidental.

— O que desejam? — perguntei, virando-me para os homens.

Como falavam apenas turco, obviamente não me entenderam e começaram a me empurrar para o lado. Meu conhecimento do idioma turco era extremamente limitado, mas eu sabia que a palavra "elchi" significava "embaixador". Então, apontando para mim mesmo, disse:

— *Elchi* americano.

Aquelas migalhas de turco funcionaram como magia. Na Turquia, um embaixador é um personagem muito reverenciado e os policiais respeitaram imediatamente minha autoridade. Enquanto isso, as irmãs haviam mandado chamar a superiora, Mère Elvira. Aquela senhora era um dos personagens mais distintos e influentes de Constantinopla. Naquela manhã, sem mostrar sinal algum de medo e deixando os policiais pasmos com o esplendor e a dignidade do seu comportamento, ela representou aos meus olhos um ser quase sobrenatural. Mère Elvira era filha de uma das famílias mais aristocráticas da França, tinha cerca de quarenta anos, cabelos negros e olhos refulgentes da mesma cor, tudo acentuado por um rosto pálido que irradiava cultura, caráter e inteligência. Ao observá-la naquela manhã, não pude deixar de pensar que não havia círculo diplomático no mundo ao qual ela não acrescentaria graça e dignidade. Em poucos segundos, Mère Elvira tinha aquela situação confusa sob controle. Ela mandou chamar uma irmã que falava turco e questionou os policiais. Eles disseram que estavam obedecendo a ordens de Bedri. Todas as escolas estrangeiras deveriam ficar fechadas naquela manhã e o governo pretendia confiscar todos os seus edifícios. Havia cerca de 72 professoras e irmãs naquele convento; a polícia tinha ordens para fechá-las em dois aposentos, nos quais seriam mantidas quase como prisioneiras. Havia cerca de duzentas garotas, que deveriam ir para a rua e tentar se virar sozinhas. O fato de estar chovendo torrencialmente e fazendo muito frio só acentuava a barbárie daquele procedimento. No entanto, todas as escolas e instituições religiosas das nações inimigas em Constantinopla estavam sendo submetidas àquela experiência naquele momento. Tratava-se claramente de uma situação que eu não podia resolver sozinho. Telefonei imediatamente para meu consultor jurídico que falava turco. Eis outro incidente que pode interessar àqueles que acreditam em intervenção divina. Quando cheguei a Constantinopla, não havia telefones, mas, alguns meses antes do incidente na escola francesa, uma empresa inglesa começou a instalar uma rede telefônica. Na noite anterior à minha experiência com as irmãs de Nossa Senhora de Sion, meu consultor jurídico havia ligado e me informado orgulhosamente que seu telefone acabara de ser instalado. Anotei seu número e, naquele momento, encontrei o bilhete no meu bolso. Sem um intérprete, eu teria passado por apuros e, sem aquele telefone, eu não teria conseguido que ele fosse imediatamente até o local.

Enquanto esperava a sua chegada, atrasei as operações dos policiais, e minha mulher, que felizmente falava francês, obteve todos os detalhes das irmãs. A sra. Morgenthau conhecia suficientemente bem os turcos para saber que eles tinham outros planos que não apenas a simples expulsão das irmãs e de suas alunas. Eles consideravam aquelas instituições repositórios de tesouros; os objetos valiosos ali contidos eram muito exagerados pela mente popular e era fácil deduzir que, dentre outras coisas, aquela expulsão era uma expedição de reconhecimento de provas tangíveis de riqueza.

— Vocês têm dinheiro ou objetos de valor aqui? — a sra. Morgenthau perguntou a uma das irmãs.

Sim, elas tinham uma quantidade bastante grande de bens, guardados em um cofre no andar de cima. Minha mulher me disse para manter os policiais ocupados e, em seguida, saiu silenciosamente de cena com uma das irmãs. No andar de cima, a irmã revelou cerca de cem pedaços quadrados de flanela, cada um com vinte moedas de ouro costuradas. No total, as irmãs de Nossa Senhora de Sion tinham ali cinquenta mil francos. Havia algum tempo que elas temiam a expulsão e juntaram o dinheiro daquela maneira para poder levá-lo consigo quando fossem forçadas a deixar a Turquia. Além disso, as irmãs tinham vários lotes de títulos e muitos papéis de valor, como o estatuto da escola. Sem dúvida, tudo aquilo era algo que agradaria à cobiça turca. A sra. Morgenthau sabia que as irmãs de Nossa Senhora de Sion provavelmente nunca mais veriam aquele dinheiro. Com a ajuda das freiras, minha mulher escondeu rapidamente o máximo que pôde em suas roupas, desceu as escadas e passou pela fila de gendarmes em direção à chuva. Mais tarde, ela me disse que seu sangue quase gelou de medo ao passar por aqueles guardiães da lei; contudo, todos os sinais externos indicavam apenas que ela estava calma e composta. Entrou no automóvel que estava à sua espera, foi levada até a embaixada americana, pôs o dinheiro em nosso cofre e voltou imediatamente à escola. A sra. Morgenthau mais uma vez subiu solenemente as escadas com as irmãs. Daquela vez, levaram-na à galeria da catedral, que ficava atrás do convento. Uma das irmãs levantou um ladrilho em um ponto específico do chão e, mais uma vez, revelou um amontoado de moedas de ouro, que foram escondidas nas roupas da sra. Morgenthau. Mais uma vez ela passou pelos gendarmes, saiu na chuva e foi levada rapidamente à embaixada. Naquelas duas viagens, minha mulher conseguiu levar o dinheiro das irmãs para um lugar no qual estaria a salvo dos turcos.

Entre as viagens da sra. Morgenthau, Bedri chegou. Disse-me que Talaat dera pessoalmente a ordem para fechar todas as instituições e que eles pretendiam finalizar a tarefa antes de 9h. Já disse que os turcos têm senso de humor, mas devo acrescentar a essa afirmação que, às vezes, tal senso de humor se manifesta de maneira perversa. Bedri parecia achar que trancar mais de setenta freiras católicas em dois aposentos e pôr duzentas garotas bem cuidadas nas ruas de Constantinopla era uma grande piada.

— Íamos cumprir as determinações de manhã cedo e terminar a tarefa antes que o senhor ouvisse algo a respeito — ele disse rindo. — Mas o senhor parece que nunca dorme.

— É muita tolice sua tentar nos enganar dessa maneira — retruquei. — Não sabe que vou escrever um livro? Se continuar a se comportar dessa maneira, vou retratá-lo como o vilão.

Essa observação foi uma inspiração súbita; então me ocorreu pela primeira vez que aquelas experiências poderiam ser suficientemente interessantes para serem publicadas. Bedri levou a afirmação a sério e recuperou o bom-senso.

— Pretende realmente escrever um livro? — perguntou quase com ansiedade.

— Por que não? — respondi. — O general Lew Wallace foi ministro aqui e não escreveu um livro? "Sunset" Cox também foi ministro aqui e não escreveu um livro? Por que eu não deveria escrever? E o senhor é um personagem tão importante que terei de lhe dedicar um trecho. Por que age de modo a fazer com que eu o descreva como um homem muito malvado? Essas irmãs sempre foram amigas dos turcos. Sempre fizeram apenas o bem. Educaram muitas de suas filhas, por que vocês as tratam dessa maneira vergonhosa?

Esse argumento surtiu efeito. Bedri consentiu em adiar a execução da ordem até conseguirmos ligar para Talaat. Em alguns minutos, ouvi Talaat rindo ao telefone.

— Tentei fugir de você — ele disse —, mas você me pegou novamente. Por que fazer tanto alarde por causa dessa questão? Os próprios franceses não expulsaram todas as freiras e os monges? Por que não deveríamos fazer o mesmo?

Depois de eu protestar contra aquela pressa indecente, Talaat disse a Bedri para suspender a ordem até que tivéssemos uma oportunidade de discutir a questão. Naturalmente, Mère Elvira e as irmãs ficaram muito aliviadas. Quando estávamos prestes a partir, Bedri teve subitamente uma nova ideia. Havia um detalhe que ele aparentemente havia esquecido.

— Vamos deixar as irmãs de Nossa Senhora de Sion em paz por enquanto — ele disse —, mas devemos levar o dinheiro delas.

Relutante, aceitei sua sugestão, pois sabia que todos os bens de valor estavam seguros na embaixada americana. Então, tive o prazer de permanecer na escola e observar Bedri e seus companheiros revistarem todo o estabelecimento. Tudo o que eles conseguiram foi uma pequena caixa de latão com umas poucas moedas de cobre, um prêmio tão irrisório que os turcos nem se deram ao trabalho de levá-lo. Eles ficaram muito intrigados e decepcionados e, até hoje, não sabem o que aconteceu com o dinheiro. Se meus amigos turcos me fizerem a honra de ler estas páginas, descobrirão que expliquei aqui pela primeira vez um dos muitos mistérios daqueles dias emocionantes.

Como algumas das janelas do convento davam para o pátio da catedral, que era propriedade do Vaticano, argumentamos que o governo turco não podia confiscá-lo. As irmãs que eram neutras puderam manter a posse daquela parte que dava para as terras vaticanas, ao passo que o resto do edifício foi transformado em uma faculdade de engenharia. Conseguimos que as freiras francesas tivessem dez dias para partir para seu país de origem; todas chegaram a salvo ao destino e a maioria delas hoje participa de obras de caridade e do esforço de guerra na França.

Minha afirmação jocosa de que tinha intenção de escrever um livro impressionou profundamente Bedri e, nas semanas seguintes, ele várias vezes a mencionou. Eu continuava a brincar, dizendo que, se seu comportamento não melhorasse, eu seria forçado a retratá-lo como um vilão. Um dia, ele me perguntou com toda seriedade se não poderia fazer algo para que eu o representasse de maneira mais favorável. Aquela atitude me deu a oportunidade que eu buscava havia algum tempo. Durante muitos anos, Constantinopla havia sido um centro para o tráfico de escravas brancas e um bando particularmente cruel operava sob o disfarce de uma falsa sinagoga. Eu havia sido nomeado presidente do conselho de uma comissão organizada para combater aquele bando. Disse a Bedri que aquela era sua chance de garantir uma boa reputação. Por causa da guerra, seus poderes como chefe de polícia haviam aumentado muito e uma ação vigorosa de sua parte podia livrar permanentemente a cidade daquela vergonha. O entusiasmo com que Bedri aceitou minha sugestão e a eficácia e habilidade com que trabalhou merecem a gratidão de todas as pessoas decentes. Em poucos dias, todos os traficantes de escravas brancas em Constantinopla estavam fugindo em busca de segurança; a maioria foi presa, uns poucos conseguiram fugir; os que eram estrangeiros, após cumprir pena no cárcere, foram expulsos do país. Bedri me forneceu fotografias de todos os culpados, que estão agora arquivadas no Departamento de Estado. Eu não estava escrevendo um livro na época, mas me senti obrigado a garantir reconhecimento público a Bedri por seu trabalho. Portanto, mandei sua fotografia, com algumas palavras sobre seu feito, ao *New York Times*, que a publicou na edição de domingo. O fato de um grande jornal americano tê-lo reconhecido daquela maneira deixou Bedri sem palavras de tanta alegria. Durante meses, ele levou no bolso a página do *Times* com sua foto e a mostrou a todos os amigos. Aquele evento pôs fim aos meus problemas com o chefe de polícia; durante o resto da minha estadia, tivemos pouquíssimos confrontos sérios.

CAPÍTULO 14

Wangenheim e a Bethlehem Steel Company: uma "Guerra Santa" feita na Alemanha

Durante todo aquele tempo, eu estava aumentando meu conhecimento do caráter alemão moderno, exemplificado por Wangenheim e seus companheiros. No início da guerra, os alemães mostraram seu lado mais agradável aos americanos; todavia, com o passar do tempo, à medida que ia ficando claro que a opinião pública nos Estados Unidos apoiava de forma quase unânime os Aliados e que o governo de Washington não desrespeitaria as leis da neutralidade para promover os interesses alemães, aquela postura amistosa mudou e se tornou quase hostil.

A queixa a que o embaixador alemão constantemente voltava com cansativa repetição era a de sempre: a venda de munição aos Aliados por parte dos americanos. Eu quase nunca o encontrava sem que ele tocasse nesse assunto. Wangenheim estava sempre me pedindo para escrever ao presidente Wilson e exortá-lo a declarar um embargo; é claro, minha argumentação de que o comércio de munição era totalmente legítimo não surtia nenhum efeito. Com a intensificação do confronto em Dardanelos, a insistência de Wangenheim sobre a questão das munições americanas aumentou. Ele afirmava que a maioria dos projéteis utilizados em Dardanelos era de fabricação americana e que, na verdade, os Estados Unidos estavam guerreando com a Turquia.

Um dia, mais irritado do que de costume, ele me levou um pedaço de projétil, no qual aparecia claramente a inscrição "B.S.Co.".

— Veja isto — ele disse. — Suponho que o senhor saiba o que "B.S.Co." significa. É a Bethlehem Steel Company! Isso deixará os turcos furiosos. E lembre-se de que vamos responsabilizar os Estados Unidos. Estamos obtendo cada vez mais provas e os responsabilizaremos por cada morte causada por projéteis americanos. Se o senhor simplesmente escrevesse e os fizesse parar de vender munições aos nossos inimigos, a guerra acabaria logo.

Apresentei a defesa de sempre e chamei a atenção de Wangenheim para o fato de que a Alemanha vendera munição para a Espanha na Guerra Civil Espanhola, mas nada daquilo adiantou. Tudo o que Wangenheim via era que os suprimentos americanos eram uma vantagem para o inimigo; os aspectos legais da situação não o interessavam. Obviamente, recusei-me categoricamente a escrever ao presidente sobre aquela questão.

Alguns dias mais tarde, foi publicado um artigo no *Ikdam* discutindo as relações entre Turquia e Estados Unidos. O artigo era, em grande parte, muito favorável aos Estados Unidos; no entanto, seu verdadeiro propósito era comparar presente e passado e destacar que nossa ação de fornecer munição aos inimigos da Turquia não estava de acordo com a amizade histórica entre os dois países. Estava claro que todo o texto havia sido escrito simplesmente para apresentar ao público turco uma declaração quase furtiva no parágrafo final: "Segundo o relato de correspondentes em Dardanelos, parece que a maioria dos projéteis disparados pelos britânicos e franceses durante o último bombardeio era produzida nos Estados Unidos". Naquela época, a Embaixada da Alemanha controlava o *Ikdam* de acordo com os interesses da propaganda alemã. Uma afirmação daquele tipo instilada na mente dos suscetíveis e fanáticos turcos poderia ter as consequências mais deploráveis. Portanto, fui imediatamente discutir a questão com o homem que eu considerava o principal responsável pelo ataque: o embaixador alemão.

De início, Wangenheim se disse inocente; foi afável como uma criança ao jurar desconhecer a questão. Chamei sua atenção para o fato de que as afirmações no *Ikdam* eram quase idênticas às que ele havia feito para mim alguns dias antes; a linguagem em certas partes era, de fato, quase uma repetição de suas palavras.

— Ou o senhor mesmo escreveu o artigo — eu disse — ou convocou o repórter e lhe forneceu as ideias principais.

Wangenheim viu que não adiantava continuar negando a autoria.

— Bem — ele disse, jogando a cabeça para trás —, o que o senhor vai fazer a respeito?

Aquela atitude semelhante à de William M. Tweed me irritou imediatamente.

— Vou lhe dizer o que vou fazer a respeito — rebati —, e o senhor sabe que sou capaz de cumprir minhas ameaças: ou o senhor para de incitar sentimentos antiamericanos na Turquia ou iniciarei uma campanha antigermânica aqui. O senhor sabe, barão — acrescentei —, que os alemães estão patinando em gelo muito fino neste país. Sabe que os turcos não os amam tanto assim. Na verdade, o senhor sabe que os americanos são mais populares do que vocês aqui. Suponha que eu saia, diga aos turcos que vocês os estão simplesmente usando em benefício próprio e que não os consideram realmente aliados, mas meros peões na partida que estão jogando. Ao incitar sentimentos antiamericanos aqui, o senhor está tocando no meu ponto mais sensível, está expondo nossas instituições educacionais e religiosas aos ataques dos turcos. Ninguém sabe o que eles podem fazer se forem convencidos de que seus parentes estão sendo mortos por projéteis americanos. Pare imediatamente com isso ou, em três semanas, encherei toda a Turquia de animosidade contra os alemães. Será uma batalha entre nós e eu estou preparado!

A atitude de Wangenheim mudou imediatamente. Ele se virou, pôs o braço sobre meu ombro e assumiu uma postura conciliadora, quase afetiva.

— Ora, sejamos amigos — disse. — Vejo que o senhor tem razão sobre essa questão. Vejo que tais ataques podem prejudicar seus amigos, os missionários. Prometo que as ofensivas serão suspensas.

A partir daquele dia, a imprensa turca nunca mais fez a mínima alusão injuriosa aos Estados Unidos. O modo súbito com que os ataques cessaram me mostrou que os alemães haviam estendido à Turquia um dos expedientes mais caros à sua pátria: o absoluto controle da imprensa por parte do governo. Contudo, quando penso nas infames tramas que Wangenheim estava instigando naquele momento, sua objeção ao uso de alguns projéteis americanos por parte dos navios de guerra ingleses (se é que os navios de guerra ingleses usavam tais projéteis, o que duvido) parece quase grotesca. No início, Wangenheim havia me explicado um dos principais propósitos da Alemanha para forçar a Turquia a entrar no conflito. Apresentou aquela explicação de maneira tranquila e indiferente, como se fosse a coisa mais comum do mundo. Sentado em seu escritório, fumando seu grande charuto preto alemão, ele descreveu todo o plano da Alemanha para incitar o fanático mundo muçulmano contra os cristãos. A Alemanha havia planejado uma verdadeira "Guerra Santa" como meio para destruir a influência inglesa e francesa no mundo.

— A Turquia em si não é a questão verdadeiramente importante — disse Wangenheim. — Seu exército é pequeno e não esperamos que ele faça muito. Na maior parte do tempo, ele ficará na defensiva. O que é realmente importante é o mundo muçulmano. Se conseguirmos concitar os maometanos contra os ingleses e os russos, poderemos forçá-los a aceitar a paz.

O que Wangenheim obviamente queria dizer com "realmente importante" ficou claro em 13 de novembro, quando o sultão emitiu sua declaração de guerra. Tal declaração era na verdade o apelo para uma *jihad*, ou "Guerra Santa", contra os infiéis. Logo depois, o *sheik ul-islam* publicou sua proclamação, convocando todo o mundo muçulmano a se levantar e massacrar os opressores cristãos. "Muçulmanos", concluía o documento, "vocês que estão cheios de felicidade e prestes a sacrificar sua própria vida e seus próprios bens pela causa da justiça, e a enfrentar perigos, unam-se agora em torno do trono imperial, obedeçam aos comandos do Todo-Poderoso, que, no Alcorão, nos promete júbilo neste e no próximo mundo; abracem o pé do trono do califa e saibam que o Estado está em guerra com Rússia, Inglaterra, França e seus Aliados e que esses são os inimigos do islã. O chefe dos crentes, o califa, os convida todos, como muçulmanos, a participar da Guerra Santa!"

Essa proclamação foi lida pelos líderes religiosos para as congregações reunidas nas mesquitas, publicada por todos os jornais de forma conspícua e transmitida amplamente em todos os países que tinham uma grande população muçulmana – Índia, China, Pérsia, Egito, Argel, Trípoli, Marrocos etc. Em todos esses lugares, a proclamação foi lida para multidões reunidas e o povo foi incitado a obedecer ao mandado. O *Ikdam*, o jornal turco que havia se tornado propriedade alemã, estava constantemente instigando as massas. "Os feitos dos nossos inimigos", escreveu o editor turco-alemão, "provocaram a ira divina. Um raio de esperança surgiu. Todos os maometanos, jovens e velhos, homens, mulheres e crianças, devem cumprir seu dever para que esse raio não desapareça, mas nos ilumine para sempre. Quantas grandes coisas podem ser feitas pelos braços de homens vigorosos, pelo auxílio de outros, de mulheres e crianças! [...] É chegada a hora da ação. Todos nós precisamos lutar com toda a nossa força, com toda a nossa alma, com unhas e dentes, com todas as fibras do nosso corpo e do nosso espírito. Se o fizermos, a libertação dos reinos maometanos subjugados será garantida. Então, se Deus quiser, caminharemos sem vergonha ao lado dos nossos amigos que saúdam o Crescente. Alá é nossa ajuda e o Profeta é nosso apoio!"

A proclamação do sultão era um documento público oficial e tratava da Guerra Santa proposta apenas genericamente, mas, por volta daquele mesmo período, surgiu um panfleto secreto que dava instruções mais específicas aos fiéis. Tal documento não foi lido nas mesquitas, mas distribuído furtivamente em todos os países maometanos – Índia, Egito, Marrocos, Síria e muitos outros – e impresso em grande quantidade em árabe, a língua do Alcorão. Tratava-se de um documento extenso (a tradução para o inglês tem cerca de dez mil palavras), cheio de citações do Alcorão, e seu estilo era frenético em seu apelo ao ódio racial e religioso. Nele, era descrito um plano operacional detalhado para o assassinato e extermínio de todos os cristãos – exceto os de nacionalidade alemã. Alguns trechos dão uma boa ideia do seu teor: "Ó, povo da fé e amados muçulmanos, considerem, mesmo que por um breve instante, a condição atual do mundo islâmico. Se pensarem a respeito, mesmo que brevemente, vocês chorarão por muito tempo. Verão uma situação desconcertante que fará com que lágrimas brotem e o fogo do pesar queime. Verão o grande país da Índia, que contém centenas de milhões de muçulmanos, subjugado, por causa de divisões e fraquezas religiosas, pelas mãos de inimigos de Deus, os infiéis ingleses. Verão quarenta milhões de muçulmanos em Java aprisionados pelas correntes da servidão e da aflição sob o jugo dos holandeses, embora esses infiéis sejam muito inferiores em número aos fiéis e não desfrutem de uma civilização muito mais elevada. Verão Egito, Marrocos, Tunísia, Argélia e Sudão sofrendo os cúmulos da dor e gemendo nas garras dos inimigos de Deus e de seu apóstolo. Verão o vasto território da Sibéria, Turcomenistão, Khiva, Bokhara, Cáucaso, Crimeia, Kazan, Ezferhan e Cazaquistão, cujos povos muçulmanos acreditam na unidade de Deus, ser esmagado sob os pés de seus opressores, que são os inimigos de nossa religião. Verão a Pérsia sendo preparada para a divisão e a cidade do califado, que por anos lutou incessantemente contra os inimigos da nossa religião, tornando-se alvo de opressão e violência. Assim, para onde quer que vocês olhem, verão que os inimigos da verdadeira religião, especialmente os ingleses, russos e franceses, oprimiram o islã e abusaram de seus direitos de todas as maneiras possíveis. Não podemos enumerar os insultos que recebemos nas mãos dessas nações que desejam destruir totalmente o islã e varrer da face da Terra todos os maometanos. Essa tirania superou todos os limites aceitáveis; a taça de nossa opressão está transbordando [...] Em suma, os muçulmanos trabalham e os infiéis comem; os muçulmanos estão com fome e sofrem e os infiéis se empanzinam e vivem no luxo. O mundo do islã afunda e recua e o mundo cristão avança e é cada vez mais exaltado. Os muçulmanos são escravizados e os infiéis são os grandes governantes. Tudo isso porque os muçulmanos abandonaram o plano apresentado no Alcorão e ignoraram a Guerra Santa ali comandada [...] Mas é chegada a hora da Guerra Santa e, com ela, a terra do islã deverá ser libertada para sempre do poder dos infiéis que a oprimem. Essa Guerra Santa se tornou um dever celestial. Saibam que o sangue dos infiéis nas terras islâmicas pode ser derramado impunemente – exceto o daqueles aos quais a potência muçulmana prometeu segurança e se aliou. [Aqui, vemos que alemães e austríacos estão livres do massacre]. A morte dos infiéis que governam o islã se tornou um dever sagrado, seja ele realizado de forma secreta ou aberta, como o Alcorão decretou: 'Peguem-nos e matem-nos sempre que os encontrarem. Atentem para o fato de que os pusemos em suas mãos e lhes demos o poder supremo sobre eles'. Aquele que matar pelo menos um infiel dos que nos governam, seja de maneira secreta ou aberta, será recompensado por Deus. E que todo muçulmano, em qualquer parte do mundo, faça um juramento solene de matar pelo menos três ou quatro dos infiéis que o governam, pois eles são os inimigos de Deus e da fé. Que todo muçulmano que fizer isso seja salvo dos terrores do dia do Julgamento, da ressurreição dos mortos. Quem é o homem que pode recusar tal recompensa por um feito tão pequeno? [...] No entanto, é chegada a hora de nos levantarmos como um só homem, com uma espada em uma mão e um revólver na outra, bolas de fogo e mísseis fatais no bolso e, no coração, a luz da fé. Vamos levantar a voz e dizer: 'A Índia para os indianos muçulmanos, Java para os javaneses muçulmanos, a Argélia para os argelinos muçulmanos, o Marrocos para os marroquinos muçulmanos, a Tunísia para os tunisianos muçulmanos, o Egito para os egípcios muçulmanos, o Irã para os iranianos muçulmanos, Turan para os turanianos muçulmanos, Bokhara para os bokharianos muçulmanos, o Cáucaso para os caucasianos muçulmanos e o Império Otomano para os turcos otomanos e árabes'."

Seguem instruções específicas para realizar esse propósito sagrado. Deverá haver uma "guerra de sentimento" – todo seguidor do Profeta deverá alimentar constantemente em seu espírito o ódio aos infiéis; uma "guerra de discurso" – com língua e pena todo muçulmano deverá difundir o mesmo ódio onde haja maometanos vivendo; e uma guerra de fato – lutar e matar os infiéis onde quer que eles apareçam. Segundo o panfleto, esse último conflito é a "verdadeira guerra". Haverá a "pequena Guerra Santa" e a "grande Guerra Santa"; a primeira se refere a uma batalha na qual todos os maometanos deverão lutar contra seus vizinhos cristãos e a segunda é a grande luta mundial que o islã unido – na Índia, Arábia, Turquia, África e outros países – travará contra os opressores infiéis. O panfleto diz: "A Guerra Santa terá três formas. Primeiro, a guerra individual, que consiste em feitos pessoais. Ela pode ser empreendida com armas brancas, como na Guerra Santa que um dos fiéis travou contra Peter Galy, o governador inglês infiel, ou então como no esfaqueamento do chefe de polícia inglês na Índia e no assassinato de uma das autoridades que estava chegando à Meca por parte de Abi Busir (que Deus esteja satisfeito com ele)." O documento fornece muitos outros exemplos de assassinatos e estimula os fiéis a imitá-los. Segundo, é dito aos crentes para que organizem "bandos" e esfaqueiem cristãos. Os mais úteis são aqueles que são organizados e operam em segredo. "Espera-se que o mundo islâmico atual tire grande proveito de tais bandos secretos." O terceiro método são "campanhas organizadas", ou seja, realizadas por exércitos treinados.

Em todas as partes desse incentivo ao homicídio há indicações de que uma mão alemã exerceu uma supervisão editorial. Apenas os infiéis "que nos governam" devem ser mortos, ou seja, aqueles que têm súditos maometanos. Como a Alemanha não possuía súditos desse tipo, essa cláusula de salvaguarda deveria proteger os alemães do ataque. Os alemães, com o costumeiro interesse em seu próprio bem-estar e desprezo por seu aliado, obviamente negligenciaram o fato de que a Áustria tinha muitos súditos maometanos na Bósnia e Herzegóvina. Os muçulmanos são instruídos a formar exércitos, "embora talvez seja necessário introduzir alguns elementos estrangeiros", ou seja, trazer instrutores e oficiais alemães. "Deve ser lembrado", e essa é claramente uma proteção para todos os alemães, "que é totalmente ilegal opor-se a quaisquer povos de outras religiões que tenham pactos com os muçulmanos ou que não tenham manifestado hostilidade à sede do califado, bem como àqueles que entraram sob a proteção dos muçulmanos".

Embora eu não tenha ouvido uma afirmação pessoal de Wangenheim de que os alemães pretendiam incitar os maometanos em todos os lugares contra a

Inglaterra, a França e a Rússia, essas interpolações teriam indicado com clareza suficiente a inspiração real daquele documento surpreendente. Na época em que Wangenheim discutiu a questão comigo, sua principal ideia parecia ser a de que uma "Guerra Santa" daquele tipo seria a maneira mais rápida de forçar a Inglaterra a aceitar a paz. De acordo com esse ponto de vista, tratava-se na verdade de uma grande ofensiva de paz. Naquela época, Wangenheim concordava com a ideia prevalente em todos os círculos oficiais de que a Alemanha havia cometido um erro ao levar a Inglaterra para o conflito e sem dúvida julgava que, se outros conflitos secundários pudessem ser iniciados contra a Inglaterra na Índia, Egito, Sudão e em outros lugares, o Império Britânico se retiraria da guerra. Mesmo que os maometanos britânicos se recusassem a se sublevar, Wangenheim acreditava que a mera ameaça de tal levante induziria a Inglaterra a abandonar a Bélgica e a França à própria sorte. O perigo de difundir uma literatura incendiária daquele tipo entre um povo fortemente fanático é evidente. Eu não era o único diplomata neutro que temia as consequências mais graves. O sr. Tocheff, o ministro búlgaro, um dos integrantes mais capazes do corpo diplomático, estava muito perturbado. Na época, a Bulgária era neutra e o sr. Tocheff costumava me dizer que seu país esperava manter a neutralidade. Segundo ele, cada lado esperava que a Bulgária se tornasse sua aliada e a política do país era fomentar essa expectativa. Se a Alemanha conseguisse iniciar uma "Guerra Santa" e houvesse massacres, a Bulgária, acrescentou o sr. Tocheff, certamente se uniria à Entente.

Combinamos visitar Wangenheim e repetir aquela afirmação, e eu deveria fazer a mesma pressão sobre Enver. No entanto, desde o início, a Guerra Santa se revelou um fracasso. Os maometanos em países como Índia, Egito, Argélia e Marrocos sabiam que estavam recebendo um tratamento muito melhor do que o que obteriam sob qualquer outra condição concebível. Além disso, os maometanos mais simples não entendiam por que deveriam travar uma Guerra Santa contra os cristãos e, ao mesmo tempo, ter nações cristãs, como a Alemanha e a Áustria, como parceiras. Essa associação tornou toda a proposta ridícula. É verdade que o Alcorão comanda o assassinato de cristãos, mas aquele livro sagrado não abre exceção alguma em favor dos alemães e, na cabeça do maometano fanático, um *rayah* alemão é tão desprezível quanto um inglês ou um francês e seu massacre é um ato igualmente meritório. Ele entende as sutis distinções indispensáveis à diplomacia europeia tanto quanto a lei da gravidade e a hipótese nebular. A incapacidade dos alemães de levar esse fato em consideração é apenas outra prova de sua imperícia e ignorância em relação à psicologia racial. O único fato tangível que se destaca claramente é o desejo do kaiser de deixar trezentos milhões de muçulmanos à solta em um gigantesco massacre de cristãos semelhante ao massacre de São Bartolomeu.

Não houve portanto nenhuma "Guerra Santa"? O que era o "mais importante" para Wangenheim fracassou? Toda vez que penso nessa *jihad* burlesca, uma cena específica na embaixada americana me vem à mente. De um lado da mesa, está sentado Enver, bebendo pacificamente chá e comendo bolos; do outro, estou eu, entretido com a mesma ocupação imbele. Era 14 de novembro, o dia após o sultão ter declarado sua Guerra Santa. Houve reuniões em mesquitas e em outros lugares, nos quais a declaração foi lida e discursos ferozes foram proferidos. Enver, naquela ocasião, me garante que os americanos não sofrerão dano algum; na verdade, diz que não haverá nenhum massacre. Enquanto ele está falando, um dos meus secretários entra e me diz que uma pequena turba está se manifestando contra alguns estabelecimentos estrangeiros. Os manifestantes atacaram uma loja austríaca que, imprudentemente, continuou a exibir um cartaz dizendo que vendia "roupas inglesas". Pergunto a Enver o que isso quer dizer. Ele responde que é tudo um engano, que não há intenção de atacar ninguém. Pouco depois de sua partida, sou informado de que a turba atacou a Bon Marché, uma loja de tecidos francesa, e que está se dirigindo para a embaixada britânica. Ligo imediatamente para Enver. Está tudo bem, ele diz, nada acontecerá à embaixada. Um ou dois minutos depois, a turba muda de direção e se encaminha para o Tokatlian's, o mais importante restaurante em Constantinopla. O fato de ser dirigido por armênios torna o estabelecimento uma boa presa. Seis homens armados de varas com ganchos nas pontas quebram todos os espelhos e janelas, outros arrancam as bancadas de mármore das mesas e as estilhaçam. Em poucos minutos, o lugar é totalmente devastado.

A demonstração fazia parte da "Guerra Santa", de acordo com a maneira como Constantinopla a entendia. Aquele era o fim inglório da tentativa alemã de sublevar trezentos milhões de maometanos contra o mundo cristão! O kaiser só conseguiu alcançar um resultado definitivo difundindo aquela literatura incitativa: instigou na alma maometana uma intensa animosidade em relação aos cristãos e, assim, incendiou paixões que, mais tarde, se apagaram nos massacres de armênios e de outros povos súditos.

CAPÍTULO 15

Djemal, um Marco Antônio problemático — a primeira tentativa da Alemanha de obter uma paz germânica

No início de novembro de 1914, a estação ferroviária em Haidar Pasha foi o cenário de uma grande manifestação. Djemal, o ministro da marinha, um dos três homens mais poderosos do Império Turco naquele momento, estava partindo para assumir o comando do 4º Exército, cujo quartel-general ficava na Síria. Todos os membros do gabinete ministerial e outras pessoas influentes em Constantinopla se reuniram para se despedir entusiasticamente do sátrapa. Reverenciaram-no como o "Salvador do Egito", e o próprio Djemal, pouco antes da partida do trem, fez a seguinte declaração pública:

— Não voltarei a Constantinopla antes de conquistar o Egito!

Todo o espetáculo me parecia, de certa forma, bombástico. Fez-me lembrar inevitavelmente o terceiro integrante de outro triunvirato sangrento que, quase dois mil anos antes, havia partido de sua terra natal para se tornar o ditador supremo do Oriente. E Djemal tinha muitas características em comum com Marco Antônio. Como seu predecessor romano, sua vida privada era dissoluta; como Marco Antônio, ele era um jogador inveterado que passava boa parte do seu tempo livre debruçado sobre uma mesa de carteado no Cercle d'Orient. Outro traço que ele tinha em comum com o grande orador romano era sua enorme vaidade. O mundo turco parecia estar se desintegrando na época de Djemal, assim como a República Romana estava se dissolvendo nos dias de Marco Antônio; Djemal acreditava que podia se tornar o herdeiro de uma ou mais províncias e estabelecer uma dinastia. Esperava que a expedição militar na qual partia naquele momento o transformasse não apenas no conquistador da província mais promissora da Turquia, mas também em uma das figuras poderosas do mundo. Posteriormente, na Síria, ele governou com a mesma independência dos barões espoliadores da Idade Média, com os quais tinha outros traços em comum. Tornou-se uma espécie de vice-sultão, mantendo sua própria corte, estabelecendo seu próprio salamaleque, emitindo suas próprias ordens, dispensando livremente seu próprio tipo de justiça e, muitas vezes, desconsiderando as autoridades de Constantinopla.

O aplauso com que os companheiros de Djemal saudaram sua partida não foi totalmente desinteressado. O fato era que a maioria deles estava muito feliz de vê-lo partir. Djemal havia se tornado uma fonte de aborrecimentos e Talaat e Enver ficaram contentes em saber que ele poderia exercitar sua natureza imperiosa e tirânica contra os sírios, os armênios e outros elementos não muçulmanos nas províncias mediterrâneas. Djemal não era um homem popular em Constantinopla. Além de suas qualidades menos desejáveis, os outros dois integrantes do triunvirato tinham certos traços atraentes – Talaat, sua virilidade rude e sua afabilidade espontânea; Enver, sua coragem e graça pessoal –, mas havia poucas características agradáveis em Djemal. Um médico americano que havia se especializado no estudo da fisionomia descobriu em Djemal um objeto de pesquisa interessante. Ele me disse que nunca vira um rosto que combinava tão bem ferocidade e grande perspicácia. Enver, como sua história demonstrava, podia ser cruel e sanguinário, mas escondia suas qualidades mais insidiosas sob um rosto que era brando, sereno e até agradável. Djemal, porém, não disfarçava suas tendências, pois seu rosto retratava claramente sua alma interior. Seus olhos eram negros e penetrantes; a acuidade, velocidade e avidez com que passavam de um objeto a outro, absorvendo aparentemente tudo com alguns olhares rápidos, sinalizavam astúcia, desumanidade e egoísmo extremos. Até mesmo sua risada, que revelava todos os seus dentes brancos, era desagradável e animalesca. Seus cabelos e barba negros, em contraste com seu rosto pálido, só acentuavam essa impressão. De início, a figura de Djemal parecia bastante insignificante – ele era baixo, quase atarracado e de ombros caídos –, todavia, assim que ele começava a se mexer, ficava claro que todo o seu corpo era cheio de vigor. Toda vez que ele apertava sua mão, segurando-a com firmeza e olhando diretamente para você com aqueles olhos errantes e penetrantes, sua força pessoal se tornava impressionante.

Após um encontro rápido, não fiquei surpreso ao ouvir que assassinatos e execuções sumárias faziam parte do seu trabalho cotidiano. Como todos os Jovens Turcos, suas origens eram extremamente humildes. Ele havia se filiado à Comissão de União e Progresso logo no início e seu poder pessoal, bem como sua inflexibilidade, tornaram-no rapidamente um dos líderes do grupo. Depois do assassinato de Nazim, Djemal se tornou governador militar de Constantinopla e sua principal tarefa naquele cargo era tirar de cena os opositores dos governantes. Ele desempenhava essa missão congenial com grande habilidade, e o reino de terror resultante foi, em grande parte, obra sua. Em seguida, Djemal se tornou ministro, mas não conseguia trabalhar harmoniosamente com seus companheiros; sempre foi um parceiro problemático. Nos dias anteriores à ruptura com a Entente, ele era considerado um francófilo. A despeito do que sentisse em relação à Entente, Djemal fazia pouco esforço para esconder sua aversão aos alemães. Dizem que, mesmo na presença deles, Djemal os xingava – em turco, é claro. Ele era uma das poucas autoridades turcas importantes que nunca foi influenciada pelos alemães. O fato era que Djemal representava aquela tendência que estava rapidamente ganhando terreno na política turca: o panturquismo. Ele desprezava os povos sob o jugo do Império Otomano – árabes, gregos, armênios, circassianos, judeus; estava determinado a "turquificar" todo o império. Sua ambição pessoal gerava frequentemente conflitos com Enver e Talaat, que não conseguiam controlá-lo. Era por isso que, como já mencionei, eles ficaram felizes em vê-lo partir, não que realmente esperassem que ele conseguisse conquistar o Canal de Suez e expulsar os ingleses do Egito. Incidentalmente, aquele encargo indicava a incongruência da organização que existia então na Turquia. Como ministro da marinha, o verdadeiro lugar de Djemal era no Departamento de Marinha. Em vez de trabalhar em seu campo oficial, o chefe da marinha foi enviado para liderar um exército nas areias escaldantes da Síria e do Sinai.

Todavia, a expedição de Djemal representou a tentativa mais espetacular da Turquia de afirmar seu poder militar contra os Aliados. À medida que Djemal deixava a estação, todo o povo turco sentia que um momento histórico havia chegado. Em menos de um século, a Turquia havia perdido a maior parte de seus domínios e nada feria mais o orgulho nacional do que a ocupação inglesa no Egito. Durante toda aquela ocupação, a suserania turca havia sido reconhecida; entretanto, assim que a Turquia declarou guerra à Grã-Bretanha, os ingleses puseram fim a essa ficção e ocuparam formalmente aquela grande província.

A expedição de Djemal foi a resposta da Turquia àquele ato da Inglaterra. Foi dito ao povo turco que o verdadeiro propósito da guerra era restaurar o império evanescente dos osmanlis e, naquele grande empreendimento, a reconquista do Egito era apenas o primeiro passo. Os turcos também sabiam que, sob a administração inglesa, o Egito havia se tornado um país próspero e que, portanto, geraria grande riqueza para seu conquistador. Não é de surpreender que a partida de Djemal tenha sido aclamada pelo povo turco.

Aproximadamente no mesmo período, Enver partiu para comandar o outro grande empreendimento militar da Turquia: o ataque à Rússia através do Cáucaso. Lá também havia províncias turcas a serem "recuperadas". Depois da guerra de 1878, a Turquia foi obrigada a ceder à Rússia certos territórios ricos entre o Mar Cáspio e o Mar Negro, habitados principalmente por armênios, e eram essas as terras que Enver se propunha a reconquistar. Enver, porém, não foi ovacionado em sua despedida. Partiu silenciosamente e inobservado. Com a partida daqueles dois homens, a guerra começou a ser travada.

Apesar dessas aventuras marciais, não apenas preparativos bélicos estavam em curso em Constantinopla. Naquela época, o final de 1914, as características externas só sugeriam guerra, mas a cidade de repente se tornou o grande quartel-general da paz. A frota inglesa estava constantemente ameaçando Dardanelos e tropas turcas passavam diariamente pelas ruas. Todavia, essas atividades não eram a principal ocupação da embaixada alemã. Wangenheim só tinha em mente um pensamento. Aquele alemão implacável havia repentinamente se tornado um homem de paz, pois sabia que o maior serviço que um embaixador alemão podia prestar ao imperador era terminar a guerra com condições que impedissem o esgotamento e até mesmo a ruína da Alemanha, e obter um acordo que reintegrasse seu país à Sociedade das Nações.

Em novembro, Wangenheim começou a discutir esse assunto. Disse-me que fazia parte do sistema alemão estar totalmente preparado não apenas para a guerra, mas também para a paz.

— Ao começar uma campanha, um general inteligente sempre tem a seu alcance planos para uma retirada, caso seja derrotado — disse o embaixador alemão. — Esse princípio se aplica igualmente a uma nação que inicia um confronto. Só existe uma certeza na guerra: ela terminará em algum momento. Então, quando planejamos um combate, também devemos levar em consideração planos de paz.

Todavia, àquela altura, Wangenheim estava mais interessado em algo mais tangível do que naquele princípio filosófico. A Alemanha tinha razões imediatas para desejar o fim das hostilidades e Wangenheim as discutia com franqueza e cinismo. Dizia que a Alemanha havia se preparado apenas para uma guerra curta porque esperava esmagar França e Rússia em duas breves campanhas com menos de seis meses de duração. Obviamente, aquele plano havia falhado e a Alemanha tinha poucas probabilidades de vencer a guerra, como Wangenheim me disse com todas as letras. Acrescentou que a Alemanha cometeria um grande erro se persistisse em lutar até a exaustão porque tal combate significaria a perda permanente de suas colônias, de sua marinha mercante e de todo o seu status econômico e comercial.

— Se não conquistarmos Paris em trinta dias, estaremos acabados — Wangenheim disse em agosto e, embora sua atitude tenha mudado um pouco após a batalha de Marne, ele não tentou esconder que a campanha de avanço rápido havia fracassado, que tudo o que os alemães esperavam era uma guerra tediosa e exaustiva e que tudo o que podiam obter daquela situação era um empate. — Desta vez, erramos ao não preparar suprimentos para uma luta prolongada; todavia, foi um erro que não repetiremos. Da próxima vez, estocaremos cobre e algodão suficientes para cinco anos.

Wangenheim tinha outro motivo para desejar a paz imediata, e era um motivo que mostrava muito bem a desfaçatez da diplomacia alemã. A preparação que a Turquia estava fazendo para a conquista do Egito causou muito aborrecimento e ansiedade ao embaixador alemão. O interesse e a energia que os turcos haviam manifestado deixaram-no particularmente preocupado. De início, pensei que Wangenheim estava preocupado porque a Turquia podia perder; todavia, ele me revelou que seu verdadeiro temor era que seu aliado se sagrasse vitorioso. Wangenheim explicou que uma campanha bem-sucedida da Turquia no Egito poderia interferir seriamente nos planos da Alemanha. Se conquistasse o Egito, a Turquia naturalmente insistiria, durante as negociações de paz, em manter aquela grande província, e esperaria que a Alemanha a apoiasse naquela reivindicação. A Alemanha, porém, não tinha intenção alguma de promover o restabelecimento do Império Turco. Na época, a Alemanha esperava chegar a um entendimento com a Inglaterra, cuja base deveria ser uma divisão de interesses no Oriente. A Alemanha desejava sobretudo obter a Mesopotâmia como parte indispensável do seu esquema Hamburgo-Bagdá. Portanto, o plano alemão na época era dividir com a Inglaterra os dois maiores domínios turcos. Essa era uma das propostas que a Alemanha pretendia apresentar na conferência de paz que Wangenheim estava tramando naquele momento, e a conquista do Egito por parte da Turquia criaria complicações para a execução de tal plano. Sobre a moralidade da postura alemã em relação à sua aliada, a Turquia, nem é necessário tecer comentários. Tudo se encaixava na política alemã de "realismo" nas relações exteriores.

Quase todas as classes alemãs, no final de 1914 e início de 1915, estavam ansiosamente buscando a paz e se voltavam para Constantinopla como o lugar no qual as negociações de paz poderiam ser iniciadas mais favoravelmente. Os alemães davam por certo que o presidente Wilson seria o pacificador; de fato, não cogitavam outra pessoa para aquela tarefa. O único ponto que permanecia em aberto era a melhor maneira de abordar o presidente. Tais negociações seriam muito provavelmente conduzidas por meio de um dos embaixadores americanos na Europa. Obviamente, a Alemanha não tinha como ter acesso aos embaixadores americanos nas grandes capitais inimigas e outras circunstâncias induziam os governantes alemães a se voltar para o embaixador americano na Turquia.

Naquele momento, um diplomata alemão muito ativo na história recente apareceu na Turquia: o dr. Richard von Kühlmann, posteriormente nomeado ministro das relações exteriores. Nos últimos cinco anos, o dr. Kühlmann parece ter aparecido naquelas partes do mundo em que negociações diplomáticas importantes e confidenciais são conduzidas pelo Império Alemão. O príncipe Lichnowsky descreveu suas atividades em Londres em 1913 e 1914 e participou de forma ainda mais conspícua do infame tratado de paz de Brest-Litovsk. Logo após o início da guerra, o dr. Kühlmann foi a Constantinopla como conselheiro da embaixada alemã, substituindo Von Mutius, que havia sido convocado pelas Forças Armadas. Sua nomeação foi apropriada por um motivo: Kühlmann havia nascido e passado sua infância em Constantinopla, seu pai fora presidente da estrada de ferro da Anatólia. Portanto, ele entendia os turcos como só alguém que viveu com eles por muito tempo é capaz de entender. Pessoalmente, Kühlmann se revelou um acréscimo interessante à colônia diplomática. Tive a impressão de que ele não fosse um homem particularmente agressivo, mas, sim, muito agradável. Ele aparentemente queria se tornar amigo da embaixada americana e exercia certo fascínio sobre todos nós, pois havia acabado de chegar das trincheiras e nos forneceu relatos muito vívidos da vida no *front*. Na época, estávamos muito interessados na guerra moderna e os detalhes de Kühlmann sobre a luta nas trincheiras nos fascinaram durante várias tardes e noites. Seu outro tópico de conversa favorito era a *Welt-Politik* e, em todas as questões internacionais, ele me pareceu notavelmente bem informado. Na época, não considerávamos Kühlmann um homem importante; no entanto, a diligência com que ele se dedicava ao trabalho chamou a atenção de todos. Logo, porém, comecei a pensar que ele estava exercendo uma influência considerável de maneira silenciosa e dissimulada. Ele falava pouco, mas percebi que ouvia tudo e armazenava em sua mente todo tipo de informação. Era aparentemente o confidente mais próximo de Wangenheim e dele dependia o contato do embaixador com o Ministério das Relações Exteriores da Alemanha. Em meados de dezembro, Kühlmann partiu para Berlim, onde ficou por aproximadamente duas semanas. Ao voltar, no início de janeiro de 1915, houve uma modificação perceptível na atmosfera da embaixada alemã. Até aquele momento, Wangenheim havia discutido as negociações de paz de maneira mais ou menos informal, mas, depois, passou a ser mais específico. Eu soube que Kühlmann havia sido chamado a Berlim para receber as últimas instruções, que Wangenheim deveria executar imediatamente. Em todas as minhas conversas sobre a paz com o embaixador alemão, Kühlmann estava sempre presente ao fundo. Assistiu a uma importantíssima conferência, embora mal tenha participado da conversa, mas seu papel, como sempre, foi o de um ouvinte subordinado e silenciosamente ávido.

Wangenheim me informou que janeiro de 1915 seria um excelente momento para terminar a guerra. A Itália ainda não havia entrado no conflito, mas tudo levava a crer que isso mudaria até a primavera. Bulgária e Romênia ainda se mantinham neutras, embora ninguém esperasse que aquela atitude de espera durasse para sempre. França e Inglaterra estavam se preparando para a primeira das "ofensivas primaveris" e os alemães não tinham garantias de que elas não seriam bem-sucedidas; na verdade, temiam muito que seus exércitos fossem ao encontro do desastre. Os navios de guerra britânicos e franceses estavam se reunindo em Dardanelos e o Estado-maior alemão e praticamente todos os especialistas militares e navais em Constantinopla acreditavam que as frotas Aliadas poderiam forçar passagem e capturar a cidade. Àquela altura, a maioria dos turcos estava farta da guerra e a Alemanha sempre tinha em mente que a Turquia poderia negociar uma paz separada. Depois, descobri que, toda vez que a situação militar parecia desfavorável, a Alemanha pensava na paz, mas, se a situação melhorava, os alemães voltavam a ser belicosos. No entanto, por mais que Wangenheim quisesse a paz em 1915, era bastante aparente que ele não estava pensando em uma paz permanente. O maior obstáculo à paz naquela época era o fato de a Alemanha não mostrar sinal algum de que se arrependia de seus crimes, e não havia a menor prova de sofrimento na atitude de Wangenheim. A Alemanha havia apenas feito um cálculo errado; o que Wangenheim e os outros alemães viam na situação era que seu estoque de trigo, algodão e cobre era inadequado para um conflito prolongado. Nas minhas anotações das conversas com Wangenheim, vejo que ele usava com frequência expressões como "próxima guerra", "próxima vez". O anseio confiante do embaixador por outro cataclismo mundial ainda maior do que o atual simplesmente refletia a postura da classe dominante dos *junkers*-militares. Os alemães aparentemente queriam uma reconciliação, uma espécie de armistício, que desse a seus generais e líderes industriais tempo para se preparar para o próximo conflito. Na época, há quase quatro anos, a Alemanha estava se preparando para propor o mesmo tipo de negociação de paz que sugeriu várias vezes desde então. O plano de Wangenheim era que os representantes das potências em guerra deveriam se reunir em volta de uma mesa e resolver tudo a partir do princípio do "toma lá dá cá". Ele disse que não fazia sentido exigir que cada lado apresentasse previamente suas condições.

— Se ambos os lados apresentassem previamente suas condições, o processo seria arruinado — disse. — O que faríamos? A Alemanha, é claro, faria exigências que o outro lado consideraria ridiculamente extravagantes. A Entente ditaria termos que enfureceriam a Alemanha. O resultado seria que ambas as partes ficariam tão iradas que não haveria conferência. Não, se quisermos realmente acabar com a guerra, precisamos de um armistício. Quando pararmos de lutar, não voltaremos a fazê-lo. Não houve nenhum caso de grande guerra na história em que um armistício não tenha resultado em paz. O mesmo acontecerá desta vez.

No entanto, a partir da conversa de Wangenheim pude ter uma pequena ideia das condições da Alemanha. A questão do Egito e da Mesopotâmia, apresentada anteriormente, era uma delas. Wangenheim insistiu bastante que a Alemanha deveria ter bases navais permanentes na Bélgica, assim sua marinha podia em qualquer momento ameaçar a Inglaterra de bloqueio para garantir "a liberdade dos mares". A Alemanha queria direitos de abastecimento de carvão por toda parte; essa exigência parece absurda porque a Alemanha sempre teve esses direitos em tempos de paz. Parte da Lorena e parte da Bélgica (talvez Bruxelas) podiam ser dadas à França em troca do pagamento de uma compensação.

Wangenheim pediu que eu apresentasse a argumentação alemã ao governo americano. Minha carta para Washington com data de 11 de janeiro de 1915 discutia em profundidade a situação interna que prevalecia no Império Turco e apresentava os motivos pelos quais a Alemanha e a Turquia desejavam a paz.

Uma parte especialmente interessante desse incidente foi que a Alemanha estava aparentemente ignorando a Áustria. Pallavicini, o embaixador austríaco, nada sabia das negociações iminentes até eu mesmo informá-lo a respeito. Ao ignorar dessa maneira seu aliado, o embaixador alemão não tencionava ser pessoalmente desrespeitoso; Wangenheim o estava apenas tratando como o Ministério das Relações Exteriores alemão tratava Viena, não de igual para igual, mas como um serviçal. Hoje, o mundo conhece bastante bem a absorção militar e diplomática da Áustria-Hungria por parte da Alemanha, mas o fato de Wangenheim ter dado um passo tão importante para tentar obter negociações de paz e ter deixado que Pallavicini tomasse conhecimento de tudo por meio de terceiros mostra que, já em janeiro de 1915, o Império Austro-Húngaro havia cessado de ser uma nação independente.

Obviamente, aquela proposta não deu em nada. Nosso governo se recusou a agir por não considerar o momento oportuno. Tanto a Alemanha quanto a Turquia, devo dizer, voltaram a esse assunto mais tarde. Aquela negociação específica terminou no final de março, quando Kühlmann deixou Constantinopla para se tornar ministro em Haia. Ele fez uma visita de despedida à embaixada americana e se mostrou encantador, divertido e airoso como sempre. Eventos posteriores fizeram com que eu recordasse as últimas palavras que ele proferiu ao apertar minha mão e deixar o edifício:

— Teremos a paz em três meses, Vossa Excelência!

Essa pequena cena aconteceu, e essa feliz previsão foi feita, em março de 1915!

CAPÍTULO 16

Os turcos se preparam para fugir de Constantinopla e estabelecer uma nova capital na Ásia Menor — a frota Aliada bombardeia Dardanelos

Algo que provavelmente estimulou o desejo alemão por paz foi a situação em Dardanelos. No início de janeiro, quando Wangenheim me convenceu a escrever a carta a Washington, Constantinopla estava em estado de grande agitação. Havia sido relatado que os Aliados haviam reunido uma frota de quarenta navios de guerra na entrada de Dardanelos e que pretendiam tentar forçar passagem pelo estreito. O que tornava a situação particularmente tensa era a crença, que prevalecia em Constantinopla na época, de que tal tentativa teria êxito. Essa era a opinião de Wangenheim e, de outra maneira um pouco diferente, também de Von der Goltz, que provavelmente sabia tanto a respeito das defesas de Dardanelos quanto qualquer outro homem, pois havia sido instrutor militar da Turquia. Vejo em meu diário a opinião precisa de Von der Goltz sobre esse assunto, de acordo com o que Wangenheim me informou, e reproduzo exatamente o que escrevi na época: "Embora ele julgasse quase impossível forçar passagem por Dardanelos, se a Inglaterra achasse que aquele seria um passo importante para a guerra em geral, sua marinha poderia, sacrificando dez navios, forçar rapidamente a entrada e chegar ao Mar de Mármara dez horas mais tarde".

No mesmo dia em que me comunicou aquela opinião abalizada de Von der Goltz, Wangenheim me pediu para guardar na embaixada americana vários caixotes com seus objetos de valor. Obviamente, ele estava se preparando para sua própria partida.

Ao ler o relatório de Cromer sobre o bombardeio de Dardanelos, vejo que o almirante Sir John Fisher, então primeiro lorde do almirantado, julgava que o êxito custaria doze navios à sua frota. Evidentemente, Von der Goltz e Fisher não diferiam substancialmente em suas estimativas.

A situação da Turquia quando esses primeiros boatos de um bombardeio Aliado chegaram até nós era de razoável desespero. Por todos os lados havia evidências de que o medo e o pânico haviam tomado conta não apenas do povo, mas das autoridades. Calamidades pareciam estar acometendo o país por todos os lados. Até 1º de janeiro de 1915, a Turquia nada havia feito para justificar sua participação na guerra; pelo contrário, havia sido derrotada praticamente em todas as frentes. Djemal, como já mencionei, havia deixado Constantinopla como possível "Conquistador do Egito", mas sua expedição se revelou um fracasso sangrento e humilhante. A tentativa de Enver de resgatar o Cáucaso do governo russo resultou em um desastre militar ainda mais assustador. Ele havia ignorado o conselho dos alemães de deixar que os russos avançassem até Sivas para oferecer resistência ali. Em vez disso, ele tentou com ousadia ganhar território russo no Cáucaso. O exército foi derrotado em todos os pontos, mas os reveses militares não puseram fim ao seu sofrimento. Os turcos tinham um serviço médico e sanitário muito inadequado; tifo e disenteria irromperam em todos os acampamentos, o número de mortes causadas por essas enfermidades chegou a cem mil homens. Histórias terríveis sobre os sofrimentos daqueles soldados estavam constantemente chegando. Era sabido que a Inglaterra estava preparando uma invasão da Mesopotâmia e ninguém na época tinha motivo algum para duvidar do eventual sucesso daquela empreitada. Todo dia, os turcos esperavam notícias de que os búlgaros haviam declarado guerra e estavam marchando rumo a Constantinopla, e eles sabiam que um ataque desse tipo necessariamente faria com que Romênia e Grécia também entrassem no conflito. Não era segredo diplomático o fato de a Itália estar esperando apenas a chegada do bom tempo para se unir aos Aliados. Naquele momento, a frota russa estava bombardeando Trebizonda, no Mar Negro, e era esperada diariamente na entrada do Bósforo. Enquanto isso, a situação doméstica era deplorável: em toda a Turquia, milhares de pessoas morriam cotidianamente de fome; praticamente todos os homens fisicamente aptos haviam sido convocados pelo exército, de maneira que poucos sobravam para lavrar os campos; as requisições criminosas haviam quase destruído todos os negócios; o Tesouro estava muito mais debilitado do que de costume, pois o fechamento de Dardanelos e o bloqueio dos portos do Mediterrâneo haviam interrompido todas as importações e a coleta de tarifas alfandegárias; e a crescente ira do povo parecia que a qualquer dia explodiria contra Talaat e seus companheiros. Assim, totalmente cercados por problemas crescentes, os turcos souberam que a poderosa armada da Inglaterra e dos seus aliados estava se aproximando, determinada a destruir as defesas e capturar a cidade. Na época, não havia força que os turcos temessem tanto quanto a frota britânica. Sua tradição secular de vitórias ininterruptas tomava conta da imaginação dos turcos. Eles a consideravam sobre-humana, o grande poder esmagador contra o qual era inútil lutar.

Wangenheim e quase todas as forças militares e navais da Alemanha não apenas consideravam a passagem forçada por Dardanelos possível, mas acreditavam que fosse inevitável. A possibilidade de êxito da Grã-Bretanha era um dos tópicos de discussão mais comuns e o peso da opinião tanto leiga quanto profissional pendia para o lado das frotas Aliadas. Talaat me disse que uma tentativa de forçar a passagem pelo estreito seria bem-sucedida e só dependia da disposição da Inglaterra de sacrificar alguns navios. O verdadeiro motivo para a Turquia ter enviado uma força contra o Egito, acrescentou Talaat, era desviar a atenção da Inglaterra para que ela não atacasse a península de Galípoli. O estado de espírito que reinava é demonstrado pelo fato de, em 1º de janeiro, o governo turco ter feito preparativos para dois trens, um dos quais deveria levar o sultão e sua corte para a Ásia Menor, ao passo que o outro era para Wangenheim, Pallavicini e o resto do corpo diplomático. Em 2 de janeiro, tive uma conversa esclarecedora com Pallavicini. Ele me mostrou um certificado recebido de Bedri, o chefe de polícia, que permitia que ele, seus secretários e seus serviçais tivessem acesso a um daqueles trens. O próprio Bedri também tinha bilhetes para si mesmo e para sua comitiva. Pallavicini disse que cada trem teria apenas três vagões para que pudesse viajar em grande velocidade e que havia recebido ordens para deixar tudo pronto a fim de poder partir uma hora após um eventual aviso. Wangenheim não fez muito esforço para esconder suas apreensões. Ele me disse que havia realizado todos os preparativos para mandar sua esposa para Berlim e convidou a sra. Morgenthau para acompanhá-la, a fim de também ser removida da zona de perigo. Wangenheim tinha medo de que um bombardeio bem-sucedido pudesse causar incêndios e massacres em Constantinopla, bem como no resto da Turquia. Prevendo tais distúrbios, fez uma sugestão típica: caso a frota passasse por Dardanelos, nenhum inglês na Turquia estaria a salvo, todos seriam massacrados. Como era difícil distinguir um inglês de um americano, ele propôs que eu desse aos americanos uma insígnia identificadora a fim de protegê-los da violência dos turcos. Como eu estava convencido de que o verdadeiro propósito de Wangenheim era conseguir uma maneira de identificar com exatidão os ingleses e submetê-los assim aos maus-tratos dos turcos, recusei-me a acatar aquela sugestão.

Outro incidente ilustra a tensão nervosa que prevalecia naqueles dias de janeiro. Percebi que algumas venezianas da embaixada britânica estavam abertas, então, subi até lá com a sra. Morgenthau para investigar. Havíamos lacrado aquele edifício, que estava sob minha responsabilidade, e era a primeira vez que quebrávamos os lacres para entrar. Cerca de duas horas após voltarmos daquela inspeção, Wangenheim entrou em meu escritório com ar agitado, o que havia se tornado costumeiro naquela época. Disse que havia recebido notícias de que a sra. Morgenthau e eu havíamos estado na embaixada para prepará-la para o almirante britânico que logo contava poder ocupá-la!

Tudo isso parece um pouco absurdo agora, pois, na verdade, as frotas Aliadas não fizeram ataque algum naquele período. No momento em que toda Constantinopla estava agitadamente esperando os *dreadnaughts* britânicos, o gabinete ministerial britânico em Londres estava apenas avaliando a conveniência de tal empreitada. Os registros mostram que, em 2 de janeiro, Petrogrado enviou um telegrama ao governo britânico pedindo que algum tipo de demonstração fosse feita contra os turcos, que estavam pressionando os russos no Cáucaso. Embora uma resposta encorajadora tenha sido imediatamente enviada, só em 18 de janeiro o gabinete ministerial britânico deu ordens definitivas para um ataque em Dardanelos. Não é mais segredo que todos acreditavam no sucesso daquela ação. O almirante Carden registrou sua opinião de que o estreito "não podia ser tomado rapidamente, mas que operações prolongadas com um grande número de navios podiam ter êxito". Acrescentou que o preço do fracasso seria a grande perda de prestígio e influência da Inglaterra no Oriente. Terei chance de mostrar como essa profecia se revelou verdadeira. Até aquele momento, um dos axiomas fundamentais e geralmente aceitos das operações navais era que navios de guerra não deveriam tentar atacar fortificações terrestres fixas. Todavia, os alemães haviam demonstrado o poder dos canhões móveis contra fortalezas na destruição de posições em Liège e Namur, e havia uma opinião na Inglaterra de que esses eventos haviam modificado aquele princípio naval. O sr. Churchill, na época chefe do almirantado, confiava muito no poder de destruição de um *superdreadnaught* recém-finalizado, o *Queen Elizabeth*, que estava se encaminhando para encontrar a frota mediterrânea.

Nós, em Constantinopla, nada sabíamos dessas deliberações na época, mas o resultado ficou evidente na segunda metade de fevereiro. Na tarde do dia 19, Pallavicini, o embaixador austríaco, me procurou com notícias importantes. O marquês era um homem de grande dignidade pessoal, porém, era evidente que, naquele dia, estava nervosíssimo e, de fato, não tentou esconder sua apreensão. Disse que as forças Aliadas haviam recomeçado a atacar Dardanelos e que, daquela vez, os bombardeios haviam sido extremamente ferozes. Naquele momento, a situação era ruim para os austríacos; exércitos russos estavam avançando vitoriosos; a Sérvia os havia empurrado para além da fronteira e a imprensa europeia estava cheia de prognósticos sobre a dissolução do Império Austríaco. A postura de Pallavicini naquela tarde era um reflexo perfeito dos perigos que cercavam seu país. Ele era um homem sensível e vaidoso, tinha orgulho do imperador e do que ele considerava ser o grande Império Austro-Húngaro, mas, naquele momento, parecia esmagado pelo medo de que aquele imponente projeto dos Habsburgo, que havia resistido aos ataques de tantos séculos, estivesse rapidamente se encaminhando para a ruína. Como a maioria dos seres humanos, Pallavicini ansiava por solidariedade, que não obtinha de Wangenheim, o qual raramente lhe dava confiança e sempre o tratava como o representante de uma nação forçada a se submeter ao domínio da Alemanha. Talvez por esse motivo o embaixador austríaco costumasse abrir seu coração comigo. E aquele bombardeio de Dardanelos representou o auge de suas preocupações. Na época, as Potências Centrais acreditavam que haviam lacrado Dardanelos e encurralado a Rússia, que não podia levar seu trigo até o mercado nem importar as munições necessárias para dar prosseguimento à guerra. Assim, Alemanha e Áustria haviam imobilizado seu gigantesco inimigo e, se aquela situação pudesse ser mantida indefinidamente, o colapso da Rússia seria inevitável. É verdade que, naquele momento, as forças do czar estavam realizando uma campanha vitoriosa e já isso era suficientemente alarmante para a Áustria, mas os suprimentos de materiais bélicos dos russos acabariam por se esgotar e, então, a grande superioridade em número de tropas seria de pouca ajuda e a Rússia inevitavelmente ruiria. Porém, se conquistassem Constantinopla, com o controle de Dardanelos e do Bósforo, os russos poderiam obter toda a munição necessária para travar uma guerra em grande escala e a derrota das Potências Centrais poderia vir logo em seguida. Pallavicini sabia que uma derrota desse tipo seria muito mais grave para a Áustria do que para a Alemanha. Wangenheim havia me dito que o plano da Alemanha, caso o Império Austro-Húngaro se desintegrasse, era incorporar os doze milhões de germânicos aos domínios dos Hohenzollern, e Pallavicini, é claro, estava ciente desse perigo. Portanto, o ataque dos Aliados a Dardanelos significava para Pallavicini a extinção do seu país, pois, para entender adequadamente seu estado de espírito, devemos nos lembrar de que ele acreditava piamente, como quase todos os outros homens importantes em Constantinopla, que tal ataque seria bem-sucedido.

Wangenheim também era atormentado por essa mesma convicção. Como já mostrei, o encurralamento da Rússia havia sido um feito quase exclusivo do embaixador alemão. Ele havia levado o *Goeben* e o *Breslau* para Constantinopla e, com aquela manobra, apressou a entrada da Turquia na guerra. A passagem forçada pelo estreito significaria a transformação da Rússia em um participante permanente e poderoso na guerra; significaria – e essa não era de forma alguma uma consideração sem importância para Wangenheim – a destruição da sua grande conquista pessoal. Todavia, Wangenheim mostrava sua apreensão de uma maneira muito diferente de Pallavicini. Em um comportamento tipicamente alemão, ele recorria a ameaças e bravatas. Não dava sinais exteriores de depressão, mas todo seu corpo vibrava de raiva. Ele não deplorava seu destino, procurava maneiras de contra-atacar. Ficava sentado em meu escritório, fumando com sua energia de sempre, e me contava todas as coisas terríveis que pensava em fazer com o inimigo. Uma coisa que preocupava particularmente Wangenheim era a posição devassada da embaixada alemã. O edifício ficava em uma alta colina e era um dos pontos mais conspícuos da cidade, um alvo perfeito para um almirante inglês arrojado. Aquele monumento amarelo dos Hohenzollern seria praticamente a primeira coisa a ser avistada pela frota britânica ao entrar no porto e a tentação de bombardeá-lo poderia se revelar irresistível.

— Eles que ousem destruir minha embaixada! — exclamou Wangenheim. — Irei à forra! Se fizerem um único disparo contra a representação alemã, explodirei as embaixadas da França e da Inglaterra! Diga isso ao almirante, por favor. Diga também que estamos com a dinamite pronta!

Wangenheim também estava muito ansioso com a proposta de remoção do governo para Eski-Shehr. No início de janeiro, quando todos estavam esperando a chegada da frota Aliada, preparativos haviam sido feitos para transferir o governo para a Ásia Menor e, naquele momento, ao primeiro estrondo dos canhões franceses e britânicos, os trens especiais estariam preparados mais uma vez. Wangenheim e Pallavicini me disseram que não queriam seguir com o sultão e o governo para a Ásia Menor. Caso os Aliados capturassem Constantinopla, os embaixadores das Potências Centrais se veriam isolados de seus países e ficariam completamente nas mãos dos turcos.

— Os turcos poderiam nos tomar como reféns — disse Wangenheim.

Ele e Pallavicini insistiram para que Talaat estabelecesse um governo de emergência em Adrianópolis, de onde eles poderiam alcançar Constantinopla de automóvel e, então, caso a capital fosse capturada, poderiam fugir para seus países. Os turcos, por outro lado, se recusavam a adotar essa sugestão porque temiam um ataque da Bulgária. Wangenheim e Pallavicini estavam no meio de um fogo cruzado. Se ficassem em Constantinopla, poderiam se tornar prisioneiros dos ingleses e franceses; por outro lado, se fossem para Eski-Shehr, era provável que se tornassem prisioneiros dos turcos. Muitas provas da frágil base em que repousava a aliança teuto-turca haviam chegado ao meu conhecimento, mas essa era a mais esclarecedora. Wangenheim, assim como todos, sabia que, se os franceses e ingleses capturassem Constantinopla, os turcos descarregariam sua raiva não na Entende, mas nos alemães que os haviam atraído para a guerra.

Tudo isso parece muito estranho agora, essa convicção que preocupava a todos na época de que o sucesso das frotas Aliadas em Dardanelos era inevitável e que a captura de Constantinopla era apenas uma questão de poucos dias. Lembro-me de uma acalorada discussão que aconteceu na embaixada americana na tarde de 24 de fevereiro. A ocasião era a recepção semanal da sra. Morgenthau, encontros que, naqueles dias, representavam quase a única oportunidade para que os diplomatas se reunissem. Praticamente todos estavam presentes naquela tarde. O primeiro grande bombardeio de Dardanelos havia acontecido cinco dias antes e praticamente destruíra as fortificações na entrada do estreito. Obviamente, só havia um assunto em discussão: será que as frotas Aliadas conseguiriam abrir passagem? O que aconteceria se elas conseguissem? Todos deram sua opinião – Wangenheim; Pallavicini; Garroni, o embaixador italiano; D'Anckarsvard, o ministro sueco; Koloucheff, o ministro búlgaro;

Kühlmann; e Scharfenberg, primeiro-secretário da embaixada alemã – e a opinião unânime era que o ataque Aliado teria êxito. Lembro-me especialmente da postura de Kühlmann. Ele discutiu a captura de Constantinopla quase como se fosse um fato consumado. O embaixador persa mostrou grande ansiedade, sua embaixada não ficava distante da Porta Sublime. Ele me disse que temia que o edifício fosse bombardeado e que alguns disparos perdidos pudessem incendiar sua residência, depois, perguntou se poderia transferir seus arquivos para a embaixada americana. Os boatos mais disparatados circulavam: disseram-nos que o agente da Standard Oil em Dardanelos havia contado 17 embarcações cheias de tropas e que aqueles navios de guerra já haviam feito mais de oitocentos disparos, destruindo todas as colinas na entrada do estreito; além disso, o guarda-costas de Talaat havia sido alvejado, pois o tiro não acertara a vítima desejada. Dizia-se que o povo turco estava morrendo de medo que os ingleses e franceses, quando chegassem a Constantinopla, celebrassem o acontecimento atacando as mulheres da cidade. Esses últimos relatos, obviamente, eram absurdos, não passavam de típicos boatos espalhados pelos alemães e por seus parceiros turcos. A verdade é que a grande maioria da população de Constantinopla provavelmente estava rezando para que o ataque Aliado fosse bem-sucedido, pois assim o povo turco seria libertado do jugo da gangue política que governava o país naquela época.

Em meio a toda aquela agitação, havia uma figura solitária e desesperada: Talaat. Sempre que eu o via naqueles dias críticos, ele era o retrato da desolação e da derrota. Os turcos, como a maioria dos povos primitivos, demonstram claramente suas emoções e passam rapidamente da exultação ao desespero. O estrondo dos canhões britânicos no estreito aparentemente significava ruína para Talaat. O carteiro de Adrianópolis parecia ter chegado ao fim de sua carreira. Ele me revelou novamente sua previsão de que os ingleses capturariam a capital turca e, mais uma vez, disse que lamentava o fato de a Turquia ter entrado na guerra. Talaat sabia o que aconteceria assim que a frota Aliada entrasse no Mar de Mármara. Segundo o relatório da Comissão Cromer, lorde Kitchener, ao dar seu consentimento para uma expedição puramente naval, deu como certa uma revolução na Turquia, que tornaria a empreitada bem-sucedida. Lorde Kitchener foi muito criticado por seu papel no ataque a Dardanelos; no entanto, devo fazer jus à sua memória e dizer que, nesse ponto, ele estava absolutamente certo. Se as frotas Aliadas tivessem superado as defesas no estreito, o governo dos Jovens Turcos teria tido um fim cruento. Assim que os canhões começaram a disparar, cartazes começaram a surgir nos tapumes denunciando Talaat e seus companheiros como responsáveis por todos os males que haviam acometido a Turquia. Bedri, o chefe de polícia, estava ocupado reunindo todos os jovens desempregados e mandando-os para fora da cidade; seu propósito era livrar Constantinopla de todas as pessoas que pudessem iniciar uma revolução contra os Jovens Turcos. Falava-se que Bedri tinha muito mais medo daquela revolução do que da frota britânica. E esse também era o nêmesis que perseguia Talaat a todo instante.

Um único episódio ilustra a agitação que prevalecia. O dr. Lederer, correspondente do *Berliner Tageblatt*, fez uma breve visita a Dardanelos e, em seu retorno, relatou a algumas damas do círculo diplomático que os oficiais alemães haviam dito que estavam vestindo suas mortalhas, pois esperavam ser enterrados a qualquer momento naquele lugar. Tal afirmação se espalhou como um incêndio pela cidade e o dr. Lederer foi ameaçado de prisão. Ele apelou para que eu o ajudasse; levei-o até Wangenheim, que se recusou a fazer qualquer coisa por ele. Lederer, ele disse, era um súdito austríaco, embora representasse um jornal alemão. Sua raiva em relação a Lederer por aquela indiscrição era extrema. Todavia, consegui levar o impopular jornalista para a embaixada austríaca, onde ele passou a noite. Em poucos dias, Lederer teve de deixar a cidade.

No meio de toda aquela agitação, havia uma pessoa que aparentemente não estava nem um pouco perturbada. Embora embaixadores, generais e políticos antecipassem as piores calamidades, a voz de Enver era tranquilizadora e serena. A frieza e o espírito realmente corajoso daquele homem nunca foram tão benéficos. No final de dezembro e em janeiro, Enver estava lutando contra os russos no Cáucaso. Suas experiências naquela campanha, como já foi descrito, não se mostraram nada gloriosas. Ele havia partido de Constantinopla em novembro para se unir ao seu exército como um conquistador promissor; no final de janeiro, voltou como o comandante de uma força totalmente abatida e desmoralizada. Uma experiência tão desastrosa teria arruinado ainda mais qualquer outro líder militar, e o fato de Enver se ressentir profundamente daqueles reveses ficava evidente em sua tentativa de evitar aparições públicas. Eu o vi pela primeira vez após seu retorno em um concerto em prol do Crescente Vermelho. Naquela ocasião, Enver se sentou ao fundo de um camarote, como se quisesse se manter longe de olhares. Era bastante evidente que ele não sabia se seria recebido cordialmente pelo público. Todas as pessoas importantes de Constantinopla, o príncipe da coroa, os membros do gabinete ministerial e os embaixadores foram ao evento e, de acordo com a praxe, o príncipe da coroa convocava individualmente os dignitários para saudá-los e congratulá-los. Depois disso é que as visitas entre os camarotes aconteciam. O herdeiro do trono convocou Enver, bem como todos os outros, e aquele reconhecimento evidentemente o encorajou, pois ele começou a circular entre os diplomatas, que também o trataram com suma cordialidade e cortesia. Enver aparentemente julgou que aquele sinal favorável representava o restabelecimento do seu status e mais uma vez assumiu um papel de destaque na crise. Alguns dias depois, ele discutiu a situação comigo. Disse estar perplexo com o medo que prevalecia em geral e revoltado com os preparativos que haviam sido feitos para mandar embora o sultão e o governo, o que praticamente tornava a cidade uma presa fácil para os ingleses. Ele não acreditava que as frotas Aliadas pudessem forçar passagem por Dardanelos; havia inspecionado pouco antes todas as fortificações e confiava em sua capacidade de resistir com sucesso. Mesmo que os navios passassem, insistia, Constantinopla deveria ser defendida até o último homem.

Todavia, a garantia de Enver não satisfazia seus companheiros. Eles haviam tomado todas as providências para enfrentar a frota britânica. Os governantes haviam preparado seus planos finais caso ainda houvesse, apesar da mais heroica resistência dos exércitos turcos, a probabilidade de a cidade ser capturada pelos Aliados. Eles propunham fazer com aquela grande cidade exatamente o que os russos haviam feito com Moscou quando Napoleão lá chegou.

— Eles jamais capturarão uma cidade — disseram-me —, apenas um monte de cinzas.

De fato, não se tratava de uma ameaça vazia. Eu soube que latas de petróleo já haviam sido armazenadas em todas as delegacias e em outros lugares e estavam prontas para incendiar a cidade em pouquíssimo tempo. Como as construções de Constantinopla são, em grande parte, de madeira, a tarefa não seria muito difícil. Mas eles estavam dispostos a destruir mais do que apenas aquelas estruturas temporárias; os planos tinham como alvo os belos monumentos arquitetônicos construídos pelos cristãos muito antes da ocupação turca. Os turcos haviam decidido dinamitar a mesquita de Santa Sofia. Esse edifício, que foi uma igreja cristã séculos antes de se tornar uma mesquita maometana, é uma das estruturas mais magníficas do extinto Império Bizantino. Naturalmente, a sugestão de tal ato de vandalismo indignou todos nós e eu pedi a Talaat que Santa Sofia fosse poupada. Ele tratava a proposta de destruição com leviandade.

— Não existem seis homens na Comissão de União e Progresso que se importam com qualquer coisa antiga — ele me disse. — Todos nós gostamos de coisas novas!

Essa foi a única afirmação que obtive a respeito de tal questão na época.

A insistência de Enver de que Dardanelos podia resistir fez com que seus companheiros perdessem confiança em seu julgamento. Cerca de um ano mais tarde, o bei Bedri, o chefe de polícia, me forneceu detalhes adicionais. Bedri disse que, enquanto Enver ainda estava no Cáucaso, Talaat havia convocado uma conferência, uma espécie de conselho de guerra, sobre Dardanelos, da qual participaram Liman von Sanders, o general alemão que reorganizara o exército turco; Usedom, o almirante alemão que era o inspetor geral das defesas costeiras otomanas; Bronssart, o chefe do Estado-maior do exército turco, e muitas outras pessoas. Todos os homens presentes eram da opinião de que as frotas da Grã-Bretanha e da França podiam forçar a passagem pelo estreito; a única discussão, segundo Bedri, era se os navios demorariam oito ou vinte horas para chegar a Constantinopla após terem destruído as defesas. A posição de Enver era de conhecimento geral, mas o conselho decidiu ignorá-la e fazer os preparativos à sua revelia para eliminar o ministro da guerra, ao menos temporariamente, das deliberações daquele grupo.

No início de março, Bedri e Djambolat, que era diretor de segurança pública, foram me visitar. Na época, o êxodo da capital havia começado. Mulheres e crianças turcas estavam sendo transferidas para o interior, todos os bancos haviam sido forçados a enviar seu ouro para a Ásia Menor, os arquivos da Porta Sublime já haviam sido levados para Eski-Shehr, e praticamente todos os embaixadores e suas comitivas, bem como a maioria das autoridades do governo, haviam feito preparativos para partir. O diretor do museu, que era um dos seis turcos aos quais Talaat havia se referido como pessoas "que gostam de coisas velhas", enterrara muitas das mais refinadas obras de arte de Constantinopla em adegas ou as havia coberto como forma de proteção. Bedri foi acertar os detalhes da minha partida. Como embaixador, eu havia apresentado minhas credenciais pessoalmente ao sultão e, obviamente, seria meu dever, segundo Bedri, seguir o sultão aonde quer que ele fosse. O trem estava pronto, ele acrescentou. Bedri queria saber quantas pessoas eu pretendia levar comigo a fim de reservar espaço suficiente. Recusei categoricamente tal proposta. Informei a Bedri que, a meu ver, minhas responsabilidades exigiam que eu permanecesse em Constantinopla. Somente um embaixador neutro, eu disse, poderia impedir massacres e a destruição da cidade e eu tinha a obrigação junto ao mundo civilizado de prevenir, se possível, calamidades como aquelas. Se, como embaixador, era inevitável que eu seguisse o sultão, eu renunciaria ao meu cargo e me tornaria cônsul-geral honorário.

Tanto Bedri quanto Djambolat eram muito mais novos e tinham muito menos experiência do que eu e, portanto, eu disse que eles precisavam de um homem maduro para aconselhá-los em uma crise internacional daquele tipo. Eu estava interessado não apenas em proteger os estrangeiros e as instituições americanas, mas também, por motivos humanitários, em salvaguardar a população turca dos excessos que eram esperados. A coexistência de várias nacionalidades, muitas das quais naturalmente propensas a saques e massacres, era motivo de grande ansiedade. Portanto, propus a Bedri e a Djambolat que nós três formássemos uma espécie de comissão a fim de assumir o controle durante a crise iminente. Eles consentiram e nós três nos sentamos e escolhemos um curso de ação. Pegamos um mapa de Constantinopla e marcamos os distritos que, sob as regras bélicas em vigor, os Aliados, a nosso ver, teriam direito de bombardear. Assim, decidimos que o Departamento de Guerra, o Departamento de Marinha, as agências dos telégrafos, as estações ferroviárias e todos os edifícios públicos podiam legitimamente se tornar alvos dos canhões dos Aliados. Depois, marcamos certas zonas que deveríamos insistir em considerar imunes. O principal setor residencial e a parte em que todas as embaixadas estão localizadas era Pera, o distrito na margem norte do Chifre de Ouro. Nós o marcamos como não passível de ataques. Também delimitamos algumas áreas residenciais de Istambul e Gálata, os setores turcos. Telegrafei a Washington, pedindo ao Departamento de Estado para obter dos governos da Grã-Bretanha e da França uma ratificação daqueles planos e um acordo para que aquelas zonas de segurança fossem respeitadas. Recebi uma resposta que endossava a minha ação.

Portanto, todos os preparativos haviam sido feitos. Na estação, estavam os trens que deveriam levar o sultão, o governo e os embaixadores para a Ásia Menor. Estavam preparados para partir de um minuto a outro. Todos estávamos esperando a chegada triunfal da frota Aliada.

CAPÍTULO 17

Enver como o homem que demonstrou "a vulnerabilidade da frota britânica" — as defesas antiquadas de Dardanelos

Quando a situação atingiu aquele estágio emocionante, Enver me pediu para visitar Dardanelos. Ele ainda insistia que as fortificações eram inexpugnáveis e não conseguia entender o pânico que tomava conta de Constantinopla. Ele mesmo havia visitado Dardanelos, inspecionado cada canhão e cada plataforma e estava totalmente confiante de que seus soldados poderiam refrear indefinidamente a frota Aliada. Havia levado Talaat até lá e, com isso, atenuou consideravelmente o medo daquele homem de Estado. Enver tinha certeza de que, se eu visitasse as fortificações, me convenceria de que as frotas nunca seriam capazes de atravessar o estreito e poderia, então, tranquilizar o povo e reduzir a agitação. Desconsiderei algumas dúvidas naturais quanto ao fato de um embaixador se expor aos perigos de uma situação daquele gênero – havia bombardeios quase diários – e aceitei prontamente o convite de Enver.

Na manhã do dia 15, deixamos Constantinopla no *Yuruk*. O próprio Enver nos acompanhou até Panderma, uma cidade asiática no Mar de Mármara. O grupo incluía várias outras pessoas ilustres: o bei Ibrahim, ministro da justiça; o paxá Husni, general que havia comandado o exército que depôs Abdul Hamid na revolução dos Jovens Turcos, e o senador e paxá Cheriff Djafer, árabe descendente direto do Profeta. Um companheiro de viagem especialmente simpático era o paxá Fuad, um velho marechal de campo que teve uma carreira aventurosa e que, apesar da idade, sabia como se divertir. Ele comia e bebia muito e tinha muitas histórias a contar sobre exílios, batalhas e fugas por um triz como as de Otelo. Todos aqueles homens eram muito mais velhos do que Enver e tinham ancestrais muito mais distintos; todavia, tratavam aquele moleque com a máxima deferência.

Enver parecia particularmente feliz por ter aquela oportunidade de discutir a situação. Logo após o café da manhã, ele me separou do grupo e, juntos, fomos para o convés. Era um belo dia de verão e o céu no Mar de Mármara tinha aquele tom azul profundo que só encontramos naquela parte do mundo. O que mais me impressionou foi o total silêncio, a inatividade quase desoladora daquelas águas calmas. Nosso navio era quase o único à vista, e aquele mar interno, que em tempos normais era uma das grandes vias comerciais do mundo, era praticamente um deserto primevo naquele momento. Toda a cena era meramente um reflexo do grande triunfo da diplomacia alemã no Oriente Próximo. Havia quase seis meses que nenhum navio mercante russo passava pelo estreito. Todo o comércio da Romênia e da Bulgária, que chegava à Europa normalmente através do mar interno, desaparecera havia muito tempo. Em última instância, toda aquela desolação significava que a Rússia estava bloqueada e completamente isolada de seus aliados. Como esse fato foi importante para a história mundial nos últimos três anos! Inglaterra e França estavam tentando superar aquela desvantagem, conectar seus próprios recursos militares aos do grande aliado oriental e fazer voltar a Dardanelos e Mármara os milhares de navios que significavam a existência da Rússia como potência militar, econômica e, como eventos subsequentes demonstraram, até mesmo política. Estávamos nos aproximando do cenário de uma das grandes crises da guerra.

Será que a Inglaterra e seus aliados teriam êxito naquela empreitada? Seus navios em Dardanelos destruiriam as fortificações, abririam passagem e transformariam novamente a Rússia em uma força permanente na guerra? Esse foi o principal assunto que Enver e eu discutimos enquanto, por quase três horas, andamos de um lado para outro no convés. Enver mais uma vez falou do "pânico tolo" que havia tomado conta de quase todas as classes na capital.

— Mesmo que Bulgária e Grécia se voltem contra nós — ele disse —, defenderemos Constantinopla até o fim. Temos muitas armas e muita munição em terra firme, ao passo que as baterias de ingleses e franceses são flutuantes. E as vantagens naturais do estreito são tão grandes que os navios de guerra pouco podem contra elas. Não me importa o que os outros pensam. Estudei esse problema mais pormenorizadamente do que todos e acho que tenho razão. Enquanto eu estiver à frente do Departamento de Guerra, não desistiremos. De fato, não sei o que esses navios de guerra ingleses e franceses pretendem. Suponhamos que eles passem por Dardanelos, entrem em Mármara e cheguem a Constantinopla; de que isso vai lhes servir? Admito que eles podem bombardear e destruir a cidade, mas não podem capturá-la, pois têm poucas tropas para o desembarque. A menos que tragam um exército numeroso, estarão presos em uma armadilha. Talvez possam ficar aqui durante duas ou três semanas até que os mantimentos e suprimentos se esgotem e eles tenham de voltar, atravessar mais uma vez o estreito e novamente correr o risco de aniquilação. Enquanto isso, consertaremos os fortes, traremos tropas e nos prepararemos para eles. A meu ver, é uma empreitada muito tola.

Já mencionei que Enver havia tomado Napoleão como seu exemplo e, naquela expedição a Dardanelos, ele parecia ter visto uma oportunidade napoleônica. Enquanto caminhávamos pelo convés, ele parou um momento, olhou sério para mim e disse:

— Entrarei para a história como o homem que demonstrou a vulnerabilidade da Inglaterra e da sua frota. Demonstrarei que sua marinha não é invencível. Estive na Inglaterra alguns anos antes da guerra e discuti a posição do país com muitos de seus líderes, como Asquith, Churchill e Haldane. Eu disse que eles estavam seguindo o caminho errado. Winston Churchill declarou que a Inglaterra podia se defender apenas com sua marinha e não precisava de um grande exército. Eu disse a ele que nenhum grande império podia durar sem ter exército e marinha. Vi que a opinião de Churchill era a que prevalecia em toda a Inglaterra. Só conheci um homem que concordava comigo: o lorde Roberts. Bem, Churchill agora já mandou a frota para cá, talvez para me mostrar que sua marinha pode fazer tudo o que ele havia dito. Veremos.

Enver parecia encarar aquela expedição naval como um desafio pessoal do sr. Churchill, quase como uma continuação da conversa entre os dois em Londres.

— Vocês também deveriam ter um exército grande — disse Enver, referindo-se aos Estados Unidos. — Não acredito — acrescentou — que a Inglaterra esteja tentando forçar passagem por Dardanelos porque a Rússia pediu. Quando estive na Inglaterra, conversei com Churchill sobre a possibilidade de uma guerra generalizada. Ele me perguntou o que a Turquia faria em tal caso e disse que, se ficássemos do lado da Alemanha, a frota britânica forçaria a passagem por

Dardanelos e capturaria Constantinopla. Churchill não está tentando ajudar a Rússia, está pondo em prática a ameaça que fez para mim naquela época.

Enver falava com muita determinação e convicção; disse que quase todos os danos infligidos aos fortes externos haviam sido reparados e que os turcos tinham métodos de defesa dos quais os inimigos nem suspeitavam. Mostrava muita amargura em relação aos ingleses, acusava-os de tentar subornar autoridades turcas e até disse que eles haviam instigado atentados contra sua própria vida. Por outro lado, não mostrava nenhum apreço especial em relação aos alemães. O comportamento arrogante de Wangenheim o havia irritado muito e os turcos, segundo ele, não se davam muito bem com os oficiais alemães.

— Turcos e alemães — acrescentou — não se importam uns com os outros. Estamos com eles porque é do nosso interesse e vice-versa. A Alemanha só apoiará a Turquia enquanto isso a ajudar, e a recíproca é verdadeira.

Ao final da nossa entrevista, Enver parecia estar muito impressionado com o relacionamento pessoal íntimo que havíamos estabelecido. Ele aparentemente acreditava que o grande Enver, o Napoleão da Revolução Turca, havia quebrado o protocolo ao discutir as questões da sua nação com um mero embaixador.

— Sabe — ele disse —, não há ninguém na Alemanha que fale com tanta intimidade com o imperador como eu falei com o senhor hoje.

Chegamos a Panderma por volta das 14h. Ali, Enver e seu automóvel foram desembarcados e nosso grupo partiu novamente. Nosso barco chegou a Galípoli no final da tarde. Ancoramos no porto e pernoitamos a bordo. Durante toda a noite, pudemos ouvir os canhões bombardeando fortificações, mas aqueles lembretes de guerra e morte não afetaram o espírito dos meus anfitriões turcos. Para eles, a ocasião era um grande divertimento; haviam passado vários meses realizando trabalhos difíceis com dedicação e, naquele momento, se comportavam como meninos que haviam saído de férias. Contavam piadas e anedotas, entoavam as canções mais estranhas e pregavam as peças mais pueris uns nos outros. O venerável Fuad, apesar de ter quase noventa anos, mostrou-se muito divertido e o fato de seus companheiros o terem escolhido como alvo de suas brincadeiras parecia apenas diverti-lo ainda mais. O entretenimento chegou ao ápice quando um de seus amigos serviu-lhe furtivamente água-de-colônia. O idoso cavalheiro observou a bebida por um momento e, depois, a diluiu com água. Disseram-me que a maneira apropriada para testar o *raki*, a popular bebida alcoólica turca, é misturá-lo com água: se o líquido ficar branco, é realmente *raki*. Ao que parece, o mesmo acontece com a água-de-colônia, pois o conteúdo do copo de Fuad, depois do teste, ficou branco. O idoso cavalheiro, portanto, virou todo o copo sem fazer nenhuma careta, provocando risos nos outros.

De manhã, partimos novamente. Já estávamos em Dardanelos e, de Galípoli, tínhamos um percurso de quarenta quilômetros por mar para chegar até Tchanak Kalé. Durante a maior parte desse trecho o estreito é desinteressante e, de um ponto de vista militar, irrelevante. O curso d'água tem cerca de três quilômetros de largura, ambos os lados são baixos e pantanosos e apenas alguns vilarejos esparsos mostram algum sinal de vida. Disseram-me que havia algumas fortificações antigas com, apontados para Mármara, canhões enferrujados cujas plataformas haviam sido construídas no início do século XIX com o objetivo de evitar a entrada de navios hostis pelo norte. Aquelas fortificações, porém, eram tão pouco aparentes que eu não conseguia enxergá-las; meus anfitriões me informaram que elas não tinham poder de luta e que, de fato, não havia nada na parte norte do estreito, da ponta de Nagara até Mármara, que pudesse oferecer resistência a uma frota moderna. Meu principal interesse naquela parte de Dardanelos era puramente histórico e lendário. A antiga cidade de Lâmpsaco aparecia na moderna Lapseki, em frente a Galípoli, e a ponta Nagara é o local da antiga Abido, de onde Leandro costumava partir para atravessar a nado toda noite o Helesponto até Hero, um feito que foi repetido cerca de cem anos atrás por Lord Byron. Ali, Xerxes também passou da Ásia para a Grécia em uma ponte de barcos, embarcando na famosa expedição que o tornaria o senhor da humanidade. Ao passar pelo cenário do seu feito, achei que o espírito de Xerxes ainda estava bastante ativo no mundo! Os alemães e turcos haviam encontrado um uso menos romântico para aquela parte mais estreita de Dardanelos, pois ali haviam estendido um cabo e uma barragem antissubmarinos composta de minas e redes, um dispositivo que, como descreverei, não impediu que os navios submergíveis da Inglaterra e da França entrassem em Mármara e no Bósforo. Foi apenas quando circundamos a histórica ponta de Nagara que a monotonia das margens planas deu lugar a uma paisagem mais diversificada. Do lado europeu, os promontórios começavam a descer abruptamente até a água, lembrando-me a nossa Palisades no rio Hudson, e pude vislumbrar as colinas e cadeias montanhosas que se revelariam obstáculos trágicos para os corajosos exércitos Aliados. A configuração da terra ao sul de Nagara, com muitas colinas e cadeias montanhosas, deixava claro por que os engenheiros militares haviam escolhido aquele trecho do estreito de Dardanelos como a parte mais apropriada para a defesa. Nosso barco estava se aproximando do ponto que talvez fosse o mais imponente de todo o estreito, a cidade de Tchanak Kalé, ou para usar seu nome europeu moderno, Dardanelos. Em tempos normais, aquele era um próspero porto com 16 mil habitantes e casas de madeira, centro de um comércio considerável de lã e outros produtos e, durante vários séculos, uma importante estação militar. Naquele momento, com exceção dos soldados, a cidade estava deserta, pois a grande população civil havia sido transferida para a Anatólia. Soubemos que a frota britânica havia bombardeado aquela cidade; todavia, a afirmação parecia pouco provável, pois vi uma única casa que havia sido atingida, evidentemente por um projétil perdido que tinha como mira as fortificações vizinhas.

O paxá Djevad, comandante em chefe em Dardanelos, foi nos encontrar e acompanhou nosso grupo até o quartel-general. Djevad era um homem culto, com modos agradáveis e cordiais. Como ele falava muito bem alemão, não precisei de intérprete. Fiquei muito impressionado pela deferência com que os oficiais alemães o tratavam; estava claro que ele era o comandante em chefe daquele teatro de guerra e que os generais do kaiser eram seus subordinados. Ao entrarmos em seu escritório, Djevad parou na frente de um pedaço de torpedo montado no meio da sala, obviamente um *souvenir*.

— Aí está o grande criminoso! — ele disse, chamando minha atenção para a relíquia.

Naquela época, os jornais estavam aclamando o feito de um submarino inglês que havia viajado da Inglaterra até Dardanelos, passado por baixo do campo minado e torpedeado o navio de guerra turco *Mesudié*.

— Esse foi o torpedo — disse Djevad. — O senhor verá os restos do navio quando descer.

A primeira fortificação que visitei foi a de Anadolu Hamidié (ou seja, Hamidié asiática), localizada à beira d'água, nos arredores de Tchanak Kalé. Minha primeira impressão foi de que estava na Alemanha. Os oficiais eram praticamente todos alemães e, por toda parte, havia alemães construindo contrafortes com sacos de areia e fortificando de outras maneiras as plataformas dos canhões. Ali, o alemão, e não o turco, era o idioma ouvido por toda parte. O coronel Wehrle, que me conduziu até aquelas baterias, teve grande prazer em mostrá-las. Ele tinha o orgulho simples do artista em relação ao seu próprio

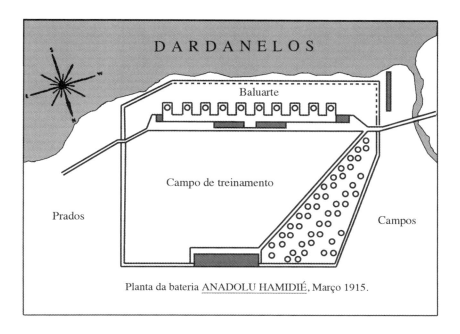

Planta da bateria ANADOLU HAMIDIÉ, Março 1915.

trabalho e me falou da felicidade que havia tomado conta dos seus dias quando a Alemanha finalmente entrou na guerra. Disse que havia passado a vida inteira fazendo exercícios militares e que, como a maioria dos alemães, estava cansado de manobras, batalhas simuladas e outras formas de falsas hostilidades. Todavia, estava com quase cinquenta anos, havia se tornado coronel e temia que sua carreira terminasse sem uma experiência militar verdadeira. Então, aconteceu aquele evento maravilhoso, e lá estava ele lutando contra um inimigo inglês verdadeiro, disparando armas e projéteis de verdade! Não havia nada de brutal nos modos de Wehrle. Ele era um cavalheiro "*gemütlich*" de Baden, extremamente agradável, contudo, estava excitado com o espírito do "*Der Tag*". Seu comportamento era simplesmente o de um homem que havia passado a vida toda aprendendo um ofício e que estava exultante por finalmente ter a oportunidade de exercê-lo. Mas Wehrle era um exemplo esclarecedor do temperamento militar alemão e das forças que haviam realmente causado a guerra.

Sentindo-me em terreno totalmente alemão, perguntei ao coronel Wehrle por que havia tão poucos turcos daquele lado do estreito.

— O senhor não me fará esta pergunta depois de visitar o outro lado do estreito esta tarde — ele respondeu sorrindo.

A localização de Anadolu Hamidié parecia ideal. A fortificação fica bem à beira d'água e é composta (ou era composta, na época) de dez canhões, cada um com capacidade de varrer totalmente o estreito de Dardanelos. Ao chegar ao parapeito, tive uma visão clara do estreito e Kum Kalé, na entrada, a cerca de 25 quilômetros de distância, destacava-se na paisagem. Nenhum navio de guerra podia entrar naquelas águas sem ser imediatamente visto pelos artilheiros. Entretanto, aos olhos de um leigo como eu, a fortaleza não parecia particularmente impressionante. O parapeito e os peitoris eram simples montes de terra e ainda hoje estão praticamente como foram deixados pelos construtores franceses em 1837. Existe uma crença disseminada de que os alemães haviam modernizado completamente as defesas de Dardanelos, mas isso não era verdade naquela época. Os canhões que defendiam o forte Anadolu Hamidié tinham mais de trinta anos, eram todos modelos Krupp de 1885, e a parte externa enferrujada de alguns testemunhava a idade daqueles armamentos. O seu raio de alcance máximo era de apenas cerca de 15 quilômetros, ao passo que o raio de alcance dos canhões dos navios de guerra que os antagonizavam era de 16 quilômetros, sendo que o alcance dos armamentos do *Queen Elizabeth* era de quase 18 quilômetros. Os números que forneci em relação a Anadolu Hamidié também se aplicavam a praticamente todos os canhões das outras fortificações em atividade. Portanto, no que dizia respeito ao raio de alcance, o *Queen Elizabeth* sozinho podia subjugá-los. As fortificações também não continham suprimentos consideráveis de munição. Naquela época, os jornais europeus e americanos publicavam histórias que diziam que trens carregados de projéteis e armas estavam atravessando a Romênia no trajeto entre a Alemanha e Dardanelos. Com base no que vi naquela viagem e em momentos subsequentes, estou convencido de que tais relatos eram pura ficção. Um pequeno número de "cabeças vermelhas", ou seja, projéteis não perfuradores de blindagem, úteis apenas para enfrentar grupos de desembarque, havia sido trazido de Adrianópolis e estava repousando em Hamidié no momento da minha visita, mas era uma quantidade pequena de projéteis que não serviam para enfrentar navios. Dou tanto destaque a Hamidié porque essa era a fortificação mais importante em Dardanelos, que, durante todo o bombardeio, atraiu mais fogo Aliado do que qualquer outra posição e foi responsável por pelo menos 60% dos disparos efetuados. Foi Anadolu Hamidié que, no grande bombardeio de 19 de março, afundou o *Bouvet*, o couraçado francês, e que, no curso de todo o ataque, desabilitou várias outras unidades. Todos os seus oficiais eram alemães e 85% dos homens em serviço provinham das tripulações do *Goeben* e do *Breslau*.

Entramos no automóvel e prosseguimos pela estrada militar até Dardanos, passando no caminho pelos destroços do *Mesudié*. A bateria de Dardanos era completamente turca, assim como a de Hamidié era alemã. Os canhões em Dardanos eram um pouco mais modernos do que os de Hamidié, modelos Krupp de 1905. Ali também estava estacionada a única nova bateria que os alemães haviam estabelecido até o momento da minha visita, que consistia em vários canhões que haviam sido tirados de navios de guerra alemães e turcos que estavam no Bósforo. Alguns dias antes da nossa inspeção, a frota Aliada havia entrado na baía de Erenkeui e submetido Dardanos a um terrível bombardeio, cujas provas vi por toda parte. Por quase oitocentos metros, a terra parecia ter sido completamente revolvida; aquela cena lembrava as fotografias dos campos de batalha na França que eu havia visto. O mais estranho era que, apesar de todo aquele castigo, as baterias em si permaneciam intactas; nenhum canhão, disseram meus guias, havia sido destruído.

— Depois que a guerra tiver terminado — disse o general Mertens — vamos criar um grande *resort* turístico aqui, construiremos um hotel e venderemos relíquias para vocês, americanos. Não precisaremos escavar muito para encontrá-las, a frota britânica está fazendo isso por nós.

Parecia uma piada, mas a afirmação era literalmente verdadeira. Dardanos, onde tal plataforma ficava localizada, era um das cidades famosas do mundo antigo; nos tempos de Homero, fazia parte do principado de Príamo. Fragmentos de capitéis e colunas ainda estão visíveis. E as bombas da frota Aliada estavam desenterrando muitas relíquias que haviam ficado soterradas durante milhares de anos. Um dos meus amigos pegou uma jarra de água que talvez tivesse sido usada nos tempos de Troia. A eficácia do fogo de artilharia moderno para escavar aquelas provas de uma civilização há muito perdida era impressionante, embora, infelizmente, as relíquias nem sempre chegassem à superfície intactas.

Os generais turcos estavam extremamente orgulhosos do combate que aquela bateria de Dardanos oferecera aos navios britânicos. Levaram-me até os canhões que haviam prestado um serviço especialmente bom e os acariciaram com afeto. Para me esclarecer, Djevad chamou o tenente Hassan, o oficial turco que havia defendido aquela posição. Ele era um homem pequeno, com cabelos corvinos, olhos negros extremamente modestos e comportamento quase acanhado na presença daqueles grandes generais. Djevad dava tapinhas nas bochechas de Hassan enquanto outro oficial turco passava a mão em seus cabelos; era possível pensar que ele fosse um cão fiel que havia acabado de realizar algum serviço meritório.

— Os heróis são feitos de homens como você — disse o general Djevad.

Ele pediu a Hassan para descrever o ataque e a maneira como foi recebido. Constrangido, o tenente contou baixinho sua história, embora o apreço de seus exaltados chefes quase o tenha levado às lágrimas.

— Você tem um grande futuro no exército, disse o general Djevad enquanto deixávamos aquele herói.

O "futuro" do pobre Hassan chegou dois dias depois, quando a frota Aliada fez seu maior ataque. Um dos projéteis atingiu seu abrigo subterrâneo, que cedeu, matando o jovem. No entanto, seu comportamento no dia em que visitei sua bateria mostrou que ele considerava os elogios do seu general compensação suficiente por tudo o que ele havia sofrido ou que poderia vir a sofrer.

Fiquei muito intrigado com o fato de a frota Aliada, apesar de seus grandes gastos com munição, não ter sido capaz de acertar a plataforma de canhões de Dardanos. Naturalmente, pensei de início que aquele fracasso indicasse pouca perícia, mas meus guias alemães disseram que não era o caso. Aquela falha simplesmente ilustrava mais uma vez o fato conhecido de que um couraçado que está sendo manobrado rapidamente tem uma grande desvantagem ao atirar em uma fortificação fixa. Porém, havia outra questão envolvida no caso da bateria de Dardanos. Meus anfitriões chamaram minha atenção para sua localização: ela ficava no topo da colina, bem à vista dos navios, formando uma parte do horizonte. Em Dardanos, havia apenas cinco torres de aço, cada uma armada com um canhão, cujo acesso era feito por trincheiras sinuosas.

— Essa — eles disseram — é a coisa mais difícil do mundo de acertar. É tão distinta que parece fácil, mas isso é apenas uma ilusão.

Não entendo completamente a ótica da situação, mas parece que o horizonte cria uma espécie de miragem, de maneira que é praticamente impossível acertar qualquer coisa naquele ponto, a não ser por acaso. O artilheiro pode conseguir uma visão aparentemente perfeita, mas seu disparo pode sair totalmente errado. O desempenho de Dardanos havia sido quase maravilhoso. Até 18 de março, os navios haviam disparado cerca de quatro mil projéteis. Uma torre foi atingida por um estilhaço, que descascou a pintura; outra foi atingida por um projétil e ficou ligeiramente amassada; uma terceira torre foi atingida na base, que perdeu um pedaço do tamanho da mão de um homem. Mas nenhum canhão havia sido sequer ligeiramente danificado. Oito homens foram mortos, entre eles o tenente Hassan, e cerca de outros quarenta haviam ficado feridos. Essa foi a extensão da destruição.

— Foi a ilusão ótica que salvou Dardanos — observou um dos alemães.

CAPÍTULO 18

A ARMADA ALIADA VAI EMBORA APESAR DE ESTAR À BEIRA DA VITÓRIA

Depois de entrar no automóvel mais uma vez, prosseguimos ao longo da costa e meu anfitrião chamou minha atenção para os campos minados, que se estendiam por 12 quilômetros em direção ao sul a partir de Tchanak Kalé. Naquela área, os alemães e turcos haviam espalhado cerca de quatrocentas minas. Eles me disseram com bastante prazer que os russos haviam fornecido um número considerável daqueles equipamentos destrutivos. Dia após dia, os destróieres russos espalhavam minas no Mar Negro, na entrada do Bósforo, esperando que elas fossem levadas pela correnteza e realizassem a tarefa esperada. Todas as manhãs, varredores de minas turcos e alemães iam até lá, retiravam aquelas minas e as colocavam em Dardanelos.

A bateria em Erenkeui também havia sofrido um pesado bombardeio, mas com poucos danos. Ao contrário de Dardanos, aquela bateria estava situada atrás de uma colina, totalmente fora do campo de visão. Disseram-me que, a fim de fortificar aquele ponto, os turcos haviam sido obrigados a praticamente desmantelar as fortificações dos estreitos internos, aquela parte do curso d'água que se estende de Tchanak Kalé até a ponta de Nagara. Por esse motivo, aquela parte do estreito de Dardanelos estava praticamente desguarnecida. Os canhões que haviam sido transferidos com esse propósito eram velhos modelos Krupp de 1885.

Ao sul de Erenkeui, nas colinas que ladeavam a estrada, os alemães haviam introduzido uma inovação. Haviam descoberto vários obuseiros que sobraram da Guerra da Bulgária e os instalaram em fundações de concreto. Cada bateria tinha quatro ou cinco dessas plataformas, de modo que, ao me aproximar delas, vi várias bases grandes que aparentemente não tinham canhões. Fiquei ainda mais intrigado ao ver uma manada de búfalos (acho que contei 16 animais) puxando um daqueles obuseiros de uma plataforma para outra. Isso, ao que parece, fazia parte do plano de defesa. Assim que a queda de projéteis indicasse que um local estava dentro do raio de alcance da frota, o obuseiro seria removido, com a ajuda de grupos de búfalos, para outra plataforma de concreto.

— Temos um recurso ainda melhor do que esse — disse um dos oficiais.

Chamaram um sargento e contaram seu feito. Aquele soldado era o guardião de um dispositivo que, à distância, parecia um canhão de verdade, mas que, quando o examinei de perto, parecia um pedaço alongado de um duto de esgoto. Atrás de uma colina, totalmente fora do campo de visão da frota, situava-se o verdadeiro canhão. Os dois estavam ligados por telefone. Quando o comandante ia atirar, o artilheiro encarregado do obuseiro descarregava seu projétil, ao passo que o homem encarregado do duto de esgoto queimava vários quilos de pólvora negra e produzia uma conspícua nuvem de fumaça escura. Naturalmente, os ingleses e franceses nos navios deduziam que os projéteis vindo em sua direção estavam saindo da nuvem de fumaça visível e concentravam toda a atenção naquele ponto. O espaço em torno daquele canhão de mentira estava crivado de buracos de projéteis. Eu soube que o sargento havia atraído mais de quinhentos disparos, enquanto a verdadeira peça de artilharia continuava intacta e não detectada.

De Erenkeui, voltamos de carro para o quartel-general de Djevad, onde almoçamos. O general Djevad me acompanhou até o alto de um posto de observação e, ali, diante dos meus olhos, estava a vastidão azul do Mar Egeu. Eu podia avistar Sedd-ul-Bahr e Kum Kalé, as entradas para Dardanelos, como guardiãs de uma passagem, entremeadas pelo encrespado e ensolarado mar. Ao longe, eu via os majestosos navios da Inglaterra e da França navegando pela entrada e, ainda mais longe, entrevia a ilha de Ténedos, atrás da qual sabíamos que se escondia uma frota ainda maior. Naturalmente, aquela perspectiva gerou mil associações históricas e lendárias, pois provavelmente não há um único lugar no mundo mais poético e romântico. Obviamente, meu acompanhante turco, o general Djevad, percebeu o encanto, pois pegou um telescópio e apontou para uma vastidão desolada a uns nove quilômetros de distância.

— Olhe para aquele ponto — disse, passando-me o telescópio. — Sabe do que se trata?

Olhei, mas não consegui identificar aquela praia arenosa.

— São as Planícies de Troia — ele continuou. — E o rio sinuoso que o senhor está vendo — acrescentou — é o que nós, turcos, chamamos de Mendere, mas que Homero conhecia como Escamandro. Atrás de nós, a poucos quilômetros de distância, fica o monte Ida.

Depois, ele virou seu telescópio para o mar, esquadrinhou o trecho em que estavam os navios ingleses e, mais uma vez, me pediu para olhar para um determinado ponto. Logo entrou em meu campo de visão um magnífico navio de guerra inglês, todo preparado para a batalha, avançando silenciosamente como um homem que realiza uma patrulha.

— Aquele — disse o general Djevad — é o *Agamemnon*! Devo disparar contra ele? — perguntou.

— Sim, se prometer que não o atingirá — respondi.

Almoçamos no quartel-general, onde se uniram a nós o almirante Usedom, o general Mertens e o general Pomiankowski, o adido militar austríaco em Constantinopla. O clima predominante da conversa era de absoluta confiança no futuro. A despeito do que os diplomatas e políticos em Constantinopla estivessem pensando, aqueles homens, turcos e alemães, não esperavam que as frotas Aliadas conseguissem passar pelas defesas (ao menos é o que deixavam transparecer). O que eles pareciam esperar acima de tudo era que os inimigos lançassem outro ataque.

— Se pudéssemos ao menos atacar o *Queen Elizabeth*... — disse um ávido alemão, referindo-se ao maior navio da marinha britânica, posicionado na entrada do estreito de Dardanelos.

À medida que o vinho do Reno ia desaparecendo, a avidez pelo combate aumentava.

— Se aqueles tolos fizessem pelo menos um desembarque... — exclamou um deles literalmente.

De fato, os oficiais turcos e alemães pareciam competir entre si para expressar sua prontidão para a luta. Provavelmente, o objetivo de boa parte daquela bravata era me impressionar. Na verdade, eu havia recebido informações confidenciais de que suas estimativas da situação eram muito menos tranquilizadoras. Naquele momento, porém, eles declararam que a guerra não havia apresentado nenhuma oportunidade real para que as marinhas da Alemanha e da Inglaterra medissem forças e, por isso, os alemães em Dardanelos ficavam felizes com a oportunidade de pôr aquela questão à prova.

Tendo visitado todos os locais importantes do lado anatoliano, pegamos uma lancha e fomos até a península de Galípoli. Quase tivemos uma experiência desastrosa nessa viagem. Ao nos aproximarmos de Galípoli, perguntaram ao nosso timoneiro se ele conhecia a localização do campo minado e se era capaz de navegar pelo canal. Ele respondeu afirmativamente e, em seguida, rumou diretamente para as minas! Felizmente, o outro homem notou o erro a tempo e, assim, chegamos a salvo em Kilid-ul-Bahr. As baterias ali eram relativamente semelhantes às do outro lado; formavam uma das principais defesas do estreito. Tudo ali, até onde um leigo podia avaliar, estava em excelentes condições, o único senão era que as peças de artilharia eram modelos antigos e a munição, pouco abundante.

As baterias mostravam sinais de um bombardeio pesado. Nenhuma havia sido destruída, mas buracos de projéteis circundavam as fortificações. Meus acompanhantes turcos e alemães olharam aquelas provas de destruição com ar bastante sério e expressaram claramente admiração pela precisão do fogo Aliado.

"Como conseguiram esse alcance?" era a pergunta que eles faziam uns aos outros. O que tornava os disparos tão notáveis era o fato de eles terem vindo de navios que estavam estacionados no Mar Egeu, do outro lado da península de Galípoli, e não no estreito. Os artilheiros nunca chegaram a ver os alvos, mas tiveram de atirar de uma distância de quase 16 quilômetros por cima de colinas altas e, mesmo assim, seus projéteis erraram por pouco as baterias de Kilid-ul-Bahr.

Todavia, quando lá estive, o lugar estava tranquilo, pois não havia acontecido combate naquele dia. Em minha homenagem, os oficiais fizeram um exercício com as equipes de artilharia para que eu pudesse obter um quadro perfeito do comportamento dos turcos em ação. Os artilheiros puseram-se a imaginar que havia navios ingleses entrando em seu raio de ação com os canhões apontados para destruir os seguidores do Profeta. O corneteiro tocou seu instrumento e toda a companhia correu para seus lugares. Alguns levavam os projéteis, outros abriam as culatras, faziam medições, puxavam as roldanas ou colocavam as cargas em posição. Todas as atividades eram executadas rapidamente. Obviamente, os alemães haviam sido excelentes instrutores, mas não era apenas uma questão de precisão militar, pois o rosto dos homens se iluminava com aquele fanatismo que levantava o moral dos soldados turcos. Aqueles artilheiros imaginavam momentaneamente que estavam atirando mais uma vez nos infiéis ingleses, e aquele exercício era de seu agrado. Por sobre os gritos de todos, eu podia ouvir a voz do líder que entoava a prece que acompanha os muçulmanos nas batalhas há treze séculos.

— Alá é grande, só existe um Deus e Maomé é seu Profeta!

Ao olhar para aqueles homens frenéticos e ver claramente estampado em seus rostos o ódio incontrolável em relação aos infiéis, eu me lembrava do que os alemães haviam dito de manhã sobre a sensatez de não pôr soldados turcos e alemães juntos. Se isso fosse feito, tenho certeza de que, pelo menos ali, a "Guerra Santa" teria se revelado um sucesso e os turcos teriam dado vazão a seu ódio pelos cristãos em cima de quem estivesse mais perto, menosprezando momentaneamente o fato de eles serem seus aliados.

Voltei a Constantinopla naquela noite e, dois dias mais tarde, em 18 de março, a frota Aliada fez seu maior ataque. Como todo o mundo sabe, foi um ataque desastroso para os Aliados. O resultado foi o naufrágio do *Bouvet*, do *Ocean* e do *Irresistible* e danos sérios infligidos a outros quatro navios. Das 15 embarcações que participaram da batalha do dia 18, sete foram postas fora de combate temporária ou permanentemente. Naturalmente, os alemães e turcos ficaram exultantes com aquela vitória. A polícia mandou que cada família exibisse um número prescrito de bandeiras em homenagem ao acontecimento. Os turcos têm tão pouco patriotismo espontâneo ou entusiasmo de qualquer tipo que jamais decorariam suas casas sem ordens estritas. De fato, nem alemães nem turcos levaram aquelas comemorações muito a sério, pois ainda não estavam convencidos de que haviam realmente obtido uma vitória. A maioria ainda acreditava que as frotas Aliadas conseguiriam forçar a passagem pelo estreito. Eles diziam que a única questão era se a Entente estava disposta a sacrificar o número necessário de navios. Nem Wangenheim nem Pallavicini acreditavam que a desastrosa experiência do dia 18 poria fim ao ataque naval e, por dias, esperaram ansiosamente o retorno da frota. A alta tensão durou dias e semanas após o rechaço do dia 18. Ainda estávamos momentaneamente esperando um novo ataque. Mas a grande armada nunca voltou.

Deveria ter voltado? Será que os navios Aliados poderiam realmente ter capturado Constantinopla? Sempre me fazem essa pergunta. Como leigo, minha opinião tem pouco valor, mas citei as opiniões de generais e almirantes alemães e turcos e praticamente todos eles, com exceção de Enver, achavam que a empreitada teria sido bem-sucedida. Tendo a acreditar que a postura de Enver era simplesmente um caso de desconhecimento do perigo fatal que ele estava correndo. Portanto, o que digo aqui sobre essa questão não é minha opinião pessoal, mas a opinião das autoridades mais qualificadas que estavam na Turquia naquela ocasião.

Enver havia me dito em nossa conversa no convés do *Yuruk* que tinha "muitas armas e munição". Mas essa afirmação não era verdadeira. Uma olhada no mapa mostrará por que a Turquia não estava recebendo munição da Alemanha nem da Áustria naquele momento. O fato era que a Turquia estava simplesmente tão isolada de seus aliados quanto a Rússia. Havia duas ferrovias que iam de Constantinopla à Alemanha. Uma passava pela Bulgária e pela Sérvia. A Bulgária não era um aliado naquele momento; mesmo que os búlgaros tivessem fechado os olhos para a passagem de canhões e projéteis, aquela linha não poderia ser usada, pois a Sérvia, que controlava a ligação vital que ia de Niš a Belgrado, ainda estava intacta. A outra ferrovia atravessava a Romênia, passando por Bucareste. Era uma rota independente da Sérvia e, se o governo romeno tivesse consentido, teria formado uma rota direta para levar os Krupps até Dardanelos. O fato de a munição só poder ser enviada com a conivência do governo romeno talvez explique a suspeita de que canhões e projéteis estivessem passando por aquela rota. Dia após dia, os ministros da França e da Grã-Bretanha protestavam em Bucareste contra essa suposta violação da neutralidade e só recebiam como resposta desmentidos irados de que os alemães estivessem usando aquela linha. Não há dúvida de que o governo romeno estava sendo perfeitamente honrado em seus desmentidos. É provável que os próprios alemães tenham iniciado tais boatos simplesmente para fazer com que a frota Aliada acreditasse que seus suprimentos eram inesgotáveis.

Suponhamos que os Aliados tivessem voltado na manhã do dia 19; o que teria acontecido? Um fato importantíssimo é que as fortificações estavam com pouca munição. Haviam quase atingido o limite de seu poder de resistência quando a frota britânica partiu na tarde do dia 18. Eu havia conseguido uma permissão para que o sr. George A. Schreiner, um conhecido correspondente americano da Associated Press, visitasse Dardanelos naquela ocasião. Na noite do dia 18, esse correspondente debateu a situação com o general Mertens, o principal oficial técnico no estreito. O general admitiu que a perspectiva era muito desanimadora para a defesa.

— Esperamos que os britânicos voltem amanhã cedo — ele disse — e, se o fizerem, talvez só consigamos resistir por poucas horas.

O general Mertens não declarou com todas as letras que a munição estava praticamente esgotada, mas o sr. Schreiner descobriu que esse era o caso. O forte Hamidié, a mais poderosa defesa do lado asiático, só tinha 17 projéteis perfuradores de blindagem restantes, ao passo que, em Kilid-ul-Bahr, a principal defesa do lado europeu, o número exato de projéteis daquele tipo era dez.

— Devo aconselhá-lo a levantar às 6h amanhã — disse o general Mertens — e ir para as montanhas anatolianas. É o que nós faremos.

As tropas em todas as fortificações tinham ordens para manter homens junto aos canhões até que o último projétil tivesse sido disparado e, depois, abandonar os fortes.

Depois que aquelas defesas se tornassem impotentes, o problema da frota Aliada seria muito simples. O único obstáculo ao seu progresso teria sido o campo minado, que se estendia de um ponto a cerca de três quilômetros ao norte de Erenkeui até Kilid-ul-Bahr. No entanto, a frota Aliada tinha muitos varredores de minas, que poderiam ter aberto um canal em poucas horas. Ao norte de Tchanak Kalé, como já expliquei, havia alguns canhões, mas eram do modelo de 1878 e não podiam disparar projéteis capazes de perfurar a blindagem moderna. Ao norte da ponta Nagara, havia apenas duas baterias e ambas eram de 1835! Portanto, depois de silenciar a parte externa do estreito, não havia nada para impedir a passagem até Constantinopla, exceto os navios de guerra alemães e turcos. O *Goeben* era o único navio de combate de primeira categoria em ambas as frotas e não teria durado muito contra o *Queen Elizabeth*. De fato, a desproporção da força das duas frotas adversárias era tão enorme que é improvável que houvesse um combate.

Portanto, a frota Aliada poderia ter chegado a Constantinopla na manhã do dia 20. O que teria acontecido então? Muito se discutiu se aquele ataque puramente naval era ou não justificado. Enver, em sua conversa comigo, havia destacado o absurdo de mandar uma frota a Constantinopla sem o apoio de uma força de desembarque adequada e, desde então, boa parte das críticas feitas à expedição de Dardanelos se baseava nesse argumento. Todavia, sou da opinião de que tal ataque exclusivamente naval era justificado. Baseio esse julgamento apenas na situação política existente na Turquia naquele momento. Em circunstâncias normais, tal empreitada provavelmente teria sido tola, mas as condições políticas em Constantinopla não eram normais. Não havia um governo solidamente estabelecido na Turquia naquele período. Uma comissão política, com não mais do que quarenta integrantes, chefiada por Talaat, Enver e Djemal, controlava o governo central, mas sua autoridade em todo o império era muito tênue. De fato, todo o Estado otomano, naquele dia 18 de março de 1915, quando a frota Aliada abandonou o ataque, estava à beira da dissolução. Em toda a Turquia, haviam surgido chefes ambiciosos que esperavam a queda do governo de um momento a outro e aguardavam a oportunidade para pegar sua parte da herança. Como já foi descrito, Djemal já havia praticamente organizado um governo independente na Síria. Em Esmirna, o bei Rahmi, governador geral, havia frequentemente desrespeitado as autoridades da capital. Em Adrianópolis, acreditava-se que Hadji Adil, um dos turcos mais corajosos da época, estivesse tramando para estabelecer seu próprio governo. A Arábia já havia praticamente se tornado uma nação independente. Entre as raças subjugadas, o espírito de revolta estava se disseminando rapidamente. Os gregos e armênios também teriam recebido com alegria uma oportunidade de fortalecer as forças Aliadas. As condições financeiras e industriais existentes pareciam tornar a revolução inevitável. Muitos fazendeiros entraram em greve, não tinham sementes e não as aceitavam gratuitamente do governo porque, segundo eles, assim que a colheita fosse feita, os exércitos imediatamente a requisitariam. Quanto a Constantinopla, o povo e os melhores elementos entre os turcos não teriam se oposto à chegada da frota Aliada, mas a teriam acolhido com alegria. Os próprios turcos estavam rezando para que os britânicos e franceses conquistassem a cidade, pois, assim, se livrariam da corja dos governantes e dos odiados alemães, trazendo a paz e pondo fim ao seu sofrimento.

Ninguém entendia isso melhor do que Talaat. Ele não arriscaria sua chance de fazer uma retirada rápida caso a frota Aliada aparecesse na frente da cidade. Durante vários meses, os líderes turcos olhavam com inveja para um automóvel Minerva que estava estacionado na legação belga desde a declaração de guerra da Turquia. Talaat finalmente apoderou-se do cobiçado prêmio. Conseguiu em algum outro lugar um outro automóvel, que foi carregado com pneus sobressalentes, gasolina e tudo o que era necessário para uma viagem prolongada. O objetivo, obviamente, era acompanhar o carro mais pretensioso como uma espécie de "nave-mãe". Talaat estacionou esses automóveis do lado asiático da cidade, com motoristas sempre à disposição. Tudo estava preparado para a partida rumo ao interior da Ásia Menor a qualquer momento.

Todavia, a grande armada Aliada nunca voltou ao ataque.

Cerca de uma semana depois daquela fragorosa derrota, estive por acaso na embaixada alemã. Wangenheim queria me apresentar um visitante ilustre. Entrei em seu escritório privado e lá estava o paxá Von der Goltz, que voltara pouco antes da Bélgica, onde havia servido como governador. Tenho de admitir que, ao conhecer Von der Goltz de uma maneira tão informal, tive dificuldade em conciliar sua personalidade com todas as histórias que provinham da Bélgica. Naquela manhã, aquele cavalheiro de modos amenos e óculos parecia bastante tranquilo e inócuo. Também não demonstrava a própria idade, na época, aproximadamente 74 anos; seu cabelo só tinha alguns fios grisalhos e seu rosto quase não possuía rugas. Eu não teria lhe dado mais do que 65 anos. A austeridade, a aspereza e a ponderada dignidade que caracterizam a maior parte dos alemães dos altos escalões não eram aparentes em Von der Goltz. Sua voz era profunda, musical e agradável, e seus modos eram totalmente amistosos e afáveis. A única nota de pompa em sua figura era seu uniforme. Ele estava vestido como um marechal de campo, seu peito reluzia de condecorações e galões dourados. Von der Goltz explicou e quase se desculpou pelo traje oficial dizendo que acabara de voltar de uma audiência com o sultão. Ele tinha ido a Constantinopla para presentear Sua Majestade com uma medalha enviada pelo kaiser e voltaria a Berlim com uma prova de consideração semelhante da parte do sultão para o kaiser, além de um presente imperial que consistia em dez mil cigarros.

Nós três ficamos lá sentados por algum tempo, bebendo café, comendo bolos e fumando charutos alemães. Eu não falei muito, mas a conversa de Von der Goltz e Wangenheim foi, para mim, muito esclarecedora a respeito da mente alemã, e especialmente da probidade dos relatórios militares alemães. O aspecto que mais lhes interessava do combate de Dardanelos era a total sinceridade da Inglaterra ao publicar suas perdas. Eles julgavam notável o fato de o governo britânico ter emitido um comunicado oficial dizendo que três navios haviam sido afundados e que quatro outros haviam sofrido danos graves. Naquele comunicado, eu via apenas uma manifestação do costumeiro desejo britânico de tornar públicas as piores notícias, uma política que nós, americanos, também julgamos ser a melhor em tempos de guerra. No entanto, uma explicação tão óbvia não podia satisfazer aqueles inteligentes e solenes teutônicos. Não, a Inglaterra tinha algum propósito oculto para revelar a verdade com tanta franqueza. Qual seria?

— *Es ist ausserordentlich!* (É extraordinário!) — exclamou Von der Goltz, referindo-se à declaração de derrota britânica.

— *Es ist unerhört!* (É inaudito!) — declarou Wangenheim, igualmente perplexo.

Aqueles insignes diplomatas debateram uma explicação após outra e, finalmente, chegaram a uma conclusão que satisfazia a estratégia mais refinada. Concordaram que a Inglaterra não havia demonstrado muito entusiasmo pelo ataque porque, em caso de êxito, seria obrigada a entregar Constantinopla aos russos, algo que não tinha intenção alguma de fazer. Ao publicar as perdas, a Inglaterra mostrava à Rússia as enormes dificuldades daquela tarefa, aliás, demonstrava que a empreitada era impossível. Após tais perdas, os ingleses queriam que a Rússia entendesse que eles haviam feito uma tentativa sincera para obter aquele grande prêmio bélico e esperavam que os russos não insistissem em outros sacrifícios.

A continuação daquele grande episódio da guerra aconteceu no inverno de 1915-1916. Nessa época, a Bulgária já havia se unido às Potências Centrais, a Sérvia fora esmagada e os alemães haviam obtido uma linha ferroviária completa, sem obstruções, de Constantinopla até a Áustria e a Alemanha. Enormes canhões Krupp começaram a ser transportados por essa ferrovia, todos destinados a Dardanelos. Dezesseis grandes baterias, do último modelo, estavam posicionadas perto da entrada, controlando completamente Sedd-ul-Bahr. Os alemães emprestaram aos turcos quinhentos milhões de marcos, dos quais boa parte foi gasta para defender aquela passagem indispensável. O estreito pouco fortificado que atravessei em março de 1915 estava agora tão fortalecido quanto Helgoland. Hoje, mesmo que todas as frotas do mundo se reunissem, não sabemos se conseguiriam forçar a passagem por Dardanelos.

Hans von Wangenheim, o embaixador alemão.

O general Liman von Sanders.

O paxá Enver.

O kaiser Guilherme II.

O paxá Enver, ministro da guerra.

O paxá Djemal, ministro da marinha.

O Paxá Talaat.

Armênios deportados em marcha.

A frota britânica e francesa em Dardanelos.

Desembarque das tropas Aliadas em Galípoli, Turquia.

Tropas britânicas em Galípoli, Turquia.

Armênios executados em praça pública em Constantinopla.

Uma visão comum entre os refugiados na Síria, a morte nos campos em busca de ajuda e segurança em Alepo.

Armênios após o massacre.

CAPÍTULO 19

UMA LUTA POR TRÊS MIL CIVIS

EM 2 DE MAIO DE 1915, Enver enviou seu assessor à embaixada americana com uma mensagem que eu deveria retransmitir aos governos da França e da Grã-Bretanha. Cerca de uma semana antes dessa visita, os Aliados haviam desembarcado na península de Galípoli. Evidentemente, haviam concluído que um ataque naval por si só não poderia destruir as defesas e abrir o caminho até Constantinopla; assim, adotaram o plano alternativo de despachar grandes quantidades de tropas, a serem apoiadas pelos canhões de seus navios. Vários milhares de australianos e neozelandeses já haviam se entrincheirado na ponta da península, e a agitação que prevalecia em Constantinopla era quase tão grande quanto a que havia sido causada pela aparição da frota dois meses antes.

Enver me informava naquela ocasião que os navios Aliados estavam realizando bombardeios de forma negligente e ignorando a conhecida regra internacional de que tais bombardeios deveriam ser direcionados apenas para locais fortificados. Segundo ele, projéteis britânicos e franceses estavam caindo por toda parte, destruindo vilarejos muçulmanos desprotegidos e matando centenas de civis inocentes. Enver me pediu para informar aos governos Aliados que tais atividades deveriam ser imediatamente interrompidas. Ele havia decidido reunir todos os cidadãos britânicos e franceses que estavam morando em Constantinopla, levá-los para a península de Galípoli e espalhá-los por vilarejos e cidades muçulmanas. As frotas Aliadas estariam então disparando seus projéteis não apenas contra muçulmanos pacíficos e desprotegidos, mas contra seus próprios concidadãos. A ideia de Enver era de que aquela ameaça, comunicada pelo embaixador americano aos governos da Grã-Bretanha e da França, logo poria fim a "atrocidades" daquele tipo. Eu tinha poucos dias de prazo para transmitir aquela informação a Londres e Paris.

Na época, cerca de três mil cidadãos britânicos e franceses estavam morando em Constantinopla. A grande maioria pertencia à classe conhecida como levantina; quase todos haviam nascido na Turquia e, em muitos casos, suas famílias estavam domiciliadas naquele país havia duas gerações ou mais. A manutenção da cidadania europeia era quase seu único contato com a nação da qual descendiam. Não era incomum encontrar nas grandes cidades da Turquia homens e mulheres de raça e nacionalidade britânica, mas que não falavam inglês, pois o francês era o idioma usual dos levantinos. A grande maioria nunca havia posto os pés na Inglaterra ou em qualquer outro país europeu. Eles tinham apenas um único lar: a Turquia. Naquele momento, a manutenção da cidadania da nação de origem estava aparentemente transformando os levantinos em um alvo propício para a vingança turca. Além dos levantinos, grandes contingentes de ingleses e franceses viviam então em Constantinopla, como professores nas escolas, missionários e importantes homens de negócio e mercadores. O governo otomano propôs reunir todos aqueles residentes, tanto os que tinham uma ligação imediata quanto os que tinham uma ligação remota com a Grã-Bretanha e a França, e colocá-los em posições arriscadas na península de Galípoli como alvos da frota Aliada.

Naturalmente, minha primeira pergunta quando recebi aquela informação surpreendente foi se os navios de guerra estavam realmente bombardeando cidades indefesas. Se estivessem matando homens, mulheres e crianças que não eram combatentes de forma tão negligente, um ato de retaliação como o que Enver propunha provavelmente teria alguma justificativa. Entretanto, eu não podia acreditar que os ingleses e franceses pudessem cometer tais barbaridades. Eu já havia recebido das autoridades turcas muitas queixas daquele tipo, que, uma vez investigadas, não se revelaram verdadeiras. Pouco antes, o dr. Meyer, o primeiro assistente de Suleyman Nouman, o chefe da equipe médica, informara-me que a frota britânica havia bombardeado um hospital turco e matado mil inválidos. Quando investiguei essa questão, descobri que o edifício havia sido ligeiramente danificado e que apenas um homem havia morrido. Portanto, suspeitei que aquele último relato de barbaridade por parte dos Aliados se baseava em fatos igualmente inconsistentes. De fato, logo descobri que esse era o caso. A frota Aliada não estava de forma alguma bombardeando vilarejos muçulmanos. Vários navios de guerra britânicos permaneciam estacionados no Golfo de Saros, uma reentrância do Mar Egeu no lado ocidental da península e, a partir daquela posição privilegiada, estavam atirando projéteis na cidade de Galípoli. Todo o "bombardeio" de vilarejos que eles estavam realizando se limitava àquela cidade. Ao fazer isso, a marinha britânica não estava violando as regras da guerra civilizada, pois a população civil de Galípoli fora evacuada bem antes e os turcos haviam estabelecido quartéis-generais em várias das casas, que, justamente, se tornaram alvos do ataque Aliado. Eu certamente desconhecia qualquer regulamento bélico que proibisse um ataque a um quartel-general militar. Já as histórias de homens, mulheres e crianças civis mortos se revelaram grosseiramente exageradas; toda a população civil já havia partido muito antes e as baixas resultantes do bombardeio devem ter se restringido às Forças Armadas do império.

Discuti a situação por algum tempo com o sr. Ernest Weyl, reconhecido por todos como o principal cidadão francês em Constantinopla, e com o sr. Hoffman Philip, conselheiro da embaixada. Decidi que iria imediatamente à Porta Sublime para protestar junto a Enver.

O conselho dos ministros estava em sessão naquele momento, mas Enver saiu. Ele estava menos calmo do que de costume. Ao descrever o ataque da frota britânica, ele ficou com muita raiva; aquele não era o Enver imperturbável ao qual eu havia me acostumado.

— Aqueles covardes ingleses! — ele exclamou. — Tentaram por muito tempo atravessar Dardanelos e nós os sobrepujamos! E veja como eles estão se vingando! Seus navios entram sorrateiramente na parte externa da baía, onde nossos canhões não podem atingi-los, e disparam por sobre as colinas em nossos pequenos vilarejos, matando velhos inofensivos, mulheres e crianças, e bombardeando nossos hospitais. Acha que vamos deixá-los fazer isso? E o que podemos fazer? Nossos canhões não têm alcance para atirar por sobre as colinas, de forma que não podemos enfrentá-los em uma batalha. Se pudéssemos, os rechaçaríamos, exatamente como fizemos no estreito um mês atrás. Não temos uma frota para enviar à Inglaterra e bombardear as cidades não fortificadas como eles estão fazendo com as nossas. Então, decidimos transferir para

Galípoli todos os ingleses e franceses que pudermos encontrar. Que eles matem seu próprio povo além do nosso!

Eu disse que, se a situação realmente fosse aquela, ele teria razão para se indignar. No entanto, chamei sua atenção para o fato de que ele estava enganado, acusando os Aliados de crimes que eles não estavam cometendo.

— Esse é o ato mais bárbaro que o senhor jamais contemplou — eu disse. — Os britânicos têm todo o direito de atacar um quartel-general militar como Galípoli.

Todavia, meu argumento não comoveu Enver. Convenci-me de que ele não havia decidido fazer aquela retaliação para proteger seus concidadãos. Ele e seus companheiros estavam apenas dando vazão à sua fúria cega. O fato de os australianos e neozelandezes terem conseguido realizar um desembarque havia provocado seus instintos mais bárbaros. Em nossa conversa, Enver se referiu àquele desembarque. Embora dissesse que aquele era um acontecimento de pouca importância e que logo franceses e ingleses seriam empurrados para o mar, vi que ele estava muito preocupado. Os turcos, como já mencionei, são emocionalmente primitivos; responder ao desembarque britânico em Galípoli com o assassinato de centenas de britânicos indefesos que estavam em seu poder parecia-lhes perfeitamente lógico. Como resultado daquela conversa, obtive apenas algumas concessões. Enver concordou em adiar a deportação até quinta-feira (nossa conversa aconteceu no domingo), excluir mulheres e crianças da ordem e não transferir nenhum britânico ou francês ligado a instituições americanas.

— Todos os outros terão de ir — foi sua palavra final. — Além disso — acrescentou —, não queremos que os submarinos inimigos no Mar de Mármara torpedeiem os navios que estamos mandando para Dardanelos. No futuro, colocaremos alguns ingleses e franceses como proteção para nossos soldados em cada navio que mandarmos para lá.

Quando voltei à nossa embaixada, descobri que as notícias da deportação proposta haviam sido publicadas. A surpresa e o desespero imediatamente causados foram incomparáveis, mesmo naquela cidade de sensações constantes. Após morar muitos anos no Levante, os europeus parecem adquirir suas emoções, especialmente sua suscetibilidade ao medo e ao terror, e, naquele momento, sem a proteção de suas embaixadas, seus temores foram intensificados. Uma torrente de pessoas frenéticas começou a chegar à embaixada. Vendo suas lágrimas e ouvindo seus gritos, era possível imaginar que elas estivessem prestes a ser removidas e executadas e que dificilmente houvesse alguma possibilidade de salvá-las. No entanto, elas insistiam o tempo todo que eu deveria obter isenções pessoais. Um não podia ir porque tinha uma família dependente; outro tinha um filho enfermo; já outro estava doente. Minha antessala estava cheia de mães aflitas que pediam para obter isenções para seus filhos e de esposas que tentavam obter tratamento especial para os maridos. Todas faziam sugestões impossíveis: eu deveria renunciar ao meu posto em protesto; eu até deveria ameaçar a Turquia com a entrada dos Estados Unidos na guerra! Assediavam constantemente minha mulher, que passou horas ouvindo histórias e consolando-as. Em toda aquela massa agitada, havia muitas pessoas que encaravam a situação com mais coragem.

No dia após minha conversa com Enver, Bedri, o chefe de polícia, começou a prender algumas das vítimas.

Na manhã seguinte, um dos meus visitantes fez uma sugestão que normalmente teria parecido óbvia. O visitante em questão era alemão. Ele me disse que a reputação da Alemanha seria muito prejudicada se os turcos levassem a cabo seu plano; o mundo não se convenceria de que os alemães não haviam arquitetado tudo. Ele disse que eu deveria visitar os embaixadores da Alemanha e da Áustria, pois tinha certeza de que eles apoiariam minhas reivindicações por um tratamento decente. Como eu já havia muitas vezes feito apelos infrutíferos a Wangenheim em nome dos estrangeiros, achava que não valia a pena pedir sua colaboração naquele âmbito. Além disso, o plano de usar não combatentes como escudo protetor na guerra era um expediente alemão muito conhecido e eu não sabia se as Forças Armadas alemãs não haviam instigado os turcos. Todavia, decidi aceitar o conselho do meu visitante alemão e procurar a ajuda de Wangenheim. Tenho de admitir que fiz aquilo sem muitas esperanças, mas achei que fosse justo dar a Wangenheim uma oportunidade para ajudar.

Visitei-o às 22h e fiquei em sua companhia até as 23h. Gastei a maior parte desse tempo em uma tentativa infrutífera de suscitar seu interesse pelo drama daqueles não combatentes. Wangenheim disse sem rodeios que não me ajudaria.

— É perfeitamente adequado — opinou — que os turcos estabeleçam um campo de concentração em Galípoli. Também é apropriado que coloquem não combatentes ingleses e franceses em seus navios para protegê-los de ataques.

Enquanto eu tentava argumentar, Wangenheim desviava habilmente a conversa para outros tópicos. Segundo meu registro daquela conversa, redigido na época, o embaixador alemão discutiu uma infinidade de assuntos, menos o que havia sido o motivo da minha visita.

— Esse ato dos turcos prejudicará enormemente a Alemanha... — iniciei.

— Sabe que os soldados ingleses em Gaba Tepe não têm o que comer nem o que beber? — ele respondia. — Fizeram um ataque para capturar um poço e foram rechaçados. Os ingleses levaram embora seus navios para evitar que os soldados recuassem...

— Mas a respeito da questão de Galípoli — atalhei. — Os próprios alemães aqui em Constantinopla disseram que a Alemanha deveria interromper...

— Os Aliados desembarcaram 45 mil homens na península — Wangenheim respondeu —, dos quais dez mil foram mortos. Em alguns dias, atacaremos os outros e os destruiremos.

Quando tentei abordar a questão a partir de outro ângulo, o grande diplomata começou a discutir a questão da Romênia e a possibilidade de obter munição através daquele país.

— Seu secretário, Bryan — disse —, acabou de emitir um comunicado mostrando que os Estados Unidos não estariam sendo neutros caso se recusassem a vender munição para os Aliados. Então, usamos esse mesmo argumento com os romenos; se a recusa de fornecer munição não é uma postura neutra, o mesmo se aplica à recusa de transportá-la!

Os aspectos divertidos daquela discussão agradavam a Wangenheim, mas lembrei-lhe que eu estava lá para falar da vida de cerca de dois a três mil não combatentes. Quando toquei no assunto mais uma vez, Wangenheim respondeu que, naquele momento, a Alemanha não aceitaria os Estados Unidos como pacificadores porque éramos muito amigos da Entente. Ele insistiu em me dar todos os detalhes dos recentes êxitos da Alemanha nos Cárpatos e as últimas notícias sobre a situação italiana.

— Preferimos lutar contra a Itália a tê-la como aliada — disse.

Em outro momento, tudo aquilo teria me parecido muito divertido, mas não diante daquela situação. Era bastante evidente que Wangenheim não queria discutir a deportação proposta, a não ser para dizer que os turcos tinham suas justificativas. Sua afirmação de que existiam planos para o estabelecimento de um "campo de concentração" em Galípoli revelava toda a sua postura. Até aquele momento, os turcos não haviam estabelecido nenhum campo de concentração para inimigos estrangeiros em lugar algum. Eu os havia aconselhado, até então com sucesso, a não criar tais campos. Por outro lado, os alemães estavam reclamando que a Turquia era "leniente demais" e exortava o estabelecimento daqueles campos no interior. Ao usar as palavras "campos de concentração em Galípoli", Wangenheim demonstrava que a visão dos alemães estava finalmente prevalecendo e que eu estava perdendo minha batalha em defesa dos estrangeiros. Um campo de isolamento é um lugar perturbador mesmo nas circunstâncias mais favoráveis, mas quem, a não ser alemães ou turcos, pensaria em estabelecer um local desse tipo bem no campo de batalha? Suponhamos que os ingleses e franceses reunissem todos os inimigos estrangeiros, levassem-nos para o *front* e os colocassem em um campo na Terra de Ninguém, no meio do fogo dos dois exércitos. Era exatamente esse tipo de "campo de concentração" que os turcos e alemães tinham intenção de criar para os estrangeiros residentes em Constantinopla, pois minha conversa com Wangenheim não me deixou dúvida alguma de que os alemães faziam parte da trama. Eles temiam que um ataque terrestre em Dardanelos fosse bem-sucedido, assim como haviam temido o êxito do ataque naval, e estavam preparados para usar qualquer arma, até mesmo a vida de vários milhares de não combatentes, em seus esforços para torná-lo um fracasso.

Minha conversa não conquistou o apoio de Wangenheim, mas aumentou minha determinação em invalidar aquela empreitada. Também visitei Pallavicini, o embaixador austríaco. Uma vez, ele havia declarado que a deportação proposta era "inumana".

— Vou discutir a questão com o grão-vizir — ele disse — e ver se consigo interromper esse processo.

— Mas o senhor sabe que é perfeitamente inútil — respondi. — O grão-vizir não tem poder, é apenas uma figura representativa. Só um homem pode deter as deportações: Enver.

Pallavicini tinha uma sensibilidade muito mais aguçada e uma consciência mais forte do que Wangenheim, e eu não tinha dúvida de que ele era sincero em seu desejo de evitar aquele crime. Contudo, ele era um diplomata da velha escola austríaca. Aos seus olhos, nada era tão importante quanto a etiqueta diplomática. Como representante do imperador, o decoro exigia que ele conduzisse todas as negociações junto ao grão-vizir, que, na época, também era o ministro das relações exteriores. Ele nunca discutia assuntos de Estado com Talaat e Enver; de fato, só tinha relações oficiais limitadas com aqueles homens, os verdadeiros governantes da Turquia. Naquele momento, o salvamento de três mil vidas não era, aos olhos de Pallavicini, um motivo para desrespeitar a rotina tradicional da comunicação diplomática.

— Devo me ater rigidamente às regras nesse caso — ele disse.

E, com todo empenho, falou com Said Halim. Seguindo o seu exemplo, Wangenheim também falou com o grão-vizir. No caso de Wangenheim, porém, o único objetivo do protesto era constar do registro oficial.

— O senhor pode enganar algumas pessoas — eu disse ao embaixador alemão —, mas sabe que falar com o grão-vizir sobre esse assunto é tão útil quanto gritar ao vento.

No entanto, houve um integrante do corpo diplomático que trabalhou com sinceridade em nome dos estrangeiros ameaçados. Trata-se do sr. Koloucheff, o ministro búlgaro. Assim que soube daquele último ultraje turco-alemão, ele me procurou para oferecer assistência. Não propôs perder tempo protestando junto ao grão-vizir, mas anunciou sua intenção de procurar imediatamente a fonte do poder, o próprio Enver. Koloucheff era um homem extremamente importante naquele momento específico, pois a Bulgária ainda era neutra e ambos os lados estavam tentando obter seu apoio.

Enquanto isso, Bedri e seus subordinados estavam ocupados prendendo alguns dos malfadados ingleses e franceses. A deportação foi marcada para a manhã de quinta-feira. Na quarta-feira, a agitação chegou ao estágio da histeria. Parecia que toda a população estrangeira de Constantinopla havia se reunido na embaixada americana. Hordas de mulheres aos prantos e homens aflitos se reuniram na frente e nas laterais do edifício. Mais de trezentas pessoas obtiveram acesso ao meu escritório, agarrando-se desesperadamente ao embaixador e à sua equipe. Muitos já pareciam achar que seu destino estava em minhas mãos. Em sua agonia, alguns até me acusaram, insistindo que eu não havia exercido todo o meu poder em seu nome. Toda vez que eu saía do escritório e entrava no saguão, era quase atacado pela multidão de mães e esposas aterrorizadas e desgrenhadas. A tensão nervosa era assustadora; peguei o telefone, liguei para Enver e exigi uma entrevista.

Ele respondeu que teria prazer em me receber na quinta-feira. Àquela altura, porém, os prisioneiros já estariam a caminho de Galípoli.

— Não — retruquei — preciso vê-lo hoje à tarde.

Enver deu todo tipo de desculpa; estava ocupado, tinha compromissos marcados o dia todo.

— Presumo que o senhor queira falar sobre os ingleses e franceses — ele disse. — Se esse for o caso, posso dizer desde agora que será inútil. Estamos decididos. Ordens foram dadas para que a polícia reúna todos eles até esta noite e os despache amanhã cedo.

Continuei insistindo que precisava vê-lo naquela tarde e ele ainda tentou se esquivar da entrevista.

— Meu tempo está todo tomado — disse. — O conselho de ministros se reúne às 16h para uma sessão muito importante. Não posso estar ausente.

Instigado pela ideia da multidão de mulheres que estava tomando conta de toda a embaixada, decidi fazer uma jogada sem precedentes.

— Não aceitarei que uma entrevista me seja negada — respondi. — Irei à sala do conselho de ministros às 16h. Se o senhor se recusar a me receber, insistirei em entrar na sala do conselho para discutir a questão com todo o gabinete ministerial. Será interessante saber se os ministros turcos se recusarão a receber o embaixador americano.

Tive a impressão de ouvir Enver arfar ao telefone. Acho que poucos ministros responsáveis de qualquer país alguma vez receberam uma proposta tão atordoante.

— Se o senhor for à Porta Sublime às 15h30 — ele respondeu —, darei um jeito de recebê-lo.

Quanto cheguei à Porta Sublime, disseram-me que o ministro búlgaro estava tendo uma conferência prolongada com Enver. Obviamente, eu estava disposto a esperar, pois sabia o que os dois homens discutiam. Naquele momento, o sr. Koloucheff saiu; seu rosto estava tenso e ansioso, revelando claramente o suplício ao qual havia sido submetido.

— Não há esperança alguma — ele me disse. — Nada fará com que Enver mude de ideia, ele está absolutamente decidido a levar a cabo seus planos. Nem lhe desejo boa sorte porque de nada serviria.

Em seguida, meu encontro com Enver foi o mais importante da minha carreira até aquele momento. Discutimos o destino dos estrangeiros durante quase uma hora. Enver se mostrou educado como nunca, mas igualmente irredutível. Antes que eu começasse a falar, ele me disse que minha argumentação era inútil; a questão já estava encerrada. Todavia, insisti em falar da esplêndida impressão que o tratamento dos inimigos por parte dos turcos havia causado no resto do mundo.

— Sua posição nesse quesito é melhor do que a de qualquer outro país beligerante — eu disse. Vocês não os puseram em campos de concentração, permitiram que permanecessem aqui e dessem prosseguimento a seus negócios, exatamente como antes. Conseguiram fazer isso apesar de uma enorme pressão para agir de outra maneira. Por que destruir todo o efeito positivo gerado por esse comportamento cometendo um erro fatal como o que o senhor propõe?

Mas Enver insistia que as frotas Aliadas estavam bombardeando cidades não fortificadas, matando mulheres e crianças, e ferindo homens.

— Nós os advertimos por meio do senhor de que não deveriam fazer isso — disse —, mas eles não pararam.

Aquela afirmação, é claro, não era verdadeira, mas eu não tinha como persuadir Enver de que ele estava enganado. Ele expressou grande apreço por tudo o que eu havia feito e, por minha causa, lamentou não poder aceitar meu conselho. Eu disse que os estrangeiros haviam sugerido que eu ameaçasse abrir mão da supervisão dos interesses britânicos e franceses.

— Nada seria mais conveniente para nós — ele retorquiu rapidamente. — A única dificuldade que temos é quando o senhor nos procura e nos importuna com assuntos relativos aos ingleses e franceses.

Perguntei se eu alguma vez dera algum conselho que houvesse causado problemas. Ele respondeu gentilmente que nunca haviam cometido erro algum seguindo minhas sugestões.

— Pois bem, aceitem meu conselho neste caso também — respondi. — Mais tarde, verão que não terão cometido nenhum erro. Tenho certeza absoluta de que o seu gabinete ministerial cometerá um terrível equívoco ao dar esse passo.

— Mas eu dei ordens nesse sentido — Enver replicou. — Não posso revogá-las. Se eu o fizer, perderei toda a minha influência sobre o exército. Uma vez que dou uma ordem, jamais a mudo. Minha mulher me pediu para dispensar seus serviçais do serviço militar e eu recusei. O grão-vizir pediu dispensa para seu secretário e eu recusei porque eu dera ordens. Nunca revogo ordens e não o farei neste caso. Se o senhor puder me mostrar uma maneira para que essa ordem seja executada e, ao mesmo tempo, seus protegidos sejam salvos, terei prazer em ouvir.

Eu já havia descoberto uma das características mais proeminentes do temperamento turco: sua tendência a fazer concessões e barganhar. A solicitação de uma sugestão por parte de Enver me deu a oportunidade de usar essa característica a meu favor.

— Muito bem — eu disse —, creio que posso fazê-lo. Acho que o senhor pode executar suas ordens sem deportar *todos* os residentes ingleses e franceses. Se mandar apenas alguns, poderá ainda assim provar seu argumento. Poderá manter a disciplina no exército e a presença de alguns poucos residentes deportados será um impedimento tão forte para os Aliados quanto a presença de todos.

Tive a impressão de que Enver se agarrou quase que avidamente àquela sugestão como uma maneira de resolver seu dilema.

— Quantos permitirá que eu mande? — ele perguntou rapidamente.

No momento em que ele fez essa pergunta, vi que eu tinha transmitido a minha mensagem.

— Sugiro que o senhor envie vinte ingleses e vinte franceses, quarenta no total.

— Permita que sejam cinquenta — ele disse.

— Muito bem, não discutiremos por causa de dez — respondi. — Mas o senhor terá de fazer outra concessão. Deixe-me escolher os cinquenta que serão deportados.

Aquele acordo aliviou a tensão e, naquele momento, o lado afável da natureza de Enver começou a transparecer outra vez.

— Não, senhor embaixador — ele respondeu. — O senhor evitou que eu cometesse um erro esta tarde; agora, permita-me evitar que o senhor cometa outro. Se o senhor selecionar os cinquenta estrangeiros a serem deportados, fará simplesmente cinquenta inimigos. Minha estima pelo senhor é grande demais para deixá-lo fazer isso. Provarei que sou realmente seu amigo. Não pode fazer alguma outra sugestão?

— Por que não levar os mais jovens? Eles podem suportar melhor a fadiga.

— É justo — respondeu Enver.

Ele disse que Bedri, que estava no edifício naquele momento, selecionaria as "vítimas". Aquilo me causou certo desassossego. Eu sabia que a modificação da ordem por parte de Enver desagradaria Bedri, cujo ódio em relação aos estrangeiros havia sido demonstrado em várias ocasiões, e sabia também que o chefe da polícia faria de tudo para contorná-la. Então, pedi que Enver mandasse

DARDANELOS EM 1915

"Ao visitar, a convite do governo turco, todas as baterias, o embaixador Morgenthau as encontrou bem guarnecidas, mas com pouca munição e com um raio de ação muito inferior ao dos canhões das frotas Aliadas. Em 19 de março, os alemães e turcos estavam prontos para recuar para a Anatólia e deixar Constantinopla à mercê dos britânicos. Os Aliados abandonaram o ataque no momento preciso em que uma vitória total estava a seu alcance."

chamar Bedri e lhe desse as novas ordens na minha presença. Bedri entrou e, como eu suspeitava, não gostou nada do novo arranjo. Assim que ouviu que só levaria os cinquenta estrangeiros mais jovens, jogou as mãos para o alto e começou a andar de um lado para o outro.

— Não, isso nunca vai funcionar! — exclamou. — Não quero os mais jovens, preciso de personalidades ilustres!

No entanto, Enver se ateve ao acordo e deu a Bedri ordens para levar apenas os homens mais jovens. Era bastante óbvio que Bedri precisava ser paparicado, então, convidei-o a ir comigo até a embaixada americana, onde tomaríamos chá e acertaríamos todos os detalhes. Aquele convite teve um efeito instantâneo que a mente americana terá dificuldade em compreender. Um americano não veria nada de especial em ser visto em público ao lado de um embaixador ou em tomar chá em uma embaixada. Mas essa é uma distinção que nunca é conferida a um funcionário de baixo escalão, como um chefe de polícia, na capital turca. Eu provavelmente estava aviltando a dignidade do meu escritório ao fazer aquele convite a Bedri (é o que Pallavicini deve ter pensado), mas, sem dúvida, valeu a pena, pois Bedri se tornou mais maleável.

Quando chegamos à embaixada, a multidão ainda estava lá, esperando o resultado da minha intervenção. Quando eu disse aos sitiadores que apenas os cinquenta mais jovens teriam de partir, eles ficaram estupefatos por um instante. De início, não conseguiram entender; acharam que eu poderia ter obtido algum tipo de modificação da ordem, mas nada como aquilo. Então, quando eles se deram conta da situação, eu me vi no meio de uma multidão que parecia momentaneamente enlouquecida, não de tristeza, mas, daquela vez, de alegria. Mulheres com o rosto banhado de lágrimas insistiam em se ajoelhar, segurar minhas mãos e cobri-las de beijos. Homens maduros, apesar dos meus violentos protestos, insistiam em me abraçar e me beijar as bochechas. Diversas vezes, lutei com aquela multidão, constrangido com aquela demonstração de gratidão, mas, no final, consegui me afastar e me isolar com Bedri em um aposento interno.

— Não pode me entregar alguma personalidade ilustre? — ele perguntou.

— Entregarei apenas um — respondi.

— Não podem ser três? — ele voltou a perguntar.

— Pode levar todos que tiverem menos de cinquenta anos — repliquei.

Mas aquilo não o satisfez, pois não havia uma única pessoa de destaque abaixo daquela faixa etária. Bedri no fundo estava de olho nos senhores Weyl e

Rey e no dr. Frew. Porém, eu tinha guardada na manga uma "personalidade" que estava disposto a conceder. O dr. Wigram, um clérigo anglicano, um dos homens mais proeminentes da colônia estrangeira, havia me abordado e pedido para ir com os reféns a fim de dar-lhes o conforto que a religião podia fornecer. Eu sabia que nada agradaria mais o dr. Wigram do que ser usado para aplacar a sede de Bedri por "personalidades".

— O dr. Wigram é a única personalidade de que o senhor pode dispor — eu disse a Bedri.

Então, ele o aceitou como o melhor que poderia conseguir naquela linha.

O sr. Hoffman Philip, o *conseiller* da embaixada americana, atualmente ministro americano na Colômbia, havia expressado o desejo de acompanhar os reféns a fim de poder cuidar de seu conforto. Tal manifestação de espírito humanitário não era novidade para o sr. Philip. Embora não estivesse bem de saúde, ele havia voltado a Constantinopla depois da entrada da Turquia na guerra a fim de me ajudar a cuidar dos residentes estrangeiros. Durante todo aquele difícil período, ele sempre demonstrou simpatia pelos desafortunados, doentes e pobres, uma característica inata da sua personalidade. Embora fosse um pouco irregular que um representante da embaixada participasse de uma empreitada tão perigosa, a solicitação do sr. Philip foi tão intensa que acabei, embora relutante, dando meu consentimento. Também obtive permissão para que o sr. Arthur Ruhl, da *Collier's*, e o sr. Henry West Suydam, do *Brooklyn Eagle*, acompanhassem o grupo.

No final, Bedri teve de aprontar das suas. Embora os cinquenta deportados tivessem sido informados que o barco para Galípoli partiria na manhã seguinte às 6h, ele e sua polícia foram até as casas dos escolhidos à meia-noite e os tiraram da cama. O grupo que se reuniu no porto na manhã seguinte parecia desgastado e castigado pelo tempo. Bedri estava lá, supervisionando todo o procedimento e, quando se aproximou de mim, me repreendeu afavelmente mais uma vez por lhe entregar apenas uma "personalidade". No geral, ele se comportou de maneira muito decente, embora não tenha deixado de dizer aos reféns que os aviões britânicos estavam jogando bombas em Galípoli! Dos 25 "ingleses" reunidos, apenas dois haviam nascido na Inglaterra e, dos 25 "franceses", apenas dois haviam nascido na França. Eles carregavam mochilas contendo alimentos e outros artigos de primeira necessidade, seus parentes levaram outros volumes e a sra. Morgenthau enviou ao navio muitos caixotes de alimentos.

A separação daqueles jovens de suas famílias era comovente, mas todos a enfrentaram corajosamente.

Voltei à embaixada um pouco cansado da agitação dos últimos dias e não particularmente bem disposto para receber a honra que me aguardava. Poucos minutos após minha chegada, Sua Excelência, o embaixador alemão, foi anunciado. Wangenheim discutiu banalidades por alguns minutos e, depois, abordou o verdadeiro objetivo da sua visita. Pediu-me para enviar um telegrama a Washington dizendo que ele havia sido "útil" na redução do número dos reféns em Galípoli para cinquenta! Diante do que realmente havia acontecido, aquele pedido era tão absurdo que mal pude manter a compostura. Eu sabia que, ao cumprir a praxe de falar com o grão-vizir, Wangenheim estava criando um artifício a ser usado no futuro, mas eu não esperava que ele o usasse tão cedo.

— Bem — disse Wangenheim —, ao menos telegrafe ao seu governo dizendo que eu não "*heiz*" os turcos nessa questão.

O verbo alemão "*heizen*" tem um significado semelhante a "incitar". Eu não estava com disposição para dar um atestado de bom comportamento para Wangenheim. Na verdade, relatei especificamente a Washington que ele havia se recusado a me ajudar. Um ou dois dias depois, Wangenheim me telefonou e começou a falar com tom agitado e zangado. Seu governo havia enviado um telegrama sobre o meu relatório a Washington. Eu disse que, se ele quisesse algum crédito por ajudar em questões daquele tipo, deveria realmente se esforçar e fazer algo.

Os reféns tiveram uma estada desconfortável em Galípoli; foram colocados em duas casas de madeira sem camas e sem comida, exceto a que eles mesmos haviam levado. A abundância de insetos e animais nocivos, algo comum na Turquia, transformava os dias e noites em tormentos. Se o sr. Philip não os tivesse acompanhado, eles teriam sofrido muito. Depois que os desventurados já estavam lá havia alguns dias, comecei a trabalhar mais uma vez com Enver para fazê-los voltar. Sir Edward Grey, então secretário britânico das relações exteriores, havia solicitado, através do nosso Departamento de Estado, que eu apresentasse a Enver e aos outros ministros uma mensagem que dizia que o governo britânico os consideraria pessoalmente responsáveis por qualquer dano aos reféns. Apresentei a mensagem a Enver em 9 de maio. Eu havia visto Enver em vários estados de espírito, mas a raiva desenfreada que a advertência de Sir Edward causou foi algo totalmente novo. Enquanto eu lia o telegrama, seu rosto ficou lívido e ele perdeu totalmente o controle. O verniz europeu que Enver havia adquirido caiu como uma máscara. Eu o estava vendo como ele realmente era: um turco selvagem e com sede de sangue.

— Eles não voltarão — ele gritou. — Eu os deixarei lá até que apodreçam! Quero ver os ingleses tocarem em mim! — continuou.

Vi que o método que eu sempre havia usado com Enver, o da persuasão, era a única maneira de lidar com ele. Tentei acalmar o ministro e, algum tempo depois, ele ficou quieto.

— Mas nunca mais me ameace! — exclamou.

Depois de passar uma semana em Galípoli, o grupo retornou. Os turcos haviam transferido o quartel-general militar de Galípoli e, portanto, a frota inglesa parou de bombardear a cidade. Todos voltaram em boas condições e foram recebidos com grande entusiasmo.

CAPÍTULO 20

MAIS AVENTURAS DOS RESIDENTES ESTRANGEIROS

A DEPORTAÇÃO PARA GALÍPOLI DÁ alguma ideia de minhas dificuldades para tentar cumprir meu dever como representante dos interesses Aliados no Império Otomano. No entanto, apesar desses ocasionais surtos de ódio, na maior parte do tempo as autoridades turcas se comportavam bem. Haviam me prometido no início que tratariam decentemente os estrangeiros das nações inimigas e que permitiriam que eles permanecessem na Turquia e prosseguissem com suas ocupações rotineiras ou que deixassem o império. Aparentemente, os turcos acreditavam que, após o final da guerra, o mundo os julgaria pelo modo como haviam tratado os súditos das potências estrangeiras, e não os seus próprios súditos. O resultado foi que um francês, um inglês ou um italiano estavam muito mais seguros na Turquia do que um armênio, um grego ou um judeu. Todavia, uma força malévola persistente estava constantemente se manifestando contra aquela determinação em ser decente. Em uma carta ao Departamento de Estado, descrevi a influência que operava contra os estrangeiros na Turquia. "O embaixador alemão", escrevi em 14 de maio de 1915, "continua a pressionar os turcos sobre a conveniência da aplicação de medidas repressivas e da detenção como reféns de súditos das potências beligerantes. Tive de enfrentar a persistente oposição do meu colega alemão ao tentar obter permissão para a partida dos súditos das nações sob a nossa proteção".

Vez por outra, os oficiais turcos usavam um dos cidadãos de nações inimigas para fazer uma retaliação, geralmente uma represália por algum dano, real ou imaginário, infligido a seus súditos por países estrangeiros. Tais atos geraram muitos episódios emocionantes, alguns trágicos, outros farsescos, mas todos reveladores do temperamento turco e dos métodos teutônicos.

Uma tarde, eu estava sentado com Talaat, discutindo questões de rotina, quando seu telefone tocou.

— *Pour vous* — disse o ministro, passando-me o aparelho.

Era um dos meus secretários. Ele me disse que Bedri havia detido Sir Edwin Pears, jogado-o na prisão e confiscado todos os seus documentos. Sir Edwin era um dos cidadãos britânicos mais conhecidos em Constantinopla. Durante quarenta anos, ele advogou na capital otomana; também escreveu muito para a imprensa naquele período e publicou vários livros que o tornaram famoso como uma autoridade em história e política oriental. Ele tinha cerca de oitenta anos e uma aparência venerável e distinta. Quando a guerra começou, obtive uma promessa especial de Talaat e Bedri de que, em circunstância alguma, Sir Edwin Pears e o prof. Van Millingen, do Robert College, seriam incomodados. Aquele telefonema que eu estava recebendo, curiosamente na presença de Talaat, parecia indicar que a promessa não havia sido cumprida.

Voltei-me para Talaat e falei sem tentar esconder meu descontentamento.

— É só isso que valem suas promessas? — perguntei. — O senhor não tem nada melhor para fazer do que molestar um idoso tão respeitável quanto Sir Edwin Pears? O que ele fez para o senhor?

— Ora, ora, não fique agitado — respondeu Talaat. — Ele só está na prisão há algumas horas e providenciarei para que ele seja solto.

Ele tentou se comunicar com Bedri, mas sem sucesso. Àquela altura, eu conhecia Bedri suficientemente bem para entender seus métodos. Quando Bedri realmente queria receber telefonemas, ele era a pessoa mais acessível do mundo; quando sua presença do outro lado da linha podia ser constrangedora, nem mesmo a mais minuciosa busca era capaz de revelar seu paradeiro. Como Bedri havia me prometido solenemente que Sir Edwin não seria perturbado, aquela era uma ocasião em que o chefe de polícia preferia se manter inacessível.

— Vou ficar aqui até que o senhor consiga falar com Bedri — eu disse a Talaat.

O grande turco encarou a situação com bom humor. Esperamos um tempo considerável, mas Bedri conseguiu evitar ser encontrado. Por fim, liguei para um dos meus secretários e mandei que ele saísse atrás do chefe de polícia desaparecido.

— Diga a Bedri — instruí — que Talaat está retido por mim em seu próprio escritório e que não o deixarei sair até que ele consiga dizer a Bedri para soltar Sir Edwin Pears.

Talaat estava se divertindo muito com aquela situação cômica. Ele conhecia os métodos de Bedri melhor do que eu e estava muito interessado em ver se eu conseguiria encontrá-lo. Porém, alguns minutos mais tarde, o telefone tocou. Era Bedri. Eu pedi para que Talaat dissesse a ele que eu estava a caminho da prisão no meu automóvel para pegar Sir Edwin Pears.

— Por favor, não deixe que ele faça isso — respondeu Bedri. — Isso me ridicularizaria e destruiria minha influência.

— Muito bem — repliquei. — Esperarei até as 18h15. Se Sir Edwin não tiver sido levado de volta à sua família até essa hora, irei à central de polícia para pegá-lo.

No caminho de volta à embaixada, parei na residência da família Pears e tentei acalmar Lady Pears e sua filha.

— Se seu pai não estiver aqui às 18h15 — eu disse à srta. Pears —, avise-me imediatamente.

Pontualmente àquela hora, meu telefone tocou. Era a srta. Pears para avisar que Sir Edwin tinha acabado de chegar em casa.

No dia seguinte, Sir Edwin foi até a embaixada para me agradecer pelos esforços em seu favor. Disse-me que o embaixador alemão também havia trabalhado pela sua soltura. Essa última informação me surpreendeu, pois eu sabia que ninguém mais tivera a possibilidade de tomar alguma providência, já que tudo aconteceu enquanto eu estava no escritório de Talaat. Meia hora mais tarde, encontrei-me com Wangenheim; ele apareceu na recepção da sra. Morgenthau. Referi-me ao caso Pears e perguntei se ele havia usado sua influência para obter a libertação do cidadão britânico. Minha pergunta o deixou bastante surpreso.

— O quê? — perguntou. — Se eu ajudei a obter a libertação daquele homem? *Der alte Gauner!* (O velho safado!) Como assim? Fui eu que o mandei prender!

— O que tem contra ele? — perguntei.

— Em 1876 — Wangenheim respondeu —, aquele homem estava a favor da Rússia e contra a Turquia!

Os alemães têm boa memória para fatos desse tipo! Em 1876, Sir Edwin escreveu vários artigos para o *Daily News* de Londres descrevendo os massacres búlgaros. Na época, os relatos daquelas terríveis atrocidades em geral não receberam muito crédito e as cartas de Sir Edwin colocaram todos os fatos incontestáveis diante dos povos de língua inglesa, desempenhando um papel importante na emancipação da Bulgária do jugo turco. Aquele ato de humanidade e habilidade jornalística tornou Sir Edwin famoso e, quarenta anos mais tarde, a Alemanha queria puni-lo jogando-o em uma prisão turca! Mais uma vez, os turcos se revelaram mais respeitosos do que seus aliados alemães, pois, além de libertar Sir Edwin e restituir seus documentos, permitiram que ele voltasse a Londres.

Bedri, porém, ficou um pouco aborrecido com a minha bem-sucedida intervenção naquele caso e decidiu dar o troco. Na posição logo abaixo à ocupada na comunidade estrangeira pelo Sir Edwin Pears ficava o advogado de língua inglesa mais proeminente de Constantinopla, o dr. Mizzi, um maltês de setenta anos de idade. Os governantes tinham um ressentimento em relação a ele, pois o *Levant Herald*, um jornal que havia publicado artigos criticando a Comissão de União e Progresso, era de sua propriedade. Na mesma noite do episódio Pears, Bedri foi à casa do dr. Mizzi às 23h, tirou-o da cama, prendeu-o e o colocou em um trem para Angorá, na Ásia Menor. Como uma terrível epidemia de tifo estava assolando Angorá, aquele não era um local de residência desejável para um homem da idade do dr. Mizzi. Na manhã seguinte, quando soube do acontecido, o dr. Mizzi já estava a caminho de seu exílio.

— Desta vez, cheguei antes do senhor! — disse Bedri com uma risada triunfante.

Ele foi afável e estava tão contente quanto um menino. Finalmente, havia "passado para trás" o embaixador americano, que estava dormindo inocentemente em sua cama quando aquele velho foi despachado de trem para uma cidade assolada pela febre na Ásia Menor.

No entanto, o sucesso de Bedri não foi tão completo. A meu pedido, Talaat fez com que o dr. Mizzi fosse mandado para Konia, em vez de Angorá. Lá, um dos missionários americanos, o dr. Dodd, tinha um hospital esplêndido. Tomei providências para que o dr. Mizzi pudesse ficar em um belo quarto naquele edifício, onde ele morou por vários meses com companheiros simpáticos, boa comida, uma atmosfera saudável, todos os livros que quisesse e uma coisa sem a qual ele teria se sentido muito infeliz: um piano. Portanto, eu ainda achava que tinha uma ligeira vantagem sobre Bedri.

No início de janeiro de 1916, recebemos informações de que os ingleses estavam maltratando os prisioneiros de guerra turcos no Egito. Logo em seguida, recebi cartas de dois australianos, o comandante Stoker e o tenente Fitzgerald, dizendo que haviam sido confinados durante onze dias em um calabouço terrível e úmido no Departamento de Guerra, sem companhia alguma, exceto uma quantidade monstruosa de animais nocivos. Aqueles dois oficiais navais haviam chegado a Constantinopla em um dos famosos submarinos construídos nos Estados Unidos que haviam realizado a ousada viagem desde a Inglaterra, mergulhado sob as minas em Dardanelos e chegado em Mármara, onde, durante várias semanas, aterrorizaram e dominaram aquele mar interno, praticamente interrompendo todo o tráfego marítimo. O submarino específico em que meus correspondentes chegaram, o *E 15*, havia sido capturado em Dardanelos e a tripulação e os oficiais foram enviados para a prisão militar turca em Afium Kara-Hissar, na Ásia Menor. Quando as notícias dos supostos maus-tratos dos prisioneiros turcos no Egito foram recebidas, foi feito um sorteio para decidir os dois militares que seriam levados a Constantinopla e encarcerados em represália. Stoker e Fitzgerald tiraram os números malfadados e estavam naquela terrível cela subterrânea havia onze dias. Discuti imediatamente a questão com Enver e sugeri que um médico e um oficial neutros examinassem os turcos no Egito e apurassem a veracidade daquelas histórias. Logo fomos informados de que o relato era falso e que, de fato, os prisioneiros turcos estavam recebendo um tratamento excelente nas mãos dos ingleses.

Aproximadamente nesse mesmo período, visitei o monsenhor Dolci, o delegado apostólico na Turquia. Por acaso, ele mencionou um certo tenente Fitzgerald, que, segundo ele, era um prisioneiro de guerra em Afium Kara-Hissar.

— Estou muito interessado nele — disse o monsenhor Dolci — porque ele é o noivo da filha do ministro britânico no Vaticano. Falei a seu respeito com Enver, que prometeu que ele receberia tratamento especial.

— Qual é o nome de batismo dele?

— Jeffrey.

— Ele, de fato, está recebendo "tratamento especial" — respondi. — O senhor sabia que ele se encontra em um calabouço em Constantinopla neste exato momento?

Naturalmente, o sr. Dolci ficou muito perturbado, mas eu o tranquilizei dizendo que seu protegido seria libertado dali a poucos dias.

— O tratamento dispensado a esses jovens foi vergonhoso — eu disse a Enver. — O senhor deveria fazer algo para se retratar.

— Muito bem, o que o senhor sugere?

Stoker e Fitzgerald eram prisioneiros de guerra e, segundo a regra usual, teriam sido mandados de volta ao campo de prisioneiros após serem libertados do calabouço. Propus que Enver lhes concedesse oito dias de férias em Constantinopla. Ele se deixou levar pelo espírito da ocasião e os homens foram libertados. Seu estado era de dar dó; eles haviam passado 25 dias no calabouço, sem a possibilidade de tomar banho ou se barbear, sem uma segunda muda de roupas ou qualquer outro conforto elementar. No entanto, o sr. Philip se encarregou de lhes suprir as necessidades básicas e, em pouco tempo, apresentaram-se diante de nós dois jovens e belos oficiais navais britânicos. Os oito dias de liberdade acabaram sendo uma procissão triunfal, não obstante eles estivessem constantemente acompanhados por um oficial turco que falava inglês. O monsenhor Dolci e a embaixada americana ofereceram-lhes um jantar e eles realizaram uma agradável visita ao Girls' College. Quando chegou a hora de voltar ao campo de prisioneiros, os jovens declararam que ficariam felizes em passar outro mês em calabouços se pudessem desfrutar de outro período de liberdade na cidade quando fossem soltos.

Apesar de tudo o que aconteceu, sempre terei uma lembrança amigável de Enver por causa do tratamento por ele dispensado a Fitzgerald. Eu falei ao ministro da guerra sobre o noivado do rapaz.

— Não acha que ele já foi suficientemente punido? — perguntei. — Por que não permite que ele volte para seu país e se case com sua amada?

A proposta comoveu imediatamente o lado sentimental de Enver.

— Eu o farei — ele respondeu — se ele me der sua palavra de honra de que não lutará mais contra a Turquia.

Fitzgerald naturalmente fez a promessa e, assim, sua estada relativamente breve no calabouço o acabou libertando do encarceramento e lhe devolvendo a felicidade. Por não ter formado nenhum laço romântico, o pobre Stoker teve de voltar à prisão na Ásia Menor. Todavia, ele encarou seu retorno ao campo de prisioneiros com grande espírito esportivo, algo digno da melhor tradição da marinha britânica.

CAPÍTULO 21

A Bulgária na tribuna de leilão

O FRACASSO DA FROTA ALIADA em Dardanelos não selou definitivamente o destino de Constantinopla. Naturalmente, turcos e alemães se sentiram imensamente aliviados quando a frota foi embora. Todavia, não ficaram nem um pouco tranquilos. A rota mais direta até a antiga capital permanecia à disposição dos inimigos.

No início de setembro de 1915, um dos alemães mais influentes da cidade me deu uma explicação detalhada da situação militar prevalecente. Ele resumiu toda a questão em uma única frase:

— Não podemos manter Dardanelos sem o apoio militar da Bulgária.

Obviamente, isso significava que, a menos que a Bulgária se alinhasse à Turquia e aos Impérios Centrais, a expedição de Galípoli seria bem-sucedida, Constantinopla cairia, o Império Turco ruiria, a Rússia se restabeleceria como potência econômica e militar e a guerra, em um período comparativamente breve, terminaria com a vitória da Entente. Provavelmente, a verdadeira neutralidade da Bulgária ocasionaria o mesmo resultado. Portanto, talvez não seja exagero dizer que, em setembro e outubro de 1915, o governo búlgaro tinha em suas mãos a duração da guerra.

Esse fato é tão importante que não posso deixar de enfatizá-lo. Sugiro que meus leitores peguem o mapa de uma parte do mundo com a qual não estão muito familiarizados: os Estados balcânicos, conforme determinados pelo Tratado de Bucareste. Tudo o que resta da Turquia europeia é uma área pequena e irregular que se estende por cerca de 160 quilômetros a oeste de Constantinopla. A nação cujo território é adjacente à Turquia europeia é a Bulgária. A principal linha ferroviária para a Europa Oriental começa em Constantinopla e corta a Bulgária, passando por Adrianópolis, Filipópolis e Sófia. Naquela época, a Bulgária podia reunir um exército de quinhentas mil tropas bem treinadas e completamente organizadas. Caso essas tropas começassem a marchar em direção a Constantinopla, não haveria praticamente nenhum obstáculo em seu caminho. É verdade que a Turquia tinha um exército considerável, mas que estava sendo usado para rechaçar as forças Aliadas em Dardanelos e os russos no Cáucaso. Com a Bulgária em uma posição hostil, a Turquia não poderia obter nem tropas nem munições da Alemanha. O Império Turco ficaria completamente isolado e, sob o ataque dos búlgaros, desapareceria como força militar e como Estado europeu com uma campanha muito breve.

Quero chamar particularmente a atenção para aquela estrada de ferro, pois se tratava, afinal de contas, do principal prêmio estratégico pelo qual a Alemanha estava lutando. Após partir de Sófia, a ferrovia cruza o nordeste da Sérvia, sendo as estações mais importantes Niš e Belgrado. A partir do último ponto, a estrada de ferro cruza o rio Sava e, em seguida, o rio Danúbio; depois, segue seu curso até Budapeste e Viena e, de lá, até Berlim. Praticamente todas as operações militares que aconteceram nos Bálcãs em 1915-1916 tiveram como objetivo supremo o controle dessa ferrovia. Controlando essa linha, Turquia e Alemanha não estariam mais separadas; econômica e militarmente, se tornariam uma unidade. O estreito de Dardanelos, como descrevi, era a conexão que ligava a Rússia a seus aliados; com aquela passagem fechada, a Rússia rapidamente entrou em colapso. Os vales dos rios Morava e Maritza, pelos quais passa aquela estrada de ferro, constituíam para a Turquia uma espécie de estreito de Dardanelos sem água. Em poder da Turquia, aquela região permitia seu acesso aos aliados; mas, se aquele trecho estivesse em poder dos seus inimigos, o Império Otomano se desmantelaria. Apenas a adesão da Bulgária à causa teutônica poderia dar aos turcos e alemães essa vantagem. Assim que a Bulgária entrasse na guerra, aquele trecho da estrada de ferro que ia até a fronteira Sérvia logo ficaria disponível. Se a Bulgária se unisse às Potências Centrais como um participante ativo, a conquista da Sérvia viria inevitavelmente em seguida, o que garantiria às potências teutônicas a conexão entre Niš e Belgrado. Portanto, a aliança búlgara transformaria Constantinopla em um subúrbio de Berlim, colocaria todos os recursos dos Krupp à disposição do exército turco, tornaria inevitável o fracasso do ataque Aliado em Galípoli e lançaria as bases do Império Oriental que, por trinta anos, havia sido o principal motivo da política alemã.

Portanto, está claro o que meu amigo alemão queria dizer no início de setembro com a frase "sem a Bulgária não podemos manter Dardanelos". Todos enxergam isso com tanta clareza agora que existe uma crença prevalecente de que a Alemanha havia organizado aquela aliança com a Bulgária antes da eclosão da guerra. A esse respeito, não tenho informações definitivas. Não é improvável que o rei búlgaro e o kaiser tenham organizado essa cooperação de antemão. Todavia, não devemos cometer o erro de acreditar que isso teria resolvido a questão, pois a experiência dos últimos anos nos mostrou que não devemos levar os tratados muito a sério. Tendo ou não havido um entendimento, sei que as autoridades turcas e os alemães não tinham certeza de que a Bulgária ficaria do seu lado. Em suas conversas comigo, eles constantemente mostravam grande apreensão quanto ao desfecho dessa questão e, em um certo momento, houve um medo generalizado de que a Bulgária se alinhasse à Entente.

Tive meu primeiro contato pessoal com as negociações búlgaras no final de maio, quando fui informado de que o sr. Koloucheff, o ministro búlgaro, havia notificado o Robert College de que os estudantes búlgaros não poderiam ficar até o final do ano letivo e teriam de voltar para casa até o dia 5 de junho. O Constantinople College for Women também havia sido informado de que todas as moças búlgaras deveriam voltar para casa até aquela mesma data. Essas duas instituições americanas tinham muitos estudantes búlgaros; na maioria dos casos, esplêndidos representantes de seu país. De fato, foi através dessas instituições de ensino que os distantes Estados Unidos e a Bulgária estabeleceram relações tão amistosas. Todavia, aqueles institutos nunca haviam passado por uma experiência semelhante anteriormente.

Todos estavam discutindo o significado daquela manobra. Parecia bastante óbvio. O principal assunto das conversas na época era a Bulgária. Será que aquele país entraria na guerra? Se assim fosse, de que lado apostaria suas fichas? Um dia, diziam que a Bulgária se uniria à Entente; no dia seguinte, diziam que a decisão era de se aliar às Potências Centrais. A crença prevalecente era de que a Bulgária estava ativamente barganhando com os dois lados e procurando as melhores condições. Todavia, caso se unisse à Entente, não seria desejável ter súditos búlgaros isolados na Turquia. Como os rapazes e moças nas escolas americanas geralmente provinham de importantes famílias búlgaras (uma delas era a filha do general Ivanoff, que liderou os exércitos búlgaros nas Guerras dos Bálcãs), o governo búlgaro naturalmente tinha um interesse especial em sua segurança.

A conclusão a que a maioria das pessoas chegou foi que a Bulgária havia decidido ficar do lado da Entente. A notícia se espalhou rapidamente por toda Constantinopla. Os turcos ficaram particularmente impressionados. O dr. Patrick, presidente do Constantinople College for Women, organizou uma rápida formatura para as estudantes búlgaras, à qual compareci. Foi uma ocasião triste, mais parecida com um funeral do que com a festividade que geralmente acontecia naquela ocasião. Encontrei as garotas búlgaras quase em estado de histeria; todas acreditavam que a guerra começaria imediatamente e que elas estavam sendo levadas para casa simplesmente para evitar que caíssem nas garras dos turcos. Fiquei tão comovido que as levei até a embaixada americana, onde passamos uma noite muito agradável. Depois do jantar, as garotas secaram as lágrimas e nos entretiveram entoando várias canções búlgaras muito bonitas;

assim, aquele dia, que havia começado em tom pesaroso, teve um final feliz. Na manhã seguinte, as garotas voltaram para a Bulgária.

Algumas semanas mais tarde o ministro búlgaro me informou que o governo havia convocado os estudantes simplesmente para causar um efeito político. Não havia nenhuma probabilidade imediata de guerra, ele disse. Entretanto, a Bulgária queria que Alemanha e Turquia entendessem que ela ainda podia se unir à Entente. A Bulgária, como todos nós suspeitávamos, estava na tribuna de leilão. A única certeza na posição búlgara era sua determinação de ficar com a Macedônia. Tudo dependia disso, afirmou Koloucheff. Suas conversas refletiam a opinião geral dos búlgaros. Eles julgavam que seu país vencera de forma justa aquele território na primeira Guerra dos Bálcãs e que as Potências Centrais haviam injustamente permitido que fossem privados daquelas terras que eram búlgaras por raça, idioma e tradição; portanto, não poderia haver paz permanente nos Bálcãs até a devolução da Macedônia a seus donos legítimos. A Bulgária, porém, queria mais do que uma promessa a ser cumprida após o final da guerra, exigia a ocupação imediata. Assim que a Macedônia lhe fosse entregue, a Bulgária uniria suas forças à da Entente. Esses eram os dois grandes prêmios no jogo que estava sendo disputado nos Bálcãs: a Macedônia, que a Bulgária devia ter, e Constantinopla, que a Rússia estava determinada a conquistar. Para os búlgaros, a Rússia podia ficar com Constantinopla se seu país pudesse obter a Macedônia.

Foi-me dado a entender que o Estado-maior búlgaro tinha planos já traçados para a captura de Constantinopla, planos esses que já haviam sido mostrados à Entente. Esse programa exigia um exército búlgaro de cerca de trezentos mil homens que sitiaria Constantinopla por 23 dias a partir do momento em que fosse dado o sinal de partida. Mas promessas em relação à Macedônia não eram suficientes, os búlgaros precisavam se apoderar daquele território.

A Bulgária reconhecia as dificuldades da posição dos Aliados. Não acreditava que Sérvia e Grécia entregariam voluntariamente a Macedônia e também não achava que os Aliados ousariam tomar aquele território à força. Nesse caso, havia o perigo de a Sérvia negociar separadamente um tratado de paz com as Potências Centrais. Por outro lado, a Bulgária se oporia se a Sérvia recebesse a Bósnia e a Herzegóvina como compensação pela perda da Macedônia, pois julgava que uma Sérvia ampliada seria uma constante ameaça para si mesma e, portanto, uma ameaça futura para a paz nos Bálcãs. Ou seja, a situação era extremamente difícil e complicada.

Um dos homens mais bem informados da Turquia era Paul Weitz, o correspondente do *Frankfurter Zeitung*. Weitz era mais do que um jornalista, ele havia passado trinta anos em Constantinopla, conhecia intimamente a situação turca e era o confidente e conselheiro da embaixada alemã. Suas tarefas na embaixada eram na verdade semidiplomáticas. Weitz havia sido um dos instrumentos de maior sucesso para a penetração alemã na Turquia; era voz corrente que ele conhecia todos os homens importantes do Império Turco, a melhor maneira de abordá-los e o preço de cada um deles. Tive várias conversas com Weitz sobre a Bulgária durante aquele crítico mês de agosto e os primeiros dias de setembro. Ele disse várias vezes que não estava de forma alguma decidido que a Bulgária fosse unir suas forças às da Alemanha. Todavia, em 7 de setembro, Weitz me procurou com notícias importantes. A situação havia mudado da noite para o dia. O barão Neurath, conselheiro da embaixada alemã em Constantinopla, tinha ido a Sófia e, como resultado de sua visita, um acordo havia sido firmado para tornar a Bulgária aliada da Alemanha.

Weitz disse que a Alemanha havia convencido a Bulgária fazendo algo que a Entente não foi capaz nem esteve disposta a fazer: garantir a posse imediata de um cobiçado território. A Sérvia havia recusado a dar à Bulgária a posse imediata da Macedônia; a Turquia, por outro lado, havia entregado uma parte do Império Otomano. É verdade que o volume de terras em questão era aparentemente insignificante, mas oferecia grandes vantagens estratégicas e representava um sacrifício genuíno por parte da Turquia. Algumas milhas ao norte de Enos, o rio Maritza dobra para leste, norte e, depois, mais uma vez para oeste, criando um bloco de território com uma área de aproximadamente 2.600 quilômetros quadrados, incluindo as importantes cidades de Demotica, Kara Agatch e metade de Adrianópolis. O que torna essa região particularmente importante é o fato de ela conter cerca de oitenta quilômetros da estrada de ferro que vai de Dedeagatch até Sófia. Toda a ferrovia, quer dizer, exceto esses oitenta quilômetros, estão em território búlgaro. Aquela pequena faixa, que passa pela Turquia, corta a comunicação da Bulgária com o Mediterrâneo. A Bulgária obviamente desejava aquele pedaço de terra e a Turquia o cedeu. Essa cessão mudou toda a situação dos Bálcãs e transformou a Bulgária em aliada das Potências Centrais. Além da ferrovia, a Bulgária obteve a parte de Adrianópolis que fica a oeste do

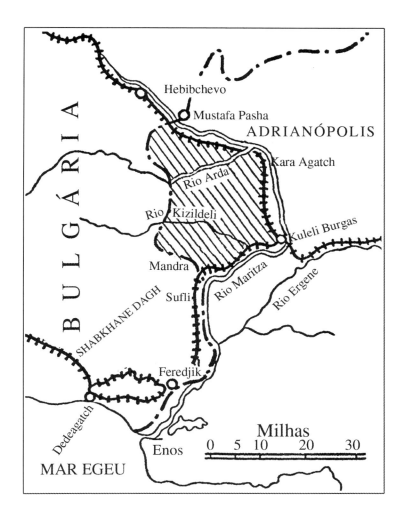

rio Maritza. Fora isso, é claro, receberia a Macedônia assim que aquela província fosse ocupada por suas forças ou pelas de seus aliados.

Lembro-me nitidamente do júbilo de Weitz quando o acordo foi firmado.

— Está tudo resolvido — ele me disse. — A Bulgária decidiu se juntar a nós. Foi tudo acertado ontem à noite em Sófia.

Os turcos também ficaram muito aliviados. Pela primeira vez, viram uma saída para seus problemas. O acordo búlgaro, Enver me disse, havia tirado um peso tremendo de suas mentes.

— O crédito é nosso — ele disse — por trazer a Bulgária para o lado das Potências Centrais. Os búlgaros nunca teriam nos ajudado se não tivéssemos cedido aquele pedaço de terra. Ao entregá-lo imediatamente em vez de esperar o fim da guerra, demonstramos nossa boa-fé. Isso foi muito difícil para nós, é claro, especialmente a renúncia à cidade de Adrianópolis, mas valeu a pena. Na verdade, entregamos aquele território em troca de Constantinopla, pois, se a Bulgária não tivesse passado para o nosso lado, teríamos perdido a cidade. Pense em como melhoramos nossa posição. Tínhamos de manter mais de duzentos mil homens na fronteira búlgara para nos proteger de possíveis ataques naquela região. Agora, podemos transferir todas aquelas tropas para a península de Galípoli e, assim, impedir totalmente o sucesso da expedição dos Aliados. Também estamos muito prejudicados em Dardanelos pela falta de munição. Mas Bulgária, Áustria e Alemanha farão um ataque conjunto à Sérvia e controlarão completamente aquele país em algumas semanas. Portanto, teremos uma linha ferroviária direta de Constantinopla até a Áustria e a Alemanha e poderemos receber todos os suprimentos bélicos de que precisarmos. Com a Bulgária do nosso lado, nenhum ataque a Constantinopla poderá ser feito a partir do norte; criamos um baluarte inexpugnável contra a Rússia. Não nego que essa situação nos causou muita ansiedade. Temíamos que Grécia e Bulgária se unissem, o que também atrairia a Romênia. Nesse caso, a Turquia estaria perdida; estaríamos entre as pontas de um alicate, mas agora temos apenas uma tarefa à nossa frente: expulsar os ingleses e franceses de Dardanelos em direção ao mar. Com todos os soldados e toda a munição de que precisamos, faremos isso em pouco tempo. Abrimos mão de uma pequena área porque vimos que essa era a única maneira de vencer a guerra.

O resultado justificou as profecias de Enver em quase todos os detalhes. Três meses após a Bulgária ter aceitado a propina de Adrianópolis, a Entente admitiu a derrota e retirou suas forças de Dardanelos. Com essa retirada, a Rússia, que era a maior fonte de força em potencial para a causa Aliada e o país que, devidamente organizado e aprovisionado, poderia ter dado aos Aliados um triunfo veloz, desapareceu como fator vital da guerra. A retirada de britânicos e franceses de Galípoli deixou à deriva aquele enorme país, fazendo-o sucumbir à anarquia, à dissolução e à ruína.

Os alemães comemoraram aquele grande triunfo de uma maneira caracteristicamente teutônica. Em suas mentes, o dia 17 de janeiro de 1916 se destaca como uma das grandes datas da guerra. Houve grande júbilo em Constantinopla, pois o primeiro expresso dos Bálcãs (ou *Balkanzug*, como os alemães o chamavam) chegaria à tarde! A estação ferroviária estava decorada com bandeiras e flores e toda a população alemã e austríaca de Constantinopla, inclusive o pessoal das embaixadas, se reuniu para dar as boas-vindas ao trem. Quando a composição finalmente entrou na estação, milhares de urros saíram de gargantas roucas.

Desde aquele dia 17 de janeiro de 1916, o *Balkanzug* vai regularmente de Berlim a Constantinopla. Os alemães acreditam que esse é um elemento do novo Império Germânico tão permanente quanto a linha Berlim-Hamburgo.

CAPÍTULO 22

OS TURCOS VOLTAM ÀS ORIGENS ANCESTRAIS

A RETIRADA DA FROTA ALIADA de Dardanelos teve consequências que o mundo ainda não compreende totalmente. O efeito prático desse acontecimento, como mencionei, foi o de isolar o Império Turco de todo o mundo, com exceção da Alemanha e da Áustria. Inglaterra, França, Rússia e Itália, que durante um século mantiveram um controle restritivo sobre o Império Otomano, finalmente perderam todo o poder de influenciá-lo ou controlá-lo. Os turcos perceberam que uma série de acontecimentos fascinantes os havia transformado de dependentes servis das potências europeias em agentes livres. Pela primeira vez em dois séculos, eles podiam dirigir sua vida nacional de acordo com suas próprias inclinações e governar seus povos segundo sua própria vontade. A primeira expressão dessa vida nacional rejuvenescida foi um episódio que, até onde sei, foi o mais terrível da história do mundo. A nova Turquia, libertada da tutela europeia, celebrou seu renascimento nacional matando quase um milhão de seus próprios súditos.

Não posso exagerar o efeito que a expulsão da frota Aliada produziu nos turcos. Eles acreditavam que haviam vencido a grande batalha decisiva da guerra. Diziam que, por vários séculos, a frota britânica navegara vitoriosa pelos mares, mas que, naquele momento, havia sofrido seu primeiro revés sério nas mãos dos turcos. Nos primeiros momentos daquele ímpeto de orgulho, os líderes dos Jovens Turcos tiveram visões da total ressurreição do império. O que havia sido por dois séculos uma nação decadente iniciou de repente uma vida nova e gloriosa. Em seu orgulho e arrogância, os turcos começaram a olhar com desdém para quem havia ensinado tudo o que eles sabiam a respeito da guerra moderna, e nada os irritava mais do que qualquer sugestão de que eles deviam parte do seu sucesso aos aliados alemães.

— Por que devemos sentir que temos alguma obrigação em relação aos alemães? — Enver me perguntou. — O que eles fizeram por nós que pode se comparar com o que nós fizemos por eles? Os alemães nos emprestaram um pouco de dinheiro e nos enviaram alguns oficiais, é verdade, mas veja o que nós fizemos! Derrotamos a frota britânica, algo que nem os alemães nem qualquer outra nação conseguiram fazer. Temos exércitos estacionados no *front* do Cáucaso e, assim, mantemos ocupada uma grande quantidade de tropas russas que teriam sido usadas no *front* ocidental. Da mesma maneira, obrigamos os ingleses a manter grandes exércitos no Egito e na Mesopotâmia e, assim, enfraquecemos os exércitos Aliados na França. Não, os alemães nunca teriam alcançado seus sucessos militares sem nós; a carapuça da obrigação está na cabeça deles.

Essa convicção tomou conta dos líderes do Partido de União e Progresso e começou a surtir um efeito determinante na vida nacional e na política da Turquia. Os turcos são essencialmente intimidadores e covardes; são corajosos como um leão quando a situação está a seu favor, mas se tornam bajuladores, abjetos e abatidos quando os reveses os estão sobrepujando. Naquele momento, quando a sorte parecia estar favorecendo o império na guerra, comecei a ver um novo tipo de turco surgindo diante dos meus olhos. O hesitante e temeroso otomano, que tateava prudentemente por entre os labirintos da diplomacia europeia, buscando oportunidades para tirar vantagens pessoais entre os conselhos divididos das potências europeias, foi substituído por uma figura altiva, quase enérgica, orgulhosa e assertiva, determinada a seguir sua própria vida e com total desdém por seus inimigos cristãos. Eu estava realmente assistindo a uma transformação notável da psicologia racial, um exemplo quase clássico de volta às origens. O turco maltrapilho e desleixado do século XX estava desaparecendo e, em seu lugar, estava surgindo o turco dos séculos XIV e XV, o turco que havia saído de suas fortalezas asiáticas, conquistado todos os povos poderosos no caminho e fundado na Ásia, África e Europa um dos mais extensos impérios da história. Para apreciarmos adequadamente esses novos Talaat e Enver, bem como os eventos que se sucederam, precisamos entender o turco que, sob o governo de Osman e seus sucessores, exercitou aquela influência poderosa, mas devastadora, no mundo. Precisamos perceber que o fato básico que subjaz à mentalidade turca é o completo desprezo pelas outras raças. Um orgulho razoavelmente insano é o elemento que explica em grande parte essa estranha espécie humana. O termo comum usado pelos turcos em relação aos cristãos é "cão" e, em sua opinião, não se trata de uma mera figura retórica. Eles de fato consideram seus vizinhos europeus como muito menos dignos de consideração do que seus próprios animais domésticos.

— Meu filho — um velho turco disse uma vez —, está vendo aquele bando de porcos? Alguns são brancos, outros são pretos; alguns são pequenos, outros são grandes; algumas características os diferenciam entre si, mas são todos porcos. O mesmo acontece com os cristãos. Não se deixe enganar, meu filho. Os cristãos podem usar roupas finas, suas mulheres podem ser muito bonitas, sua pele pode ser branca e esplêndida, muitos deles são muito inteligentes, constroem cidades maravilhosas e criam Estados aparentemente excelentes. Mas lembre-se de que, por baixo de todo aquele exterior fascinante, eles são todos iguais, são todos porcos.

Praticamente todos os estrangeiros quando estão em presença de um turco têm consciência dessa postura. Os turcos podem ser obsequiosamente educados, mas, invariavelmente, existe um sentimento quase inconsciente de que eles estão se esquivando mentalmente de seu amigo cristão como de algo impuro. Essa convicção fundamental guiou durante séculos a política otomana em relação a seus povos súditos. A horda selvagem varreu as planícies da Ásia Central e, como um furacão, sobrepujou as nações da Mesopotâmia e da Ásia Menor; conquistou o Egito, a Arábia e praticamente todo o norte da África; depois, penetrou na Europa, esmagou as nações balcânicas, ocupou grande parte da Hungria e até estabeleceu postos avançados do Império Otomano na parte meridional da Rússia. Até onde consigo descobrir, os turcos otomanos tinham apenas uma grande qualidade: o gênio militar. Tiveram vários líderes militares com habilidade de comando e os primeiros conquistadores turcos eram combatentes corajosos, fanáticos e tenazes, exatamente como seus descendentes atuais. Acho que aqueles antigos turcos representam o exemplo mais completo da história da ideia de banditismo na polícia. Eles carecem do que podemos chamar de elementos fundamentais de uma comunidade civilizada. Não tinham alfabeto nem dominavam a arte da escrita; não tinham livros, poetas, arte nem arquitetura; não construíram cidades e não estabeleceram nenhum Estado duradouro. Não conheciam lei alguma, a não ser a lei da força, e praticamente não tinham organização agrícola nem industrial. Eram simplesmente cavaleiros selvagens e saqueadores cuja única concepção de sucesso era atacar os povos mais civilizados e saqueá-los. Nos séculos XIV e XV, essas tribos dominaram os berços da civilização moderna, que haviam dado à Europa sua religião e, em grande parte, sua civilização. Naquela época, aqueles territórios eram a sede de várias nações pacíficas e prósperas. O vale da Mesopotâmia sustentava uma grande e laboriosa população agrícola; Bagdá era uma das maiores e mais prósperas cidades do mundo; Constantinopla tinha uma população maior do que a de Roma e a região dos Bálcãs e a Ásia Menor continham vários Estados poderosos. Toda essa parte do mundo foi varrida pela enorme e destrutiva força dos turcos. Em poucos anos, a Mesopotâmia se tornou um deserto; as grandes cidades do Oriente Próximo foram reduzidas à miséria e os povos súditos se tornaram escravos. Praticamente todas as virtudes da civilização que os turcos adquiriram foram absorvidas dos povos súditos que eles tanto desprezam. Sua religião vem dos árabes, seu idioma adquiriu certo valor literário ao tomar emprestado elementos árabes e persas, e sua escrita é árabe. O mais refinado monumento arquitetônico de Constantinopla, a mesquita de Santa Sofia, era originalmente uma igreja cristã e a chamada arquitetura turca é derivada da bizantina. O mecanismo de comércio e indústria sempre ficou na mão dos povos súditos: gregos, judeus, armênios e árabes. Os turcos aprenderam pouco da arte ou da ciência europeia, estabeleceram poucas instituições educacionais e o analfabetismo é a regra predominante. O resultado é que a pobreza atingiu um grau de sordidez e miséria no Império Otomano quase sem paralelos. O camponês turco mora em uma choça de barro, dorme em um chão de terra, não tem cadeiras, mesa, talheres nem roupas, exceto as escassas peças que cobrem suas costas e que geralmente são usadas por diversos anos.

Ao longo do tempo, os turcos podem ter aprendido certas coisas com seus vizinhos europeus e árabes, mas há uma ideia que eles nunca conseguiram sequer captar. Jamais compreenderam que os súditos de um povo conquistado não são escravos. Ao se apoderar de uma terra, eles a encontravam ocupada por certo número de camelos, cavalos, búfalos, cachorros, porcos e seres humanos. De todas essas criaturas, as que mais se assemelhavam fisicamente a eles mesmos eram as que eles consideravam menos importantes. Surgiu entre os turcos o ditado de que um cavalo ou um camelo era mais valioso do que um homem;

aqueles animais custavam dinheiro, ao passo que os "cristãos infiéis" eram abundantes nos países otomanos e podiam ser facilmente obrigados a trabalhar. É verdade que os primeiros sultães concederam aos povos súditos e aos europeus do império alguns direitos, mas que, no fundo, refletiam o desprezo reservado a todos os não muçulmanos. Já descrevi as "capitulações", segundo as quais os estrangeiros na Turquia tinham seus próprios tribunais, prisões, correios e outras instituições. Todavia, os primeiros sultães não concederam tais privilégios por causa de um espírito de tolerância, mas simplesmente porque consideravam as nações cristãs impuras e, portanto, inaptas para ter qualquer contato com o sistema administrativo e judiciário otomano. Os sultães também agruparam tais povos, como os gregos e armênios, em nações separadas, não porque desejassem promover sua independência e bem-estar, mas porque os consideravam animais nocivos, portanto, desqualificados para fazer parte do Estado otomano. A postura do governo em relação a seus súditos cristãos era ilustrada por certas regras que limitavam sua liberdade de ação. Os edifícios em que os cristãos viviam não deviam chamar a atenção e suas igrejas não deviam ter campanários. Os cristãos não podiam andar a cavalo na cidade, pois esse era um direito exclusivo dos nobres muçulmanos. Os turcos tinham direito a testar o fio de sua espada no pescoço de qualquer cristão.

Imagine um grande governo mantendo essa postura ano após ano em relação a milhões de súditos! Durante séculos, os turcos simplesmente viveram como parasitas desses povos assoberbados e laboriosos. Impuseram tributos até extingui-los, roubaram suas mais belas filhas e as forçaram a entrar para haréns, levaram embora centenas de milhares de crianças cristãs e as criaram como soldados muçulmanos. Não pretendo descrever a terrível vassalagem e opressão que perdurou por cinco séculos; meu propósito é simplesmente enfatizar a postura inata do turco muçulmano em relação a pessoas que não são da sua mesma raça e religião: elas não são seres humanos com direitos, mas apenas objetos pessoais que têm permissão para viver quando promovem o interesse de seus senhores, mas que podem ser impiedosamente destruídos quando deixam de ser úteis. Essa postura é intensificada pelo total desrespeito à vida humana e por um prazer intenso em infligir sofrimento, qualidades geralmente atribuídas a povos primitivos.

Essas eram as características mentais dos turcos em seus dias de grandeza militar. Em tempos recentes, sua atitude em relação aos estrangeiros e aos povos súditos havia mudado superficialmente. Seu próprio declínio militar e a facilidade com que as nações infiéis derrotaram seus melhores exércitos haviam aparentemente infundido aos altivos descendentes de Osman pelo menos certo respeito por suas presas. O rápido desaparecimento do Império Otomano em cem anos, a criação de novos Estados como Grécia, Sérvia, Bulgária e Romênia, e a maravilhosa melhoria que se seguiu à destruição do jugo turco nessas terras selvagens podem ter aumentado o ódio otomano pelos não crentes, mas pelo menos ajudaram a abrir os olhos dos turcos para sua própria importância. Muitos turcos também começaram a ser educados em universidades europeias; estudaram em escolas profissionais e se tornaram médicos, cirurgiões, advogados, engenheiros e químicos modernos. Por mais que desprezem seus companheiros cristãos, boa parte dos muçulmanos progressistas não ignora que as coisas mais refinadas, ao menos neste mundo atual, são produto da civilização europeia e americana. E, naquele momento, essa evolução da história moderna, que parecia ser a menos compreensível para os turcos, começou a se impor à consciência dos mais inteligentes e progressistas. Surgiram certos líderes que começaram a falar furtivamente de coisas como "constitucionalismo", "liberdade" e "autodeterminação". Para eles, a Declaração de Independência continha certas verdades que podiam ter valor mesmo para o islã. Aqueles espíritos ousados começaram a sonhar com a deposição do autocrático sultão e a substituição de seu governo irresponsável pelo sistema parlamentar. Já descrevi a ascensão e queda do movimento dos Jovens Turcos capitaneado por líderes como Talaat, Enver, Djemal e seus companheiros na Comissão de União e Progresso. O argumento que enfatizo aqui é que esse movimento pressupunha uma transformação completa da mentalidade turca, especialmente da sua postura em relação aos povos súditos. Em um Estado turco reformado, gregos, sírios, armênios e judeus não deveriam mais ser considerados "ímpios imundos". Todos esses povos deveriam dali em diante ter direitos e deveres iguais. Após o estabelecimento do novo governo, houve uma espécie de farra do amor e cenas quase frenéticas de reconciliação, nas quais turcos e armênios se abraçavam publicamente, parecendo sinalizar a união absoluta de povos cujo antagonismo vinha de longa data. Os líderes turcos, dentre os quais Talaat e Enver, visitaram igrejas cristãs e fizeram preces e agradecimentos pela nova ordem, foram a cemitérios armênios para derramar lágrimas de expiação sobre os ossos dos armênios martirizados que lá jaziam. Padres armênios homenagearam reciprocamente os turcos em mesquitas maometanas. O paxá Enver visitou várias escolas armênias e disse às crianças que os velhos dias de rixa entre muçulmanos e cristãos haviam acabado para sempre e que os dois povos deveriam a partir de então viver juntos como irmãos. Havia cínicos que riam de todas aquelas demonstrações, mas que, devido a um acontecimento, sentiram-se encorajados a acreditar na chegada de um paraíso terrestre. Durante todo o período de dominação, apenas os senhores muçulmanos tinham permissão para empunhar armas e servir no exército otomano. Ser soldado era uma ocupação ao mesmo tempo máscula e gloriosa demais para os desprezados cristãos. Naquele momento, porém, os Jovens Turcos estimularam todos os cristãos a se armar e os arrolaram no exército em pé de igualdade com os muçulmanos. Os cristãos lutaram como oficiais e soldados nas guerras da Itália e dos Bálcãs, sendo muito elogiados pelos generais turcos por sua coragem e habilidade. Os líderes armênios haviam se destacado no movimento dos Jovens Turcos; aqueles homens pareciam acreditar que uma Turquia constitucional era possível. Eles tinham consciência de sua superioridade intelectual e industrial em relação aos turcos e sabiam que podiam prosperar no Império Otomano se fossem deixados em paz, ao passo que, sob controle europeu, teriam mais dificuldade em enfrentar a competição dos colonizadores europeus, mais rigorosos, que poderiam entrar no império. Com a deposição do Sultão Vermelho, Abdul Hamid, e o estabelecimento de um sistema constitucional, os armênios pela primeira vez em séculos se sentiam como homens livres.

No entanto, como já descrevi, todas essas aspirações desapareceram como um sonho. Muito antes do início da Guerra Europeia, a democracia turca já havia desaparecido. O poder do novo sultão se extinguira, bem como a esperança de regenerar a Turquia segundo preceitos modernos, deixando o Estado, na verdade, sob o controle de apenas um grupo de indivíduos, liderado por Talaat e Enver. Tendo perdido suas aspirações democráticas, aqueles homens as suplantaram com um novo conceito nacional. No lugar de um Estado constitucional democrático, eles ressuscitaram a ideia do panturquismo; no lugar do tratamento igualitário de todos os otomanos, decidiram estabelecer um país exclusivamente para os turcos. Eu disse que essa era uma nova concepção, mas ela só era nova para os indivíduos que controlavam então o destino do império, pois, na verdade, tratava-se meramente de uma tentativa de reviver as ideias mais bárbaras de seus ancestrais. Como já mencionei, essa concepção representava apenas um retorno atávico ao turco original. Vimos então que os líderes turcos, ao falar de liberdade, igualdade, fraternidade e constitucionalismo, eram apenas crianças repetindo frases; eles haviam usado a palavra "democracia" simplesmente como uma escada para subir ao poder. Depois de quinhentos anos de contato íntimo com a civilização europeia, os turcos continuavam a ser os mesmos indivíduos que haviam emergido das estepes asiáticas na Idade Média. Estavam se agarrando com a mesma tenacidade que seus ancestrais ao conceito de um Estado constituído por alguns poucos senhores com o direito de escravizar, saquear e maltratar quaisquer povos que conseguissem sujeitar ao controle militar. Embora viessem de famílias muito humildes, Talaat, Enver e Djemal tinham as mesmas ideias fundamentais de senhor e escravo que haviam formado a concepção de governo de Osman e dos primeiros sultães. Descobrimos então que uma Constituição de papel e até mesmo visitas chorosas a igrejas e cemitérios cristãos não podiam suplantar o preconceito inato daquela tribo nômade segundo o qual só existem dois tipos de pessoas no mundo: os conquistadores e os conquistados.

Quando revogou as capitulações, libertando a si mesmo do domínio das potências estrangeiras, o governo turco apenas deu um passo rumo à realização do ideal do panturquismo. Mencionei as dificuldades que tive com os governantes turcos em relação às escolas cristãs. Sua determinação em erradicá-las, ou pelo menos transformá-las em instituições turcas, foi simplesmente outro detalhe do mesmo progresso racial. Da mesma maneira, eles tentaram fazer com que todas as empresas estrangeiras empregassem apenas mão de obra turca, insistindo para que todos os atendentes, estenógrafos, operários e outros funcionários gregos, armênios e judeus fossem dispensados. Ordenaram que todas as empresas estrangeiras mantivessem seus livros em turco; queriam dar emprego aos turcos e permitir que eles aprendessem métodos empresariais modernos. O governo otomano até se recusou a negociar com o representante da maior fabricante austríaca de munição a menos que um turco fosse contratado como sócio. Desenvolveram uma mania de suprimir todos os idiomas, com exceção do turco. Durante décadas, o francês foi a língua dos estrangeiros em Constantinopla; a maioria das placas de rua estava escrita em francês e turco. Uma manhã, os residentes estrangeiros descobriram perplexos que toda aquela sinalização em francês fora removida e que os nomes das ruas, os destinos dos bondes e todos os outros avisos públicos só continham aqueles estranhos caracteres turcos, que pouquíssimos dentre eles entendiam. Essa mudança causou muita confusão, mas as autoridades se recusaram a reinserir o odiado idioma estrangeiro.

Aqueles líderes não apenas voltaram às concepções bárbaras de seus ancestrais, mas chegaram a extremos que nunca haviam passado pela cabeça dos primeiros sultães. Seus predecessores dos séculos XV e XVI tratavam os povos súditos como terra embaixo de seus pés, mas acreditavam que eles tinham certa utilidade e não se recusavam a usá-los como escravos. No entanto, a Comissão de União e Progresso liderada por Talaat e Enver decidiu eliminá-los completamente. Os antigos conquistadores turcos haviam transformado os cristãos em servos, mas seus descendentes *parvenus* foram mais além, pois resolveram exterminá-los indiscriminadamente e turquificar o império massacrando os elementos não muçulmanos. Originalmente, essa não foi uma ideia de Talaat e Enver; o homem que a delineou em primeiro lugar foi um dos maiores monstros da história, o "Sultão Vermelho", Abdul Hamid. Esse homem subiu ao trono em 1876, em um período crítico da história turca. Nos primeiros dois anos de seu reino, ele perdeu a Bulgária, importantes províncias no Cáucaso, os últimos vestígios de sua soberania em Montenegro, Sérvia e Romênia e todos os seus poderes efetivos na Bósnia e Herzegóvina. A Grécia já havia se tornado uma nação independente muito antes e os processos que separariam o Egito do Império Otomano já haviam começado. Quando o sultão fazia um balanço da sua herança, podia facilmente prever o dia em que todo o resto de seus domínios passaria para a mão dos infiéis. O que havia causado a desintegração daquele extenso Império Turco? A verdadeira causa, é claro, estava na base do temperamento turco, mas Abdul Hamid só via o fato mais óbvio: a intervenção das grandes potências europeias proporcionara alívio àquelas nações aprisionadas. De todos os novos reinos que haviam sido trinchados dos domínios do sultão, a Sérvia foi o único que obteve sua própria independência (fato honroso que merece ser lembrado). Rússia, França e Grã-Bretanha libertaram todo o resto. E o que havia acontecido várias vezes antes podia vir a acontecer novamente. Ainda havia uma raça compacta no Império Otomano que tinha aspirações e potencialidades nacionais. Na região nordeste da Ásia Menor, fazendo fronteira com a Rússia, havia seis províncias nas quais os armênios constituíam o maior grupo populacional. Desde o tempo de Heródoto, aquela parte da Ásia tem o nome de Armênia. Os armênios de hoje são os descendentes diretos do povo que habitava aquelas terras três mil anos atrás. Sua origem é tão antiga que se perde em fábulas e mistérios. Ainda existem inscrições cuneiformes não decifradas nas colinas rochosas de Van, a maior cidade armênia, o que levou certos estudiosos (não muitos, tenho de admitir) a identificar a raça armênia com os hititas da Bíblia. Todavia, o que realmente se sabe a respeito dos armênios é que, durante séculos, eles constituíram uma das raças mais civilizadas e laboriosas da parte oriental do Império Otomano. A partir das montanhas, eles se espalharam pelos domínios do sultão e formaram um elemento populacional considerável de todas as grandes cidades. São conhecidos por toda parte por sua dedicação e inteligência e por levarem uma vida decente e ordenada. São tão superiores intelectual e moralmente aos turcos que boa parte dos negócios e indústrias passou para suas mãos. Junto com os gregos, os armênios constituem a força econômica do império. Esse povo se tornou cristão no século IV e estabeleceu a Igreja armênia como religião oficial. Diz-se que essa é a mais antiga Igreja cristã existente.

Apesar das perseguições que não tiveram paralelos em lugar algum, esse povo se manteve fiel à sua fé cristã com extrema tenacidade. Há mil e quinhentos anos, vive na Armênia uma pequena ilha de cristãos cercada por povos atrasados com religiões e raças hostis. Sua longa existência tem sido um martírio sem fim. O território que eles habitam forma o elo entre a Europa e a Ásia, e todas as invasões asiáticas – de sarracenos, tártaros, mongóis, curdos e turcos – passaram por seu pacífico país. Por séculos, eles foram a Bélgica do Oriente. Durante todo esse período, os armênios nunca se consideraram asiáticos, mas europeus. Eles falam um idioma indo-europeu, os estudiosos acreditam que sua origem racial é ariana e o fato de sua religião ser a mesma da Europa sempre fez com que eles voltassem os olhos para o oeste. Daquele território ocidental, eles sempre esperaram que algum dia chegasse a libertação que os salvaria de seus dominadores homicidas. Em 1876, quando inspecionou seus fragmentados domínios, Abdul Hamid viu que o ponto mais perigoso era a Armênia. Ele acreditava, com razão ou não, que os armênios, assim como os romenos, búlgaros, gregos e sérvios, desejavam restaurar sua nação medieval independente e sabia que a Europa e os Estados Unidos simpatizavam com aquela ambição. O Tratado de Berlim, que havia definitivamente encerrado a Guerra Turco-Russa, continha um artigo que conferia às potências europeias uma influência protetora sobre os armênios. Como o sultão podia se libertar permanentemente daquele perigo? Uma administração iluminada, que tivesse transformado os armênios em homens livres e assegurado sua vida, suas propriedades e seus direitos civis e religiosos, provavelmente os teria convertido em súditos pacíficos e leais. O sultão, porém, não era capaz de conceber um conceito de estadismo desse tipo. Em vez disso, Abdul Hamid aparentemente achava que só havia uma maneira para livrar a Turquia do problema armênio: acabar com os armênios. A destruição física de dois milhões de homens, mulheres e crianças em massacres organizados e dirigidos pelo Estado parecia ser a única maneira certeira de prevenir ulteriores problemas no Império Turco.

Durante quase trinta anos, a Turquia deu ao mundo um exemplo de um governo exercido por meio de massacres. Nós, na Europa e nos Estados Unidos, só ficávamos sabendo desses acontecimentos quando eles atingiam proporções particularmente monstruosas, como em 1895-1896, quando quase duzentos mil armênios foram assassinados de forma atroz. Contudo, durante todos aqueles anos, a existência dos armênios foi um pesadelo constante. Sua propriedade foi roubada; seus homens, assassinados; suas mulheres, violentadas; suas meninas, raptadas e forçadas a viver em haréns turcos. Todavia, Abdul Hamid não conseguiu levar a cabo seu propósito. Se a sua vontade tivesse sido feita, toda a nação teria sido massacrada em uma terrível orgia. Ele tentou exterminar os armênios em 1895 e 1896, mas deparou com certos obstáculos insuperáveis. Os maiores de todos eram a Inglaterra, a França e a Rússia. Aquelas atrocidades tiraram Gladstone, que na época tinha 86 anos, de sua aposentadoria, e seus discursos, nos quais denunciava o sultão como "o grande assassino", mostraram ao mundo as atrocidades que estavam sendo cometidas. Ficou claro que, a menos que o sultão desistisse dos seus planos, Inglaterra, França e Rússia interviriam. O sultão sabia muito bem que, caso aquela intervenção viesse a acontecer, os resquícios da Turquia que haviam sobrevivido a fragmentações precedentes desapareceriam. Então, Abdul Hamid teve de abandonar sua empreitada satânica para exterminar toda uma raça por meio do assassínio, mas a Armênia continuou a ser vítima da lenta agonia de uma perseguição implacável. Até a eclosão da Guerra Europeia, não havia dia em que ultrajes e assassinatos não acontecessem nos *vilayets* armênios. O regime dos Jovens Turcos, apesar de suas promessas de fraternidade universal, não deu trégua àquele povo. Poucos meses após as celebrações já descritas, um dos piores massacres aconteceu em Adana, eliminando 35 mil pessoas.

Os Jovens Turcos, que haviam incorporado muitas das ideias de Abdul Hamid, também adotaram naquele momento a política do **sultão** em relação aos armênios. A paixão do grupo pela turquificação da nação parecia exigir logicamente a exterminação de todos os cristãos – gregos, sírios e armênios. Por mais que admirassem os conquistadores maometanos dos séculos XV e XVI, os Jovens Turcos também acreditavam, tolamente, que aqueles grandes guerreiros haviam cometido um erro fatal, pois tiveram a possibilidade de obliterar completamente as populações cristãs e não o fizeram. Em sua opinião, aquela política de governo havia sido uma falha funesta e explicava todas as desgraças que afligiam a Turquia nos tempos modernos. Se, ao conquistar a Bulgária, aqueles antigos chefes muçulmanos tivessem passado a fio de espada todos os búlgaros e povoado o país com turcos muçulmanos, não teria acontecido nenhum problema naquele país nos tempos modernos, e a Turquia não teria perdido parte de seu império. Da mesma maneira, se eles tivessem destruído todos os romenos, sérvios e gregos, as províncias ocupadas por aquelas raças ainda fariam parte dos domínios do sultão. Eles achavam que o erro havia sido terrível, mas que algo ainda podia ser salvo da ruína. Destruiriam todos os gregos, sírios, armênios e outros cristãos, transfeririam famílias muçulmanas para suas casas e fazendas e garantiriam que aqueles territórios não fossem tirados da Turquia como havia acontecido com os outros. A fim de realizar essa grande reforma, seria necessário assassinar todos os cristãos. As garotas armênias mais bonitas e saudáveis podiam ser pegas, convertidas à força ao maometismo e transformadas em esposas ou concubinas de seguidores devotos do Profeta. Seus filhos se tornariam automaticamente muçulmanos e fortaleceriam o império como os janízaros haviam feito anteriormente. Aquelas garotas armênias representavam um tipo elevado de feminilidade e os Jovens Turcos, de maneira inculta e intuitiva, reconheciam que a mistura do sangue delas com o da população turca exerceria uma influência eugênica em geral. Os meninos armênios em tenra idade podiam ser acolhidos por famílias turcas e criados sem saber que não eram muçulmanos. Todavia, aqueles eram os únicos elementos que podiam trazer alguma contribuição de valor para a nova Turquia que estava sendo planejada. Como todas as precauções tinham de ser tomadas para que não houvesse o desenvolvimento de uma nova geração de armênios, seria necessário matar todos os homens que estivessem na flor da idade e, portanto, pudessem propagar aquela espécie amaldiçoada. Homens e mulheres idosos não constituíam um grande perigo para o futuro da Turquia, pois já haviam cumprido sua função natural de deixar descendentes; no entanto, eram um fardo e, portanto, deveriam ser eliminados.

Ao contrário de Abdul Hamid, os Jovens Turcos se achavam em uma posição na qual podiam executar essa empreitada sagrada. Grã-Bretanha, França e Rússia haviam atrapalhado seu predecessor, mas, agora, aqueles obstáculos haviam sido removidos. Os Jovens Turcos, como eu já disse, acreditavam ter derrotado aquelas nações, que, portanto, não interfeririam mais em seus assuntos domésticos. Apenas uma potência podia levantar objeções com algum sucesso: a Alemanha. Em 1898, quando todo o resto da Europa estava atordoado com as denúncias de Gladstone e exigia uma intervenção, o kaiser Guilherme II esteve em Constantinopla, visitou Abdul Hamid, colocou as mais altas condecorações no peito do tirano e beijou os dois lados do seu rosto. O mesmo kaiser que havia feito isso em 1898 ainda estava no trono em 1915 e era aliado da Turquia naquele momento. Portanto, pela primeira vez em dois séculos, os turcos, em 1915, mantinham a população cristã de seu império totalmente à sua mercê. Finalmente era chegada a hora de fazer da Turquia um país exclusivamente para os turcos.

CAPÍTULO 23

A "REVOLUÇÃO" EM VAN

A PROVÍNCIA TURCA DE VAN fica no remoto ângulo nordeste da Ásia Menor; faz fronteira com a Pérsia a leste e seu limite setentrional dá para o Cáucaso. Trata-se de uma das partes mais bonitas e férteis do Império Turco, rica em associações históricas. A cidade de Van, a capital do *vilayet*, fica na margem oriental do lago homônimo; é a única grande cidade na Ásia Menor em que a população armênia supera em número a muçulmana. No outono de 1914, sua população de trinta mil pessoas representava uma das comunidades mais pacíficas, felizes e prósperas do Império Turco. Embora Van, como praticamente todas as outras regiões em que os armênios viviam, tivesse passado por períodos de opressão e massacre, o jugo muçulmano, comparativamente falando, era imposto de maneira mais leve a seus habitantes. O governador turco, o paxá Tahsin, era uma autoridade turca do tipo mais esclarecido. As relações entre armênios, que viviam na melhor parte da cidade, turcos e curdos, que ocupavam cabanas de barro no bairro muçulmano, foram tolerantemente agradáveis durante anos.

Todavia, a localização desse *vilayet* o transformou inevitavelmente no cenário de operações militares e tornou as atividades da população armênia uma questão de suspeita diária. Caso a Rússia tentasse invadir a Turquia, uma das rotas mais acessíveis passava por aquela província. A guerra não tinha muito tempo quando surgiram motivos para irritação. As requisições de suprimentos para o exército recaíram com muito mais peso sobre os cristãos do que sobre os maometanos em Van, assim como em todas as outras partes da Turquia. Os armênios tinham de permanecer calados enquanto os oficiais turcos se apropriavam do seu gado, do seu trigo e de bens de qualquer tipo, dando-lhes em troca apenas pedaços de papel sem valor. A tentativa de desarmamento geral que aconteceu em seguida também suscitou apreensão, que só aumentou com o tratamento brutal dispensado aos soldados armênios no Cáucaso. Paralelamente, os turcos desferiram vários ataques contra os cristãos e, na verdade, atribuíram àquela parcela da população a maior parte da culpa pelos reveses que os exércitos turcos haviam sofrido no Cáucaso. O fato de uma parte considerável das forças russas ser composta por armênios desencadeou sua ira desenfreada. Como cerca de metade dos armênios no mundo vivem nas províncias russas do Cáucaso e são obrigados, como todos os russos, a prestar serviço militar, certamente não havia motivos legítimos para queixas, uma vez que aqueles conscritos armênios eram súditos *bona fide* do czar. Os turcos, porém, afirmavam que grandes números de soldados armênios em Van e em outras províncias armênias haviam desertado, cruzado a fronteira e se unido ao exército russo, cujas vitórias foram auxiliadas pelo conhecimento que os armênios tinham das estradas e do terreno em questão. Embora os fatos exatos ainda não tenham sido apurados, parece provável que algumas centenas de deserções desse tipo tenham acontecido. No início da guerra, agentes da Comissão de União e Progresso apareceram em Erzerum e Van e solicitaram aos líderes armênios que fossem à Armênia russa e tentassem iniciar revoluções contra o governo russo, e o fato de os armênios otomanos terem se recusado contribuiu ainda mais para a irritação predominante. O governo turco alardeou o comportamento "traiçoeiro" dos armênios de Van e até o utilizou como desculpa para o tratamento dispensado subsequentemente a toda a raça armênia. Sua atitude ilustra mais uma vez a perversidade da mente turca. Após massacrar centenas de milhares de armênios ao longo de trinta anos, desonrar suas mulheres e meninas, roubá-los e maltratá-los de todas as maneiras concebíveis, os turcos ainda pareciam acreditar que tinham o direito de esperar a mais entusiástica "lealdade". O fato de os armênios em toda a Turquia simpatizarem com a Entente não era segredo. "Se você quer saber como a guerra está procedendo", escreveu em tom jocoso um jornal turco, "basta olhar para o rosto de um armênio. Se ele estiver sorrindo, é porque os Aliados estão vencendo; se estiver desanimado, é porque os alemães estão se saindo bem". A deserção de um soldado armênio otomano para se unir aos russos constituiria inquestionavelmente um crime técnico contra o Estado, passível de punição sem a violação das regras de todos os países civilizados. Apenas a mente turca, porém (e possivelmente a dos *junkers*), podia encarar tal fato como uma desculpa para as terríveis barbaridades que estavam acontecendo.

Embora o ar estivesse repleto de premonições de problemas durante o outono de 1914-1915, os armênios se comportaram com notável autodomínio. Durante anos, a política turca havia consistido em provocar a população cristã para que fossem cometidas infrações públicas e, em seguida, usar aqueles atos ilícitos como desculpa para massacres. O clero e os líderes políticos armênios viram muitas provas de que os turcos estavam usando suas velhas táticas e, por conseguinte, procuraram o povo e o aconselharam a ficar quieto e aguentar pacientemente todos os insultos e até mesmo os ultrajes para não dar aos muçulmanos a abertura que eles estavam procurando.

— Mesmo que eles incendeiem alguns de nossos vilarejos — diziam os líderes —, não retaliem, pois é melhor ter algumas aldeias destruídas do que toda a nação massacrada.

Quando a guerra começou, o governo central chamou o paxá Tahsin, o conciliador governador de Van, e o substituiu pelo bei Djevdet, cunhado do paxá Enver. Esse ato já foi extremamente inquietante. Sempre houve dentre as autoridades turcas uma minoria que não acreditava em massacres como política de Estado e que não necessariamente executava com rigidez as ordens do governo central. Portanto, toda vez que massacres eram planejados, sempre era costume remover esses funcionários públicos "indignos de confiança" e substituí-los por homens considerados mais leais. O temperamento do sucessor de Tahsin tornou seu remanejamento ainda mais alarmante. Djevdet havia passado a maior parte da sua vida em Van, era um homem de personalidade instável, amistoso com os não muçulmanos em um momento e hostil em seguida, hipócrita, traiçoeiro e feroz, em consonância com as piores tradições de sua raça. Ele odiava os armênios e simpatizava com o antigo plano turco para resolver o problema daquele povo. Não há dúvida de que ele foi para Van com instruções precisas para exterminar todos os armênios em sua província, mas, pela primeira vez em meses, as condições não facilitavam essas operações. O próprio Djevdet estava ausente, lutando contra os russos no Cáucaso e, com a aproximação iminente do inimigo, era uma política inteligente para os turcos evitar os maus-tratos aos armênios em Van. Contudo, no início da primavera, os russos recuaram temporariamente. Uma tática militar geralmente considerada boa para um exército vitorioso é seguir o inimigo em retirada. Aos olhos dos generais turcos, porém, a retirada dos russos era uma boa guinada na guerra principalmente porque privava os armênios de seus protetores e os deixava à mercê do exército turco. Portanto, em vez de seguir o inimigo em retirada, o exército turco desviou e invadiu seu próprio território em Van. Em vez de lutar contra os soldados treinados do exército russo, eles apontaram os rifles, metralhadoras e outras armas para mulheres, crianças e velhos armênios nos vilarejos de Van. De acordo com sua prática regular, distribuíram as mulheres armênias mais bonitas entre os muçulmanos, saquearam e queimaram aldeias e realizaram massacres ininterruptos por dias a fio. Em 15 de abril, cerca de quinhentos jovens armênios de Akantz foram reunidos para ouvir uma ordem do sultão. Ao pôr do sol, foram levados para fora da cidade e quase todos foram mortos a sangue-frio. Esse procedimento foi repetido em cerca de oitenta aldeias armênias no distrito ao norte do lago Van e, em três dias, 24 mil armênios foram assassinados dessa maneira atroz. Um único episódio ilustra a depravação inominável dos métodos turcos. Após a eclosão de um conflito em Shadak, o bei Djevdet, que, naquele ínterim, havia retornado a Van, pediu a quatro importantes cidadãos armênios que fossem àquela cidade para tentar acalmar a multidão. Os homens fizeram a viagem e pararam em todas as aldeias armênias pelo caminho pedindo a todos para manter a ordem pública. Após concluir a tarefa, os quatro armênios foram assassinados em um vilarejo curdo.

Assim, quando o bei Djevdet retornou ao seu posto oficial, o povo naturalmente não estava nada disposto a atender sua solicitação para que Van fornecesse imediatamente quatro mil soldados para o exército turco. Quando pensamos no que havia acontecido antes e no que aconteceu em seguida, restam poucas dúvidas em relação ao verdadeiro propósito por trás daquele pedido. Djevdet, obedecendo a ordens de Constantinopla, estava se preparando para exterminar toda a população, e seu propósito para convocar quatro mil homens fisicamente aptos era simplesmente massacrá-los para que o resto dos armênios ficasse sem ninguém para defendê-los. Os armênios, parlamentando para ganhar tempo, se ofereceram para fornecer quinhentos soldados e pagar uma isenção pelo resto. Nesse momento, porém, Djevdet começou a falar de "rebelião" e da sua determinação de "esmagá-la" a qualquer custo.

— Se os rebeldes fizerem um único disparo — ele declarou —, matarei todos os homens, mulheres e crianças cristãos maiores do que isto — e apontou para o joelho. Já havia algum tempo que os turcos estavam construindo trincheiras em torno do bairro armênio e enchendo-as de soldados. Em resposta a essa provocação, os armênios começaram a se preparar para se defender. Em 20 de abril, um grupo de soldados turcos sequestrou várias mulheres armênias que estavam entrando na cidade; alguns armênios correram para ajudá-las e foram mortos a tiros. Os turcos então abriram fogo nos bairros armênios com rifles e artilharia; logo, uma grande parte da cidade estava em chamas e um assédio foi iniciado. A força de combate armênia se resumia a mil e quinhentos homens. Eles tinham apenas trezentos rifles e um suprimento de munição bastante inadequado, ao passo que Djevdet tinha um exército de cinco mil homens completamente equipado e aprovisionado. Todavia, os armênios lutavam com extremo heroísmo e habilidade. Eles tinham poucas chances de refrear o inimigo indefinidamente, mas sabiam que um exército russo estava combatendo a caminho de Van e sua maior esperança era conseguir desafiar os sitiadores até a chegada dos russos. Como não estou escrevendo a história de assédios e batalhas, não posso descrever detalhadamente os numerosos atos de heroísmo individual, a cooperação das mulheres armênias, o ardor e a energia das crianças, o autossacrifício e o empenho dos missionários americanos, especialmente do dr. Ussher, da sua esposa e da srta. Grace H. Knapp, bem como as milhares de outras circunstâncias que transformaram aquele mês terrível em uma das mais gloriosas páginas da história armênia. O mais maravilhoso é que os armênios triunfaram. Depois de quase cinco semanas de combate sem trégua, o exército russo apareceu de repente e os turcos fugiram para a região circunstante, onde mitigaram sua raiva massacrando outros aldeões armênios desprotegidos. O dr. Ussher, médico missionário americano cujo hospital em Van foi destruído por bombardeios, tem autoridade para dizer que, após rechaçar os turcos, os russos começaram a recolher e cremar os cadáveres dos armênios que haviam sido assassinados na província, resultando em um total de 55 mil corpos cremados.

Contei essa história não apenas porque a "revolução" de Van marcou o primeiro estágio da tentativa organizada de aniquilar toda uma nação, mas porque esses acontecimentos são sempre apresentados pelos turcos como uma justificativa para seus crimes subsequentes. Como irei relatar, quando eu apelava em nome dos armênios, Enver, Talaat e os outros invariavelmente indicavam os "revolucionários" de Van como um exemplo da traição armênia. Como este relato mostra, a famosa "revolução" foi simplesmente a determinação dos armênios de salvar a honra de suas mulheres e sua própria vida depois que os turcos, tendo massacrado milhares de seus vizinhos, mostraram o destino que os aguardava.

CAPÍTULO 24

O ASSASSINATO DE UMA NAÇÃO

A DESTRUIÇÃO DA RAÇA ARMÊNIA em 1915 envolveu certas dificuldades que não haviam impedido as operações dos turcos nos massacres de 1895 e de outros anos. Naquelas outras ocasiões, os homens armênios tinham pouco poder ou meios de resistência. Naquela época, os armênios não tinham permissão para receber treinamento militar, servir no exército turco ou ter armas. Como eu já disse, essas discriminações foram eliminadas quando os revolucionários assumiram o controle em 1908. Os cristãos, então, não apenas receberam permissão para portar armas, mas as autoridades, no auge do seu entusiasmo por liberdade e igualdade, os encorajaram a fazê-lo. Portanto, no início de 1915, toda cidade turca continha milhares de armênios que haviam sido treinados como soldados e que possuíam rifles, pistolas e outras armas de defesa. As operações em Van mais uma vez revelaram que aqueles homens sabiam como usar bem suas armas. Estava claro, portanto, que um massacre armênio daquela vez assumiria um caráter mais geral de guerra do que as matanças indiscriminadas de homens e mulheres indefesos que os turcos sempre acharam tão satisfatórias. Para que aquele plano de assassinar uma raça fosse bem-sucedido, dois passos preliminares teriam de ser dados: seria necessário neutralizar o poder de todos os soldados armênios e privar de armas os armênios em todas as cidades e vilarejos. Antes que a Armênia pudesse ser massacrada, era necessário torná-la indefesa.

No início de 1915, os soldados armênios do exército turco foram rebaixados a uma nova condição. Até aquele momento, a maioria deles havia atuado como combatente, mas, dali em diante, todos foram privados de suas armas e transformados em operários. Em vez de servir seu país como artilheiros e cavalarianos, aqueles ex-soldados descobriram que haviam sido transformados em construtores de estradas e animais de carga. Suprimentos bélicos de todo tipo eram colocados em suas costas e, tropeçando devido ao peso e compelidos pelos chicotes e baionetas dos turcos, eles eram obrigados a arrastar seus corpos cansados pelas montanhas do Cáucaso. Às vezes, tinham de abrir caminho, carregados dessa maneira, com neve até quase a altura da cintura. Tinham de passar praticamente todo o tempo ao ar livre, dormindo diretamente sobre o chão, isso quando conseguiam descansar entre as incessantes aguilhoadas dos capatazes. Só ganhavam restos de comida; se ficassem doentes, eram largados no lugar onde haviam caído, algumas vezes com os opressores turcos parando apenas para roubar todos os seus pertences, até mesmo suas roupas. Se algum soldado extraviado conseguisse chegar ao destino, muitas vezes era massacrado. Em muitos casos, os soldados armênios eram eliminados de maneira ainda mais sumária, pois havia se tornado prática quase comum matá-los a tiros, a sangue-frio. Em quase todos os casos, o procedimento era o mesmo: esquadrões de cinquenta ou cem homens eram reunidos, amarrados em grupos de quatro e, depois, levados até um local apartado, a pouca distância da aldeia. De repente, o som de disparos de rifles enchia o ar e os soldados turcos que haviam agido como acompanhantes voltavam amuados para o acampamento. Aqueles que eram mandados para enterrar os corpos quase sempre encontravam os cadáveres totalmente nus, pois, em geral, os turcos roubavam as roupas. Soube de alguns casos em que os assassinos acrescentavam um toque de refinamento ao sofrimento das vítimas, obrigando-as a cavar suas próprias covas antes de serem assassinadas.

Permitam-me narrar um único episódio de um dos relatórios dos nossos cônsules, que agora faz parte dos registros do Departamento de Estado dos EUA. No início de julho, dois mil *amélés* armênios (essa é a palavra turca usada para soldados que foram rebaixados a operários) foram mandados para Harput para construir estradas. Os armênios naquela cidade entenderam o que aquilo significava e imploraram clemência ao governador, mas aquela autoridade insistiu que os homens não sofreriam nenhum dano e até pediu que um missionário alemão, o sr. Ehemann, tranquilizasse a população em pânico, dando a esse cavalheiro sua palavra de honra de que os ex-soldados seriam protegidos. O sr. Ehemann acreditou no governador e aplacou o temor popular. Todavia, quase todos aqueles dois mil homens foram massacrados e seus corpos foram jogados em uma caverna. Poucos conseguiram escapar e foi assim que a notícia do massacre chegou ao resto do mundo. Alguns dias mais tarde, outros dois mil soldados foram mandados para Diarbekir. O único motivo para mandar aqueles homens para o campo era massacrá-los. Para que não tivessem força para resistir ou fugir, aquelas pobres criaturas foram sistematicamente forçadas a passar fome. Agentes do governo seguiram na frente, notificando os curdos de que a caravana estava se aproximando e mandando que eles executassem sua congenial tarefa. Não apenas os homens curdos desceram das montanhas para atacar aquele regimento faminto e enfraquecido, mas as mulheres também surgiram com seus facões para ganhar crédito junto a Alá por matar um cristão. Esses massacres não foram acontecimentos isolados; eu poderia detalhar muitos outros episódios tão horríveis como o narrado acima. Em todo o Império Turco houve uma tentativa sistemática de matar todos os armênios fisicamente aptos a fim não apenas de eliminar todos os homens capazes de propagar uma nova geração da sua raça, mas também para tornar a parte mais fraca daquela população uma presa fácil.

Por mais terríveis que tenham sido, esses massacres de soldados desarmados foram piedosos se comparados ao tratamento que estava sendo dispensado aos armênios suspeitos de esconder armas. Naturalmente, os cristãos ficaram alarmados quando foram afixados cartazes nos vilarejos e cidades ordenando que todos levassem suas armas aos quartéis-generais. Embora aquela ordem se aplicasse a todos os cidadãos, os armênios entenderam qual seria o resultado se eles ficassem indefesos e seus vizinhos muçulmanos tivessem permissão para conservar suas armas. Em muitos casos, porém, o povo perseguido obedeceu pacientemente o comando e as autoridades turcas confiscaram quase com alegria os rifles como prova de que uma "revolução" estava sendo planejada, jogando em seguida as vítimas na prisão sob a acusação de traição. Milhares de pessoas não entregaram as armas simplesmente porque nada tinham a entregar, enquanto um número ainda maior se negou tenazmente a entregá-las, não porque estivessem tramando um levante, mas porque queriam defender sua própria vida e a honra de suas mulheres dos ultrajes que sabiam estar sendo planejados. O castigo infligido aos recalcitrantes constitui um dos capítulos mais horrendos da história moderna. A maioria de nós acredita que a tortura há muito cessou de ser uma medida administrativa e judicial; no entanto, acredito que, nem nas eras mais obscuras, houve cenas mais horríveis do que as que aconteceram recentemente em toda a Turquia. Nada era sagrado para os gendarmes turcos; sob o pretexto de procurar armas escondidas, eles saqueavam igrejas, tratavam os altares e utensílios sacros com total indignidade e até realizavam cerimônias de escárnio imitando os sacramentos cristãos. Espancavam padres até deixá-los inconscientes sob o falso pretexto de que eles eram o fulcro da sedição. Por vezes, quando não descobriam arma alguma nas igrejas, armavam os bispos e padres com revólveres, pistolas e espadas e, em seguida, os julgavam perante cortes marciais por porte ilegal de armas e os faziam marchar nessa condição pelas ruas, simplesmente para atiçar a ira fanática das multidões. Esses gendarmes tratavam as mulheres com a mesma crueldade e indecência com que tratavam os homens. Há casos registrados em que mulheres acusadas de esconder armas eram despidas e chicoteadas com galhos recém-arrancados de árvores, e esses espancamentos eram infligidos até em mulheres grávidas. A perpetração de estupros era tão comum durante essas buscas a ponto de as mulheres e garotas armênias, ao perceberem a aproximação dos gendarmes, fugirem para os bosques, colinas ou cavernas nas montanhas.

Como medida preliminar para essas buscas, os homens fortes das aldeias e cidades eram detidos e levados para a prisão. Seus supliciadores exercem então a mais diabólica engenhosidade na tentativa de fazer com que as vítimas afirmassem ser "revolucionários" e revelassem os esconderijos das armas. Uma prática comum era a de colocar o prisioneiro em um quarto com dois turcos parados em cada extremidade e em cada lado. O exame então começava com bastonadas. Trata-se de uma forma de tortura comum no Oriente; consiste em bater nas solas dos pés com um bastão fino. No início, a dor não é muito forte, mas, à medida que o processo avança lentamente, transforma-se na mais terrível agonia: os pés incham e estouram, e, com bastante frequência, após serem submetidos a esse tratamento, precisam ser amputados. Os gendarmes golpeavam a vítima armênia até fazê-la desmaiar; depois, reanimavam-na borrifando água em seu rosto e começavam tudo outra vez. Se esse procedimento não funcionasse, havia muitos outros métodos de persuasão. Arrancavam sobrancelha e barba quase fio por fio, arrancavam as unhas das mãos e dos pés, queimavam o peito da vítima com ferro quente, dilaceravam sua carne com alicates incandescentes e derramavam manteiga fervendo nas feridas. Em alguns casos, os gendarmes pregavam mãos e pés das vítimas a pedaços de madeira (obviamente, imitando a crucificação de Cristo) e, depois, enquanto o supliciado se debatia em agonia, gritavam:

— Agora, deixe que o seu Cristo venha ajudá-lo!

Essas crueldades, bem como outras que me abstenho de descrever, eram geralmente infligidas durante a noite. Os turcos ficavam estacionados em volta das prisões, tocando tambores e apitos para que os gritos das vítimas não fossem ouvidos pelos aldeões.

Em milhares de casos, os armênios suportavam tais agonias e se recusavam a entregar suas armas simplesmente porque não tinham nada a entregar. No entanto, eles não podiam convencer seus supliciadores de que estavam dizendo a verdade. Portanto, tornou-se costume, quando eram recebidas notícias de que os gendarmes estavam se aproximando, que os armênios comprassem armas dos vizinhos turcos para que pudessem entregá-las e escapar daqueles castigos assustadores.

Um dia, eu estava discutindo esses procedimentos com uma autoridade turca que descrevia as torturas aplicadas. Ele declarou abertamente que o governo havia instigado aquelas práticas e, como todos os turcos das classes oficiais, aprovava entusiasticamente o tratamento dispensado à raça odiada. Aquela autoridade me disse que todos aqueles detalhes eram discutidos à noite nas sedes da Comissão de União e Progresso. Cada novo método para causar dor era enaltecido como uma esplêndida descoberta e os participantes daquelas reuniões estavam sempre se esforçando para criar algum novo tormento; até pesquisaram os registros da Inquisição espanhola e de outras instituições históricas de tortura e adotaram todas as sugestões ali encontradas. Todavia, meu interlocutor não me revelou quem havia vencido a repugnante competição, mas a voz corrente na Armênia atribuía aquele infame título ao bei Djevdet, o *vali* de Van, cujas atividades naquela região já descrevi. Em todo o país, Djevdet era geralmente conhecido como o "ferreiro de Bashkale", pois esse especialista em tortura havia inventado aquela que talvez fosse a maior obra-prima de todas: pregar ferraduras aos pés de suas vítimas armênias.

Todavia, esses acontecimentos não constituíam o que os jornais na época costumavam apontar como as atrocidades armênias, eram apenas os passos pre-

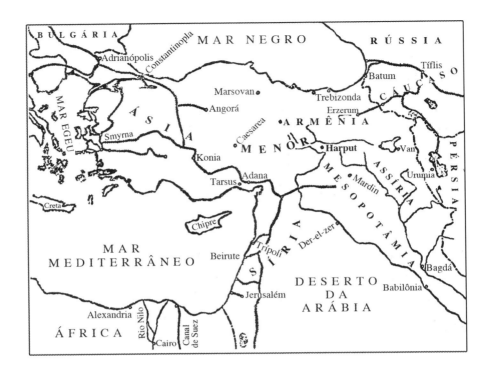

paratórios para a destruição daquela raça. Os Jovens Turcos eram mais ingênuos do que seu predecessor, Abdul Hamid. A ordem do sultão deposto havia sido simplesmente "matar, matar, matar", ao passo que os democratas turcos depararam com um plano totalmente novo. Em vez de simplesmente massacrar a raça armênia, eles decidiram deportá-la. Nas seções sul e sudeste do Império Otomano fica o deserto sírio e o vale da Mesopotâmia. Embora já tenha sido o cenário de uma civilização florescente, parte dessa área sofreu, nos últimos cinco séculos, a ruína que se torna o destino de qualquer nação subjugada ao governo turco, e hoje é uma terra estéril, triste e desolada, sem cidades, aldeias nem vida de qualquer espécie, povoada apenas por algumas tribos beduínas selvagens e fanáticas. Somente o trabalho mais árduo durante anos a fio poderia transformar aquele deserto em um lugar acolhedor para qualquer população considerável. O governo central anunciou então sua intenção de reunir os dois milhões ou mais de armênios que viviam nas várias partes do império e transportá-los até aquela região desolada e inóspita. Se tivessem realizado essa deportação de boa-fé, já teria sido o cúmulo da crueldade e da injustiça. Na verdade, os turcos nunca tiveram a menor intenção de restabelecer os armênios naquela nova terra. Eles sabiam que a grande maioria nunca chegaria ao destino e que aqueles que lá chegassem morreriam de sede ou de fome, ou então seriam assassinados pelas tribos de maometanos selvagens do deserto. O verdadeiro propósito da deportação era roubar e destruir; no fundo, representava um novo método de massacre. Quando deram as ordens para as deportações, as autoridades turcas estavam simplesmente emitindo uma sentença de morte para toda aquela raça; sabiam muito bem disso e, em suas conversas comigo, não tentaram particularmente esconder esse fato.

As deportações aconteceram durante toda a primavera e o verão de 1915. Das grandes cidades, Constantinopla, Esmirna e Alepo foram poupadas; praticamente todos os outros lugares onde vivia uma família armênia que fosse se tornaram cenários daquelas tragédias inefáveis. Praticamente nenhum armênio, a despeito de seu nível de instrução, riqueza ou de sua classe social, foi eximido daquela ordem. Em algumas aldeias, cartazes foram afixados ordenando que toda a população armênia se apresentasse em um lugar público em um determinado horário, geralmente dali a um ou dois dias, e, em outros lugares, o pregoeiro público passava pelas ruas dando o recado vocalmente. Em alguns outros lugares, nenhum aviso era dado. Os gendarmes se apresentavam diante de uma casa armênia e ordenavam que seus habitantes os seguissem. Levavam as mulheres ocupadas em seus afazeres domésticos sem lhes dar a oportunidade de trocar de roupa. A polícia caía sobre eles como a erupção do Vesúvio caiu sobre Pompeia; mulheres eram tiradas de seus tanques, crianças eram arrancadas da cama, pão era deixado semicozido no forno, a refeição da família era abandonada antes do fim, as crianças eram levadas das salas de aula, deixando os livros abertos, e os homens eram forçados a abandonar o arado nos campos e o gado nas montanhas. Até as mulheres que haviam acabado de dar à luz eram forçadas a deixar a cama e se juntar ao tropel com os bebês adormecidos em seus braços. Os objetos que eles conseguiam apressadamente pegar – um xale, um cobertor, talvez algum resto de comida – eram os únicos pertences domésticos que conseguiam levar. Quando perguntavam freneticamente para onde estavam indo, os gendarmes só se dignavam a dar uma resposta: "Para o interior."

Em alguns casos, os refugiados tinham algumas horas (em situações excepcionais, alguns dias) para se desfazer de sua propriedade e de seus pertences domésticos. Esse procedimento, porém, significava simplesmente roubo. Eles só podiam vender para turcos e, como tanto os compradores quanto os vendedores sabiam que eles só tinham um ou dois dias para comercializar os objetos acumulados ao longo de uma vida, os preços obtidos representavam uma pequena fração do valor real. Máquinas de costura eram compradas por um ou dois dólares, uma vaca custava um dólar, toda a mobília de uma casa era vendida por uma ninharia. Em muitos casos, os armênios eram proibidos de vender ou os turcos de comprar mesmo a preços ridículos; sob o pretexto de que o governo tinha intenção de vender os pertences para pagar os credores que inevitavelmente seriam deixados para trás, a mobília era colocada em depósitos ou amontoada em lugares públicos, nos quais geralmente era saqueada pelos turcos. Autoridades do governo também informavam que, como a deportação era apenas temporária, pois a intenção era trazê-los de volta quando a guerra acabasse, os armênios não tinham permissão para vender suas casas. Mal os proprietários saíam dos vilarejos, os *mohadjir* maometanos (imigrantes de outras partes da Turquia) eram transferidos para os bairros armênios. Da mesma maneira, todos os objetos de valor – dinheiro, anéis, relógios e joias – eram levados para as delegacias para serem "acautelados" até a volta dos donos e, depois, divididos entre os turcos. No entanto, esses roubos não causavam muita angústia aos refugiados, pois cenas muito mais terríveis e inquietantes estavam acontecendo diante de seus olhos. O extermínio sistemático dos homens prosseguia; aqueles que não haviam sido levados embora eram tratados com violência. Antes da partida das caravanas, tornou-se uma prática comum separar os jovens de suas famílias e amarrá-los quatro a quatro, formando grupos que eram levados para os arredores e executados. Enforcamentos públicos sem julgamento – o único crime era ser armênio – aconteciam constantemente. Os gendarmes mostravam um desejo especial de aniquilar os mais instruídos e influentes. Cônsules e missionários americanos me enviavam constantemente relatórios de execuções desse tipo e muitos dos acontecimentos que eles descreviam nunca se apagarão da minha memória. Em Angorá, todos os homens armênios entre quinze e setenta anos foram presos, amarrados em grupos de quatro pessoas e mandados para a estrada na direção de Cesareia. Quando todos haviam viajado cinco ou seis horas e chegado a um vale isolado, uma multidão de camponeses turcos os atacou com porretes, martelos, machados, ceifadeiras, pás e serras. Além de causar uma morte mais agonizante do que por meio de rifles e pistolas, esses instrumentos, como os próprios turcos se vangloriavam, eram mais econômicos, pois não envolviam o desperdício de pólvora e projéteis. Assim foi eliminada toda a população masculina de Angorá, inclusive todos os homens ricos e em idade reprodutiva, e seus corpos, terrivelmente mutilados, foram deixados no vale, onde foram devorados por animais selvagens. Após completar essa destruição, os camponeses e gendarmes se reuniram na taberna local para comparar anotações e se gabar do número de *giaours* que cada um havia matado. Em Trebizonda, os homens eram colocados em barcos e despachados no Mar Negro; gendarmes os seguiam, os matavam a tiros e jogavam os corpos na água.

Portanto, quando era dado o sinal de partida, nas caravanas havia quase invariavelmente apenas mulheres, crianças e idosos. Qualquer pessoa que pudesse tê-los protegido do destino que os esperava havia sido eliminada. Muitas vezes, quando os deportados partiam, o prefeito da cidade desejava ironicamente "boa viagem". Antes da partida da caravana, era oferecida às mulheres a alternativa de se tornarem maometanas. Mesmo que aceitassem a nova fé, o que poucas faziam, seus problemas terrenos não terminavam. As convertidas eram obrigadas a entregar os filhos a um suposto "orfanato muçulmano" e consentir que eles fossem treinados como seguidores devotos do Profeta. Elas mesmas tinham de demonstrar a sinceridade de sua conversão abandonando os maridos cristãos e se casando com muçulmanos. Se nenhum bom maometano se oferecesse como marido, a nova convertida era deportada, por mais que professasse sua devoção ao islã.

De início, o governo demonstrou certa propensão a proteger aquelas multidões que partiam. Os oficiais geralmente as dividiam em comboios que, em alguns casos, tinham centenas de pessoas, e, em muitos outros, vários milhares. As autoridades civis ocasionalmente forneciam carros de boi para transportar a mobília que os exilados haviam conseguido juntar. Um guarda ou gendarme acompanhava cada comboio a fim de, pretensamente, guiá-lo e protegê-lo. As mulheres, escassamente vestidas, carregando bebês nos braços ou nas costas, marchavam ao lado de idosos que mancavam apoiados em bengalas. As crianças os seguiam correndo, evidentemente encarando o procedimento, em seus estágios iniciais, como uma nova brincadeira. Um integrante mais próspero talvez tivesse um cavalo ou burro, um fazendeiro eventualmente podia ter salvado uma vaca ou ovelha, que seguia lentamente ao seu lado, e o sortimento usual de animais de estimação – cachorros, gatos e pássaros – tornava-se parte da variada procissão. De milhares de cidades e aldeias armênias partiam essas caravanas desesperadas, enchendo todas as estradas com destino ao sul. Em qualquer lugar por que passavam, levantavam muita poeira e deixavam para trás destroços – cadeiras, cobertores, roupas de cama, utensílios domésticos e outros fardos – que marcavam o curso das procissões. Logo após a partida das caravanas, os indivíduos tinham alguma semelhança com seres humanos, porém, algumas horas mais tarde, a poeira da estrada cobria seus rostos e roupas e a lama se entranhava em seus membros inferiores. Avançando lentamente, aquelas multidões, muitas vezes curvas de cansaço e enlouquecidas pela brutalidade de seus "protetores", pareciam ser de uma nova e estranha espécie animal. Entretanto, durante quase seis meses, de abril a outubro de 1915, praticamente todas as estradas da Ásia Menor foram ocupadas por esses estranhos bandos de exilados. Era possível vê-los serpenteando por todos os vales e subindo os flancos de quase todas as montanhas, prosseguindo em seu caminho, sem ter muita ideia do destino, mas sabendo que todas as estradas levavam à morte. Todos os vilarejos e cidades foram evacuados de sua população armênia em meio às perturbadoras circunstâncias já detalhadas. Naqueles seis meses, pelo que pôde ser apurado, cerca de um milhão e duzentas mil pessoas partiram naquela viagem rumo ao deserto sírio.

— Rezem por nós — elas diziam ao deixar suas casas, as mesmas casas nas quais seus ancestrais haviam morado por dois mil e quinhentos anos. — Não nos veremos novamente neste mundo, mas, em algum momento, nos encontraremos. Rezem por nós!

Os armênios mal haviam saído de seus vilarejos natais e as perseguições começavam. As estradas em que viajavam eram pouco mais do que trilhas para burros e o que havia começado poucas horas antes como uma procissão ordenada logo se transformava em um tropel caótico. Mulheres eram separadas dos filhos e maridos eram afastados das esposas. Os idosos logo perdiam contato com os familiares e ficavam exaustos e com os pés feridos. Depois de extorquir a última moeda de seus passageiros, os condutores turcos dos carros de boi os abandonavam com seus pertences na estrada, davam meia-volta e retornavam ao vilarejo para pegar outras vítimas. Assim, em pouco tempo, praticamente todos, jovens e idosos, eram obrigados a viajar a pé. Os gendarmes que o governo havia enviado, supostamente para proteger os exilados, em pouquíssimas horas se transformavam em supliciadores. Seguiam os exilados com baionetas montadas, aguilhoando qualquer um que mostrasse alguma tendência a reduzir o passo. Quem tentasse parar para descansar ou caísse de exaustão na estrada era obrigado, com enorme brutalidade, a reintegrar a procissão. Até mulheres grávidas eram ameaçadas com baionetas; se alguma delas, como acontecia com frequência, desse à luz na estada, era imediatamente forçada a se levantar e voltar para a marcha. Toda a viagem era uma luta perpétua com os habitantes muçulmanos. Destacamentos de gendarmes seguiam na frente, notificando as tribos curdas de que suas vítimas estavam se aproximando, e os camponeses turcos também eram informados que a oportunidade tão esperada havia chegado. O governo até abriu as prisões e libertou os condenados com o pretexto de que eles deveriam se comportar como bons muçulmanos em relação aos armênios que se aproximavam. Assim, todas as caravanas travavam uma batalha contínua pela existência com diversos tipos de inimigos: os gendarmes que as acompanhavam, os camponeses e aldeões turcos, as tribos curdas e os bandos de *chétés* (bandidos). Também devemos sempre ter em mente que quase todos os homens que poderiam defender aqueles viajantes haviam sido assassinados ou forçados a entrar para o exército como operários e que os próprios exilados haviam sido sistematicamente privados de todas as armas antes do início da viagem.

Quando as vítimas haviam viajado algumas horas desde o local de partida, os curdos desciam de suas casas nas montanhas. Correndo direto para as garotas, eles levantavam seus véus e carregavam as mais bonitas para as colinas. Raptavam a seu bel prazer aquelas crianças e roubavam impiedosamente todo o resto da multidão. Os exilados eram espoliados pelos assaltantes do dinheiro ou da comida com os quais porventura tivessem conseguido partir, transformando-se em presas fáceis da fome. Os agressores roubavam suas roupas e, às vezes, deixavam tanto homens quanto mulheres em estado de completa nudez. Enquanto cometiam essas depredações, os curdos também realizavam livremente massacres, e os gritos de mulheres e idosos aumentavam o horror geral. Quem conseguia fugir para os campos encontrava novos horrores à sua espera nos vilarejos muçulmanos. Lá, os turcos violentos se atiravam em cima das mulheres, que chegavam a morrer ou a perder a razão devido às experiências a que eram submetidas. Depois de passar uma noite em um terrível acampamento desse tipo, os exilados, ou aqueles que haviam sobrevivido, partiam novamente na manhã seguinte. A ferocidade dos gendarmes aparentemente aumentava à medida que a viagem se estendia, pois eles pareciam quase se ressentir do fato de parte dos exilados continuar viva. Muitas vezes, quem caía na estrada era assassinado a golpes de baioneta no local. Centenas de armênios começaram a morrer de fome e de sede. Mesmo quando chegavam a rios, os gendarmes, simplesmente para atormentá-los, às vezes não os deixavam beber. O sol quente do deserto queimava seus corpos escassamente vestidos, e seus pés descalços, caminhando sobre a areia escaldante do deserto, doíam tanto que milhares caíam e morriam ou eram executados onde haviam desfalecido. Assim, em poucos dias, o que havia sido uma procissão de seres humanos normais se tornava uma horda cambaleante de esqueletos empoeirados, famintos, à procura de restos de alimento e dispostos a comer qualquer resíduo que aparecesse pela frente, ensandecidos pelas terríveis visões que preenchiam todos os momentos de sua existência, sofrendo de todas as enfermidades que acompanham tais sofrimentos e privações e, como se não bastasse, golpeados continuamente pelos chicotes, porretes e baionetas de seus algozes.

À medida que avançavam, os exilados deixavam atrás de si outra caravana: a dos cadáveres insepultos, a dos velhos e mulheres moribundos nos últimos estágios do tifo, da disenteria e do cólera, a das crianças que, deitadas, lançavam seus últimos e piedosos lamentos por comida e água. Havia mulheres que entregavam seus bebês a estranhos, implorando que eles os levassem e os salvassem de seus supliciadores. Caso essa tentativa fracassasse, elas atiravam os bebês em poços ou os abandonavam atrás de moitas para que pudessem pelo menos morrer em paz. Ficava para trás um pequeno exército de garotas que haviam sido vendidas como escravas – muitas vezes por um *medjidie*, ou cerca de oitenta *cents* – e que, após terem servido os propósitos brutais de seus compradores, eram forçadas a viver da prostituição. Uma série de acampamentos, cheios de doentes e moribundos, se misturava aos corpos insepultos ou semissepultos dos mortos e assinalava o caminho do tropel que avançava. Bandos de abutres os seguiam no ar e cachorros famintos, lutando entre si pelos cadáveres, perseguiam constantemente os exilados. As cenas mais terríveis aconteceram nos rios, especialmente no Eufrates. Às vezes, ao atravessar esse rio, os gendarmes empurravam as mulheres para dentro d'água e atiravam em todas as que tentassem se salvar nadando. Muitas vezes, as mulheres salvavam a própria honra pulando no rio com os filhos nos braços. "Na última semana de junho", transcrevo de um relatório consular, "vários grupos de armênios de Erzerum foram deportados em dias sucessivos e a maioria foi massacrada no caminho a tiros ou por meio de afogamento. Uma das exiladas, a sra. Zarouhi, uma idosa abastada, foi jogada no Eufrates e se salvou agarrando-se a uma pedra no rio. Ela conseguiu se aproximar da margem e voltou a Erzerum, onde se escondeu na casa de uma amiga turca. A sra. Zarouhi contou ao príncipe Argutinsky, o representante do Sindicato Urbano Russo de Erzerum, que sentia arrepios ao pensar nas centenas de crianças mortas pelos turcos a golpes de baioneta e jogadas no Eufrates e nos homens e mulheres que foram despidos, amarrados às centenas, mortos a tiros e, depois, atirados no rio. Ela disse que, em uma curva do rio perto de Erzinghan, os milhares de cadáveres criaram uma barragem tão grande que o Eufrates mudou de curso por cerca de cem metros".

É absurdo que o governo turco afirme que alguma vez teve a intenção séria de "deportar os armênios para novos lares". O tratamento dispensado aos comboios mostra claramente que a exterminação era o verdadeiro propósito de Enver e Talaat. Quantos exilados rumo ao sul sob essas condições revoltantes chegaram ao destino? As experiências de uma única caravana mostram como aquele plano de deportação se transformou em um plano de aniquilação. Os detalhes em questão foram fornecidos diretamente a mim pelo cônsul americano em Alepo e, agora, estão arquivados no Departamento de Estado em Washington. No dia 1º de junho, um comboio de três mil armênios, em sua maioria mulheres, garotas e crianças, deixou Harput. Como de costume, o governo forneceu uma escolta de setenta gendarmes sob o comando de um líder turco, um bei. Como na maioria dos casos, aqueles gendarmes se revelaram supliciadores e algozes, e não protetores, dos exilados. Mal a caravana tinha entrado na estrada, o bei extorquiu quatrocentas liras da caravana com a promessa de que a manteria a salvo até a chegada em Malatya. Logo após ter despojado os exilados do único recurso que eles tinham para obter alimento, o bei fugiu, deixando-os à mercê dos bondosos gendarmes.

Durante todo o caminho até Ras-ul-Ain, a primeira estação na linha para Bagdá, a existência daqueles pobres viajantes foi um horror prolongado. Os gendarmes seguiam na frente, informando as tribos semisselvagens das montanhas que milhares de mulheres e garotas armênias estavam se aproximando. Os árabes e curdos começaram a carregar as garotas, os montanheses as atacaram repetidas vezes, estuprando e matando as mulheres, e os gendarmes se uniram à orgia. Um a um, os poucos homens que acompanhavam o comboio foram assassinados. As mulheres haviam conseguido esconder dinheiro de seus perseguidores, guardando-o dentro da boca e nos cabelos, mas foram repetidamente roubadas pelos homens das tribos curdas. Por fim, os gendarmes, tendo roubado, espancado, violentado e matado os exilados durante treze dias, os abandonaram totalmente. Dois dias depois, os curdos chegaram até o grupo e reuniram todos os homens que ainda estavam vivos. Eram cerca de 150, entre quinze e noventa anos de idade, e foram imediatamente levados embora e esquartejados. Naquele mesmo dia, um comboio vindo de Sivas se uniu ao grupo de Harput, fazendo com que o número de pessoas na caravana chegasse a 18 mil.

Outro bei curdo assumiu o comando e, para ele, assim como para todos os homens na mesma posição, aquela era apenas uma oportunidade para saquear, ultrajar e assassinar. O chefe convocou todos os seus seguidores das montanhas e os convidou a fazer o que quisessem com aquela grande massa de armênios. Dia após dia e noite após noite, as garotas mais bonitas eram levadas embora; às vezes, voltavam em condições lastimáveis que revelavam todo o sofrimento por que tinham passado. Qualquer um que ficasse para trás – os velhos e os doentes que não conseguiam seguir o passo da marcha – era imediatamente assassinado. Toda vez que os deportados chegavam a um vilarejo turco, todos os vagabundos locais tinham permissão para atacar as garotas armênias. Quando chegou ao Eufrates, o bando decrescente viu os corpos de duzentos homens flutuando na superfície da água. Àquela altura, todos já haviam sido roubados tantas vezes que praticamente não tinham mais nada, exceto alguns trapos que foram naquele momento levados pelos curdos. A maior parte dos integrantes do comboio marchou por cinco dias quase inteiramente nus sob o escaldante sol do deserto. Durante mais cinco dias, não comeram sequer um pedaço de pão nem beberam uma gota d'água. "Centenas caíram mortos pelo caminho", diz o relatório, "com suas línguas transformadas em carvão. Quando, ao final de cinco dias, chegaram a uma fonte, todo o comboio disparou naquela direção. Todavia, policiais barraram o caminho e impediram que os exilados bebessem uma única gota d'água sequer. O objetivo era vender um copo d'água por um preço que variava de uma a três liras. Às vezes, depois de receber o dinheiro, eles não entregavam a água. Em outro lugar, onde havia poços, algumas mulheres se jogaram dentro deles, pois não havia corda nem balde para puxar a água. Essas mulheres se afogaram, mas, mesmo assim, o resto das pessoas bebeu daqueles poços ainda poluídos pelos cadáveres que lá jaziam. Às vezes, quando os poços eram rasos e as mulheres conseguiam entrar neles e sair de novo, outras pessoas corriam para lamber ou chupar suas roupas molhadas e sujas na tentativa de aplacar a sede. Quando passaram nus por uma aldeia árabe, os árabes ficaram com pena e deram pedaços de tecido para que eles se cobrissem. Alguns dos exilados que ainda tinham dinheiro compraram algumas roupas, mas alguns viajaram nus por todo o caminho até a cidade de Alepo. As pobres mulheres mal conseguiam andar por causa da vergonha; todos caminhavam curvados.

"No septuagésimo dia, poucas criaturas chegaram a Alepo. Do comboio de 18 mil pessoas, apenas 150 mulheres e crianças chegaram ao destino. Poucas das que haviam ficado para trás, as mais atraentes, ainda viviam como cativas dos curdos e turcos; todo o resto do comboio estava morto."

Meu único motivo para relatar coisas tão terríveis quanto essas é que, sem detalhes, o público anglófono não pode entender com precisão o que é essa nação que chamamos de Turquia. Não contei os detalhes mais terríveis, pois um relato completo das orgias sádicas de que foram vítimas os homens e mulheres armênios nunca poderia ser impresso em uma publicação americana. Os crimes arquitetados pelos instintos mais perversos da mente humana e os requintes de perseguição e injustiça que a imaginação mais corrompida pode conceber se tornaram as desventuras diárias daquele povo devoto. Acredito que, em toda a história da raça humana, não há episódio tão terrível quanto esse. Os grandes massacres e perseguições do passado parecem quase insignificantes quando comparados aos sofrimentos da raça armênia em 1915. A matança dos albigenses no início do século XIII sempre foi considerada um dos acontecimentos mais deploráveis da história. Nesse surto de fanatismo, cerca de sessenta mil pessoas foram mortas. No massacre de São Bartolomeu, aproximadamente trinta mil seres humanos perderam a vida. As Vésperas Sicilianas, que sempre figuraram como uma das irrupções mais cruéis desse tipo, causaram a destruição de oito mil vidas. Muito foi escrito sobre a Inquisição espanhola sob Torquemada, no entanto, nos 18 anos da sua administração, pouco mais de oito mil heréticos foram levados à morte. Talvez o único acontecimento histórico que mais se assemelhe às deportações dos armênios tenha sido a expulsão dos judeus da Espanha ordenada por Ferdinando e Isabela. Segundo Prescott, 160 mil pessoas foram tiradas de seus lares e espalhadas pela África e pela Europa. Todavia, todas essas perseguições precedentes parecem quase triviais quando as comparamos com os sofrimentos dos armênios, nos quais pelo menos seiscentas mil pessoas foram aniquiladas, podendo esse número chegar a um milhão. E os massacres precedentes, quando os comparamos com o espírito que guiou as atrocidades contra os armênios, têm uma característica que podemos quase descrever como uma desculpa: eram o produto do fanatismo religioso e a maioria dos homens e mulheres que os instigaram acreditava sinceramente estar servindo com devoção seu Criador. Sem dúvida, o fanatismo religioso foi o motivo que impeliu o povo turco e curdo a matar os armênios em nome de Alá, mas os homens que realmente conceberam aquele crime não tinham tal motivo. Praticamente todos eles eram ateus, não respeitavam nem o maometismo nem o cristianismo e seu único motivo era uma política estatal cruel e calculista.

Os armênios não são o único povo súdito que sofreu com a política de transformação da Turquia em um país exclusivo para os turcos. A história que contei sobre os armênios também poderia ser contada, com algumas modificações, referindo-se aos gregos e aos sírios. De fato, os gregos foram as primeiras vítimas dessa ideia nacionalizadora. Já descrevi como, nos meses que precederam a Guerra Europeia, o governo otomano começou a deportar os súditos turcos ao longo da costa da Ásia Menor. Esses ultrajes suscitaram pouco interesse na Europa ou nos Estados Unidos, porém, no intervalo de três ou quatro meses, mais de cem mil gregos foram tirados de seus lares ancestrais no litoral do Mediterrâneo e removidos para as ilhas gregas e para o interior. Em sua maioria, essas deportações foram feitas de boa-fé, ou seja, os habitantes gregos foram realmente removidos para novos lugares e não foram submetidos a um massacre indiscriminado. Foi provavelmente devido ao fato de o mundo civilizado não ter protestado contra essas deportações que os turcos decidiram posteriormente aplicar aqueles mesmos métodos em maior escala não apenas aos gregos, mas aos armênios, sírios, nestorianos e a outros povos súditos. Na verdade, o próprio bei Bedri, o chefe de polícia de Constantinopla, disse a um dos meus secretários que os turcos tiveram tanto sucesso na expulsão dos gregos que resolveram aplicar o mesmo método a todas as outras raças do império.

O martírio dos gregos, portanto, englobou dois períodos: o precedente à guerra e o que começou no início de 1915. O primeiro afetou principalmente os gregos no litoral da Ásia Menor. O segundo afetou aqueles que viviam na Trácia e nos territórios em volta do Mar de Mármara, no estreito de Dardanelos, no Bósforo e às margens do Mar Negro. Esses últimos, um contingente de várias centenas de milhares de pessoas, foram mandados para o interior da Ásia Menor. Os turcos adotaram de forma quase idêntica os mesmos procedimentos que haviam usado contra os armênios. Começaram a incorporar os gregos ao exército otomano e, depois, os transformaram em batalhões de operários, usando-os para construir estradas no Cáucaso e em outros locais de operação bélica. Os soldados gregos, exatamente como os armênios, morriam aos milhares de frio, fome e outras privações. As mesmas buscas por armas de casa em casa aconteceram nas aldeias gregas e os homens e mulheres gregos foram espancados e torturados da mesma maneira que os armênios. Os gregos tiveram de se submeter às mesmas requisições obrigatórias, que, como no caso dos armênios, representavam meramente saques indiscriminados. Os turcos tentaram forçar os súditos gregos a se tornar maometanos; garotas gregas, como as armênias, eram raptadas e levadas para haréns turcos e os meninos gregos eram sequestrados e colocados em lares muçulmanos. Os gregos, da mesma forma que os armênios, foram acusados de deslealdade ao governo otomano; os turcos os acusavam de fornecer provisões aos submarinos ingleses no Mar de Mármara e de agir como espiões. Também declararam que os gregos não eram leais ao governo otomano e também afirmaram que ansiavam pelo dia em que os gregos dentro da Turquia se tornariam súditos da Grécia. Essas últimas acusações eram inquestionavelmente verdadeiras; era de se esperar que os gregos, após sofrer por cinco séculos os mais inomináveis ultrajes nas mãos dos turcos, ansiassem pelo dia em que seu território se tornaria parte da pátria grega. Os turcos, como no caso dos armênios, usaram essa situação como desculpa para uma aniquilação violenta de toda a raça. Por toda parte, os gregos eram reunidos em grupos e, sob a suposta proteção de gendarmes turcos, eram transportados, na maior parte das vezes a pé, para o interior. O número de pessoas distribuídas dessa maneira não é conhecido com precisão e as estimativas variam entre duzentos mil e um milhão. Essas caravanas sofreram grandes privações, mas não foram submetidas ao mesmo massacre generalizado dos armênios e é provavelmente por isso que o mundo exterior não recebeu tantas notícias a seu respeito. Porém, não foi por piedade que os turcos demonstraram maior consideração em relação a esse grupo. Os gregos, ao contrário dos armênios, tinham um governo que demonstrava grande interesse no bem-estar de seu povo. Àquela altura, havia uma apreensão generalizada entre os aliados teutônicos de que a Grécia entrasse na guerra do lado da Entente. Um massacre indiscriminado dos gregos na Ásia Menor teria sem dúvida suscitado tal inquietação na Grécia, que impediria o seu rei, pró-Alemanha, de manter o país fora da guerra. Portanto, foi somente uma questão de política de Estado que poupou os súditos gregos da Turquia de todos os horrores que afligiram os armênios. No entanto, os sofrimentos dos gregos também foram terríveis e constituem outro capítulo do longo histórico de crimes que a civilização imputará aos turcos.

CAPÍTULO 25

TALAAT DIZ POR QUE "DEPORTA" OS ARMÊNIOS

DEMOROU UM POUCO ATÉ A história das atrocidades armênias chegar à embaixada americana com todos os seus detalhes horríveis. Em janeiro e fevereiro, relatórios fragmentados começaram a surgir aos poucos, mas a tendência, no início, era considerá-los meras manifestações das desordens que haviam prevalecido nas províncias armênias por muitos anos. Quando chegaram os relatos de Urumia, tanto Enver quanto Talaat os descartaram como exageros descabidos e, quando ouvimos falar pela primeira vez dos distúrbios em Van, as autoridades turcas declararam que se tratava apenas de um levante que logo seria controlado. Naquele momento não estava claro, mas agora vejo que o governo turco estava determinado a esconder as notícias do mundo exterior enquanto fosse possível. A intenção era claramente fazer com que a Europa e os Estados Unidos só soubessem da aniquilação da raça armênia depois que o extermínio tivesse sido levado a cabo. Como queriam manter às escuras especialmente os Estados Unidos, os turcos recorriam às mais descaradas prevaricações ao discutir a situação comigo ou com a minha equipe.

No início de abril, as autoridades prenderam cerca de duzentos armênios em Constantinopla e os mandaram para o interior. Muitos dos deportados eram líderes educacionais e sociais, bem como homens proeminentes da indústria e das finanças. Eu conhecia muitos daqueles homens e, por isso, interessei-me pessoalmente por seus infortúnios. Todavia, quando falei com Talaat sobre a expulsão, ele respondeu que o governo estava agindo em legítima defesa. Disse que os armênios em Van já haviam demonstrado suas capacidades como revolucionários, que sabia que os líderes em Constantinopla estavam se correspondendo com os russos e, portanto, tinha todas as razões para temer que eles iniciassem uma insurreição contra o governo central. Assim, o plano mais seguro era mandá-los para Angorá e outras cidades no interior. Talaat negou que aquela medida fizesse parte de um plano articulado para livrar a cidade da população armênia e insistiu que as massas armênias em Constantinopla não seriam incomodadas.

Contudo, logo os relatos do interior se tornaram mais específicos e inquietantes. A retirada da frota Aliada de Dardanelos ocasionou uma clara mudança de atmosfera. Até aquele momento, havia numerosas indicações de que nem tudo estava indo bem nas províncias armênias, porém, quando finalmente ficou claro que os amigos tradicionais da Armênia – Grã-Bretanha, França e Rússia – nada podiam fazer para ajudar aquele povo sofredor, a máscara começou a cair. Em abril, fui repentinamente privado do privilégio de usar o código cifrado para me comunicar com os cônsules americanos. A mais rigorosa censura também era aplicada a cartas. Tais medidas só podiam significar que estava acontecendo algo na Ásia Menor que as autoridades estavam determinadas a ocultar. Mas os turcos não foram bem-sucedidos. Embora todo tipo de obstáculo tivesse sido imposto às viagens, alguns americanos, principalmente missionários, conseguiram se deslocar. Ficaram sentados horas em meu escritório e, com lágrimas escorrendo pelo rosto, relataram-me os horrores por que haviam passado. Muitos deles, tanto homens quanto mulheres, haviam quase adoecido por causa das cenas que tiveram de presenciar. Em muitos casos, entregavam-me cartas dos cônsules americanos que confirmavam as narrativas mais terríveis e acrescentavam muitos detalhes impublicáveis. O teor geral de todos aqueles relatos em primeira mão era de que a extrema depravação e perversidade da natureza turca, embora suficientemente celebrada ao longo dos séculos, havia se superado. O que me diziam era que só havia uma esperança para salvar quase dois milhões de pessoas de massacres, inanição e coisas ainda piores: o poder moral dos Estados Unidos. Aqueles porta-vozes de uma nação condenada declaravam que, a menos que o embaixador americano conseguisse persuadir os turcos a refrear seu braço destruidor, toda a nação armênia desapareceria. Não eram apenas os missionários americanos e canadenses que faziam aquele apelo pessoal. Muitos de seus companheiros alemães imploravam para que eu intercedesse. Aqueles homens e mulheres confirmavam tudo o que de pior eu ouvira e não poupavam as denúncias à sua própria pátria. Não ocultavam a humilhação que sentiam, como alemães, pelo fato de sua própria nação estar aliada a um povo capaz de perpetrar tais infâmias, mas entendiam suficientemente bem a política alemã para saber que a Alemanha não intercederia. Diziam que não adiantava esperar ajuda do kaiser; ou os Estados Unidos punham fim aos massacres ou eles prosseguiriam.

Tecnicamente, é claro, eu não tinha direito algum de interferir. De acordo com as cruéis normas jurídicas da situação, o tratamento dispensado pelo governo turco aos seus súditos era uma questão puramente doméstica; a menos que afetasse vidas e interesses americanos, aquela situação estava fora da alçada do governo americano. Quando abordei esse assunto pela primeira vez com Talaat, ele chamou minha atenção para esse fato de maneira flagrante. Foi uma das entrevistas mais agitadas que tínhamos tido até aquele momento. Dois missionários haviam acabado de me visitar, fornecendo-me detalhes dos assustadores acontecimentos em Konia. Depois de ouvir suas histórias, não pude me conter e fui imediatamente à Porta Sublime. Vi imediatamente que Talaat estava em um de seus estados de espírito mais ferozes. Havia meses que ele tentava obter a libertação de dois de seus amigos mais íntimos, Ayoub Sabri e Zinnoun, que haviam sido detidos como prisioneiros pelos ingleses em Malta. Seu fracasso nessa questão eram uma mágoa e uma irritação constantes. Ele estava sempre tocando nesse assunto, fazendo novas sugestões para levar os amigos de volta para a Turquia e solicitando minha ajuda. O chefe turco ficava tão furioso quando pensava sobre seus amigos ausentes que geralmente dizíamos que Talaat estava de "humor Ayoub Sabri". Naquela manhã específica, o ministro do interior estava em um de seus piores "humores Ayoub Sabri". Talaat estivera novamente trabalhando para a libertação dos exilados e, mais uma vez, havia fracassado. Como sempre, ele tentava se manter exteriormente calmo e cortês comigo, mas suas frases curtas e mordazes, sua rigidez de buldogue e seus pulsos cravados na mesa mostravam que aquele era um momento desfavorável para lhe provocar algum senso de piedade ou remorso. Falei primeiramente de um missionário canadense, o dr. McNaughton, que estava sendo maltratado na Ásia Menor.

— Esse homem é um agente inglês — ele respondeu — e temos provas.

— Permita-me vê-las — pedi.

— Nada faremos por nenhum inglês ou canadense — ele retrucou — até que eles soltem Ayoub e Zinnoun.

— Mas o senhor prometeu tratar os ingleses a serviço de americanos como americanos — argumentei.

— Pode ser — continuou o ministro —, mas uma promessa não é feita para ser mantida para sempre. Retiro essa promessa agora. Uma promessa tem prazo de validade.

— Mas, se uma promessa não é um compromisso obrigatório, o que é então? — perguntei.

— Uma garantia — Talaat respondeu rapidamente.

Aquela sutil distinção turca tinha certo interesse metafísico, mas eu tinha questões mais práticas a discutir naquele momento. Então, comecei a falar dos armênios em Konia. Eu mal havia começado quando o comportamento de Talaat se tornou ainda mais beligerante. Seus olhos se iluminaram, ele cerrou as mandíbulas, inclinou-se na minha direção e disparou:

— *Eles* são americanos?

As implicações daquela pergunta não eram diplomáticas; tratava-se simplesmente de uma maneira de me dizer que aquele assunto não era da minha conta. Em um dado momento, Talaat disse isso com todas as palavras.

— Os armênios não são dignos de confiança — ele disse —, além disso, o que nós fazemos com eles não diz respeito aos Estados Unidos.

Respondi que me considerava um amigo dos armênios e que estava chocado com a maneira como eles estavam sendo tratados, mas ele balançou a cabeça e se recusou a discutir a questão. Vi que nada podia ser ganho forçando a questão naquele momento. Falei a respeito de outro súdito britânico que não estava sendo tratado adequadamente.

— Ele é inglês, não? — respondeu Talaat. — Então, farei o que bem entender com ele!

— Devore-o, se assim o desejar! — retorqui.

— Não, faria mal à minha digestão — disse Talaat de péssimo humor. — *Gott strafe England!* — gritou, usando uma das poucas frases que sabia em alemão. — Quanto a seus armênios, não damos a mínima para o futuro! Vivemos somente para o presente! Quanto aos ingleses, gostaria que o senhor telegrafasse a Washington dizendo que nada faremos por eles até que Ayoub Sabri e Zinnoun sejam libertados!

Depois, inclinando-se para a frente, ele fez uma pose, pôs a mão no peito e disse em inglês (acho que devia ser tudo o que ele conhecia da língua inglesa):

— *Ayoub Sabri... he... my... "brudder"!*

Apesar disso, fiz outro apelo em nome do dr. McNaughton.

— Ele não é americano — disse Talaat —, é canadense.

— É quase a mesma coisa — argumentei.

— Bem — respondeu Talaat —, se eu o libertar, o senhor promete que os Estados Unidos vão anexar o Canadá?

— Prometo — respondi, e nós dois rimos daquela pequena piada.

— Toda vez que o senhor me procura — Talaat disse finalmente —, rouba alguma coisa de mim. Muito bem, pode ficar com o seu McNaughton!

Aquela entrevista certamente não foi um início encorajador no tocante aos armênios, mas Talaat nem sempre estava de "humor Ayoub Sabri". Ele passava de uma emoção a outra com a mesma facilidade com que uma criança o faz. Um dia, ele estava obstinado e irredutível; no dia seguinte, estava fragorosamente bem-humorado e afável. Portanto, a prudência indicava que eu deveria esperar um de seus momentos mais congeniais antes de abordar o assunto que atiçava toda a barbaridade de sua natureza. Tal oportunidade logo se apresentou. Um dia, logo após a entrevista narrada acima, visitei Talaat novamente. A primeira coisa que ele fez foi abrir a escrivaninha e tirar lá de dentro um punhado de telegramas amarelos.

— Por que não nos dá esse dinheiro? — ele disse com um sorriso.

— Que dinheiro? — perguntei.

— Aqui está um telegrama dos Estados Unidos para o senhor com o envio de muito dinheiro para os armênios. O senhor não deve usá-lo dessa maneira; dê esse dinheiro para nós, turcos. Nós precisamos tanto quanto eles.

— Não recebi nenhum telegrama desse tipo — respondi.

— Ainda não, mas receberá — ele replicou. — Sempre recebo primeiro todos os seus telegramas, sabia? Depois que acabo de lê-los, mando-os para o senhor.

Aquela afirmação era a verdade literal. Toda manhã, todos os telegramas codificados recebidos em Constantinopla eram enviados a Talaat, que os lia antes de permitir que fossem encaminhados aos destinatários. Aparentemente, nem mesmo os telegramas dos embaixadores escapavam, embora, é claro, não houvesse interferência nas mensagens cifradas. Normalmente, eu teria protestado contra aquela violação dos meus direitos, mas a franqueza de Talaat a respeito do roubo da minha correspondência e o próprio fato de ele acenar com meus telegramas diante do meu rosto me davam uma excelente oportunidade para introduzir o assunto proibido.

No entanto, naquela ocasião, como em muitas outras, Talaat foi evasivo e cauteloso, demonstrando muita hostilidade pelo interesse que o povo americano manifestava em relação aos armênios. Ele explicou sua política com base no fato de os armênios estarem em contato constante com os russos. A convicção que aquelas conversas deixaram em minha mente foi que Talaat era o inimigo mais implacável daquela raça perseguida. A anotação feita em 3 de agosto em meu diário diz o seguinte: "Tive a impressão de que é Talaat que deseja esmagar os pobres armênios." Ele me disse que a Comissão de União e Progresso avaliara cuidadosamente a questão em todos os seus detalhes e que a política que estava sendo implementada era a que havia sido oficialmente decidida. Disse também que eu não deveria pensar que as deportações haviam sido decididas apressadamente; na verdade, foram o resultado de deliberações prolongadas e minuciosas. Aos meus repetidos apelos para que ele mostrasse clemência em relação àquele povo, ele às vezes respondia com seriedade; outras vezes, com raiva ou impertinência.

— Um dia — ele disse em uma ocasião —, discutirei toda a questão armênia com o senhor. Mas esse dia nunca chegará! — acrescentou logo depois em voz baixa, em turco. — Afinal de contas, por que está tão interessado nos armênios? — perguntou em outro momento. — O senhor é judeu, aquele povo é cristão. Os maometanos e os judeus sempre viveram em harmonia. Estamos tratando bem os judeus aqui. Do que tem a reclamar? Por que não nos deixa fazer o que quisermos com aqueles cristãos?

Observei várias vezes que os turcos consideram quase todos os assuntos uma questão pessoal, mas esse ponto de vista me deixou atônito. Todavia, foi uma grande revelação da mentalidade turca: o fato de haver, acima de qualquer consideração de raça ou religião, coisas como humanidade e civilização não entra na cabeça deles. Eles podem entender que um cristão lute por um cristão e que um judeu lute por um judeu, mas abstrações como justiça e decência não fazem parte da concepção que eles têm das coisas.

— O senhor não parece perceber — respondi — que não estou aqui como judeu, mas como embaixador americano. Meu país conta com mais de 97 milhões de cristãos e pouco menos de três milhões de judeus. Portanto, pelo menos em minha capacidade de embaixador, sou 97% cristão. Porém, no final das contas, essa não é a questão. Não estou fazendo um apelo ao senhor em nome da minha raça ou de qualquer religião, mas simplesmente como ser humano. O senhor me disse muitas vezes que deseja que a Turquia faça parte do mundo progressista moderno. A maneira como o senhor tem tratado os armênios não o ajudará a realizar essa ambição, pois classifica seu povo como atrasado e reacionário.

— Também tratamos bem os americanos — disse Talaat. — Não sei por que vocês reclamam.

— Os americanos estão indignados com as perseguições contra os armênios — repliquei. — Vocês devem basear seus princípios no humanitarismo, e não na discriminação racial, senão os Estados Unidos não os considerarão seus amigos e iguais. E vocês precisam entender as mudanças que estão acontecendo entre os cristãos em todo o mundo. Eles estão esquecendo suas diferenças e todas as seitas estão se unindo. Vocês desprezam os missionários americanos, mas não se esqueçam de que são os melhores elementos nos Estados Unidos que apoiam o trabalho religioso deles, bem como suas instituições educacionais. Os americanos não são meros materialistas sempre atrás de dinheiro, são amplamente humanitários e se interessam pela propagação da justiça e da civilização em todo o mundo. Depois que esta guerra terminar, a situação será diferente. Vocês dizem que, se forem vitoriosos, poderão desafiar o mundo, mas estão enganados. Terão de enfrentar a opinião pública em toda parte, principalmente nos Estados Unidos. Nosso povo nunca esquecerá esses massacres. Eles quase se ressentirão da destruição indiscriminada dos cristãos na Turquia. Vão considerá-la um homicídio doloso e condenarão seriamente todos os seus responsáveis. O senhor não será capaz de se proteger sob seu status político e dizer que agiu como ministro do interior, e não como Talaat. O senhor está desafiando todas as ideias de justiça segundo o entendimento desse termo que temos em nosso país.

Estranhamente, essas observações não ofenderam Talaat, e também não abalaram sua determinação. Era como se eu tivesse falado com uma parede. Ele imediatamente esqueceu minhas abstrações e passou para algo concreto.

— Aquele povo — disse — se recusou a se desarmar quando nós mandamos. Eles se opuseram a nós em Van e em Zeitun e ajudaram os russos. Só existe uma maneira para nos defendermos deles no futuro: simplesmente deportá-los.

— Suponha que alguns armênios realmente o tenham traído — argumentei. — Isso é motivo para destruir toda uma raça? Isso é desculpa para fazer com que mulheres e crianças inocentes sofram?

— Essas coisas são inevitáveis — ele respondeu.

Essa observação não foi tão esclarecedora para mim quanto a que Talaat fez logo em seguida para um repórter do *Berliner Tageblatt* que fez a mesma pergunta.

— Fomos repreendidos por não fazer distinção entre os armênios inocentes e os culpados — ele disse —, mas isso era totalmente impossível, pois os inocentes hoje podem ser culpados amanhã.

Talaat não podia discutir essa questão livremente comigo porque um integrante da equipe da embaixada que atuava como intérprete era armênio. No início de agosto, portanto, ele me enviou um mensageiro pessoal para perguntar se não poderíamos nos encontrar a sós e disse que ele mesmo providenciaria o intérprete. Foi a primeira vez que Talaat admitiu que o modo como os armênios estavam sendo tratados era um assunto de meu interesse. A entrevista aconteceu dois dias depois. Por acaso, desde a minha última visita a Talaat, eu havia raspado a barba. Assim que entrei, o corpulento ministro começou, como era seu costume, a fazer piadas.

— O senhor voltou a ser jovem — disse. — Está tão jovem agora que não posso mais lhe pedir conselhos.

— Raspei a barba — respondi — porque estava muito grisalha. Ficou grisalha por causa da maneira como o senhor tem tratado os armênios.

Depois dessa troca de elogios, fomos direto ao assunto.

— Pedi que o senhor viesse aqui hoje — começou Talaat — para que eu possa explicar nossa posição sobre a questão armênia. Baseamos nossas objeções aos armênios em três fundamentos. Em primeiro lugar, eles enriqueceram à custa dos turcos. Em segundo lugar, estão determinados a nos dominar e a estabelecer um Estado independente. Em terceiro lugar, incentivaram abertamente nossos inimigos, ajudaram os russos no Cáucaso e nosso fracasso naquela região é em grande parte explicado pelas ações dos armênios. Chegamos, portanto, à decisão irrevogável de que os tornaremos inoperantes antes do fim da guerra.

Para cada um desses pontos, eu tinha refutações abundantes. A primeira objeção de Talaat era simplesmente uma admissão de que os armênios eram mais trabalhadores e capazes do que os parvos e indolentes turcos. O massacre como meio de destruição da concorrência comercial era sem dúvida um conceito original! A acusação geral de que os armênios estavam "conspirando" contra a Turquia e simpatizavam abertamente com os inimigos dos turcos significava simplesmente, quando reduzida a seus elementos originais, que os armênios estavam constantemente pedindo que as potências europeias os protegessem de roubos, assassinatos e ultrajes. O problema dos armênios, como a maioria dos problemas raciais, era o resultado de séculos de maus-tratos e injustiça. Só podia haver uma solução para aquele caso: a criação de um sistema de governo ordenado, no qual todos os cidadãos fossem tratados igualmente e todos os delitos fossem punidos como atos de indivíduos, e não de povos. Durante muito tempo, apresentei argumentos dessa natureza.

— Não adianta o senhor argumentar — rebateu Talaat. — Já nos livramos de três quartos dos armênios; não resta mais nenhum deles em Bitlis, Van e Erzerum. O ódio entre turcos e armênios é tão intenso agora que temos de acabar com eles. Senão, eles planejarão sua vingança.

— Se o senhor não é influenciado por considerações humanas — respondi —, pense na perda material. Essas pessoas são seus homens de negócio. Eles controlam muitas das indústrias do país. São grandes contribuintes. O que seria de vocês comercialmente sem eles?

— A perda comercial não nos importa — retrucou Talaat. — Calculamos tudo e sabemos que a perda não será superior a cinco milhões de libras. Isso não nos preocupa. Pedi que o senhor viesse aqui para que soubesse que nossa política em relação aos armênios está firmemente decidida e nada poderá mudá-la. Não aceitaremos armênios na Anatólia. Eles podem viver no deserto, mas em nenhum outro lugar.

Ainda tentei convencer Talaat de que o tratamento dos armênios estava destruindo a Turquia aos olhos do mundo e que seu país nunca conseguiria se recuperar daquela infâmia.

— Vocês estão cometendo um terrível erro — eu disse e repeti três vezes.

— Sim, podemos cometer erros — ele respondeu —, mas nunca nos arrependemos — concluiu, cerrando os lábios e balançando a cabeça.

Tive várias conversas com Talaat a respeito dos armênios, mas nunca consegui demovê-lo minimamente. Ele sempre voltava aos argumentos que havia apresentado naquela entrevista. Mostrava-se muito disposto a satisfazer qualquer pedido que eu fizesse em nome de americanos ou até mesmo de franceses e ingleses, mas eu não conseguia obter nenhuma concessão geral para os armênios. Aquela questão parecia sempre suscitar um profundo sentimento pessoal, e seu antagonismo em relação aos armênios parecia crescer à medida que os sofrimentos daquele povo aumentavam. Um dia, discutindo o caso de um armênio específico, eu disse a Talaat que ele estava enganado ao considerar aquele homem um inimigo dos turcos, pois, na verdade, ele era um amigo.

— Nenhum armênio — respondeu Talaat — pode ser nosso amigo depois do que fizemos a eles.

Um dia, Talaat fez aquela que talvez tenha sido a solicitação mais surpreendente que eu ouvira até então. A New York Life Insurance Company e a Equitable Life de Nova York fizeram negócios durante anos com os armênios. O volume de seguros de vida subscritos por aquele povo era apenas outra indicação de seus hábitos parcimoniosos.

— Eu gostaria — disse Talaat — que o senhor convencesse as seguradoras americanas a nos enviar uma lista completa de seus segurados armênios. Todos estão praticamente mortos agora e não deixaram herdeiros para receber o dinheiro, que, é claro, deve ser revertido para o Estado. O governo agora é o beneficiário. O senhor pode fazer isso?

Aquilo era demais e eu perdi a calma.

— De mim, o senhor não receberá lista alguma — eu disse, levantei-me e fui embora.

Outro episódio envolvendo os armênios deixou Talaat em um de seus humores mais ferozes. No final de setembro, a sra. Morgenthau partiu para os Estados Unidos. Os sofrimentos dos armênios a haviam perturbado muito e ela foi para casa porque não aguentava mais viver naquele país. Mas estava determinada a fazer por sua conta uma última intercessão a favor daquele pobre povo. Em seu caminho para casa, passou pela Bulgária e recebeu uma notificação de que a rainha Eleonora teria prazer em recebê-la. Talvez tenha sido o célebre interesse da sra. Morgenthau por obras sociais que tenha gerado aquele convite. A rainha Eleonora era uma mulher magnânima que tinha levado uma vida triste e solitária e que passava a maior parte do tempo tentando melhorar a condição dos pobres na Bulgária. Ela sabia tudo sobre as obras sociais nas cidades americanas e, poucos anos antes, havia planejado uma visita aos Estados Unidos para estudar em primeira mão nossos centros comunitários. Na época da visita da sra. Morgenthau, duas enfermeiras americanas do centro comunitário de

Henry Street, em Nova York, instruíam um grupo de moças búlgaras sobre os métodos da Cruz Vermelha Americana.

Minha mulher ficou muito interessada em visitar a rainha porque, em uma conversa entre mulheres, ela poderia fazer um apelo em nome dos armênios. Naquele momento, a questão da entrada da Bulgária na guerra havia atingido um estágio crítico e a Turquia estava preparada para fazer concessões para ter o país vizinho como aliado. Tratava-se, portanto, de um momento propício para fazer um apelo daquele tipo.

A rainha recebeu a sra. Morgenthau informalmente e, durante cerca de uma hora, minha mulher contou-lhe tudo sobre os armênios. A maior parte do que ela disse era novidade para a rainha. Pouco havia aparecido na imprensa europeia sobre aquele assunto e a rainha Eleonora era exatamente o tipo de mulher da qual a verdade seria ocultada pelo maior tempo possível. A sra. Morgenthau apresentou todos os fatos sobre o tratamento das mulheres e crianças armênias e pediu que ela intercedesse a seu favor. Chegou até a sugerir que seria terrível se a Bulgária, que no passado havia sofrido atrocidades semelhantes nas mãos dos turcos, se tornasse aliada da Turquia na guerra. A rainha Eleonora ficou profundamente comovida. Agradeceu a minha mulher por ter revelado aquelas verdades e disse que as investigaria imediatamente e veria se algo poderia ser feito.

No momento em que se preparava para sair, a sra. Morgenthau viu o duque de Mecklenburg em pé ao lado da porta. O duque estava em Sófia naquele momento tentando negociar a participação da Bulgária na guerra. A rainha o apresentou à sra. Morgenthau. Sua Majestade foi educada, mas o duque se mostrou bastante frio e ressentido. Seus modos, principalmente os olhares severos que lançava à sra. Morgenthau, demonstravam que ele ouvira uma parte considerável da conversa. Como o duque estava fazendo todos os esforços ao seu alcance para que a Bulgária se aliasse à Alemanha, não é de surpreender que ele não tenha apreciado a solicitação que a sra. Morgenthau fez para que a rainha da Bulgária não se aliasse à Turquia.

A rainha Eleonora se interessou imediatamente pela causa armênia e, consequentemente, o ministro búlgaro na Turquia foi instruído a protestar contra as atrocidades. Esse protesto não deu em nada, mas suscitou a ira momentânea de Talaat contra o embaixador americano. Poucos dias depois, quando assuntos rotineiros me fizeram ir à Porta Sublime, encontrei Talaat de péssimo humor.

Ele respondeu a maioria das minhas perguntas de maneira brusca e com monossílabos. Mais tarde, disseram-me que a intercessão da sra. Morgenthau junto à rainha o havia deixado daquela maneira. Todavia, em poucos dias ele voltou à afabilidade de sempre, pois a Bulgária se aliou à Turquia.

A postura de Talaat em relação aos armênios se resumiu no orgulho da seguinte declaração aos seus amigos:

— Consegui fazer mais para resolver o problema armênio em três meses do que Abdul Hamid em trinta anos.

CAPÍTULO 26

O PAXÁ ENVER FALA SOBRE OS ARMÊNIOS

DURANTE TODO AQUELE TEMPO, também pressionei Enver. O ministro da guerra, como já mencionei, era um tipo de homem diferente de Talaat. Ele conseguia esconder muito mais seus verdadeiros sentimentos; geralmente, era comedido, frio e escrupulosamente educado. De início, ele não foi de forma alguma tão inflexível quanto Talaat ao discutir a questão dos armênios. Descartou as primeiras histórias como exageros descabidos, declarou que os problemas em Van eram simplesmente assuntos ordinários de guerra e tentou aplacar meus temores de que a aniquilação indiscriminada dos armênios já tivesse sido decidida. Todavia, eu sabia que, durante todo o tempo em que tentou me enganar, Enver estava admitindo abertamente aqueles fatos a outras pessoas. Em especial, ele não tentou ocultar a verdade do dr. Lepsius, um representante dos interesses dos missionários alemães. O dr. Lepsius era um generoso cavalheiro cristão. Ele havia apurado os massacres de armênios em 1895 e angariou somas consideráveis para construir orfanatos para as crianças armênias que haviam perdido os pais naquela época. Voltou em 1915 para investigar a situação armênia em nome dos interesses missionários alemães. Solicitou-me o privilégio de inspecionar os relatos dos cônsules americanos, que foi concedido. Aqueles documentos, suplementados por outras informações que o dr. Lepsius obteve, em grande parte junto a missionários alemães no interior, não deixavam dúvidas em relação à política dos turcos. Ele ficou indignado sobretudo com seu próprio governo. Expressou a humilhação que sentia, como alemão, pelo fato de os turcos se lançarem ao extermínio de seus súditos cristãos enquanto a Alemanha, que se dizia um país cristão, não fazia nenhum esforço para evitar aquela situação. Enver não escondia do missionário alemão o propósito oficial daqueles atos. O dr. Lepsius ficou atônito com tamanha franqueza, pois Enver disse com todas as letras que os turcos finalmente tinham uma oportunidade para se livrar dos armênios e que pretendiam usá-la.

Àquela altura, Enver havia se tornado mais franco comigo. Os relatórios circunstanciais que eu possuía tornavam inútil sua tentativa de continuar a ocultar a verdadeira situação. Tivemos longas e acirradas discussões a respeito. Lembro-me de uma dessas conversas com particular nitidez. Avisei a Enver que pretendia discutir detalhadamente a questão e ele reservou tempo suficiente para analisarmos toda a situação.

— Os armênios — Enver começou — receberam um aviso preciso do que aconteceria caso se aliassem aos nossos inimigos. Três meses atrás, convoquei o patriarca armênio e disse que, se os armênios tentassem iniciar uma revolução ou ajudar os russos, eu não conseguiria evitar que eles sofressem danos. Meu aviso não surtiu efeito e os armênios iniciaram uma revolução e ajudaram os russos. O senhor sabe o que aconteceu em Van. Eles assumiram o controle da cidade, usaram bombas contra prédios do governo e mataram um grande número de muçulmanos. Sabíamos que eles estavam planejando levantes em outros lugares. O senhor deve entender que, agora, estamos lutando por nossas vidas em Dardanelos e que estamos sacrificando milhares de homens. Enquanto estivermos engajados em uma luta como essa, não poderemos permitir que pessoas em nosso próprio país nos ataquem pelas costas. Temos de evitar que isso aconteça recorrendo a qualquer meio à nossa disposição. É absolutamente verdade que não me oponho aos armênios como povo. Tenho a maior admiração por sua inteligência e dedicação ao trabalho, e nada me faria mais feliz do que vê-los se tornar realmente uma parte da nossa nação. Contudo, se eles se aliarem aos nossos inimigos, como fizeram no distrito de Van, terão de ser destruídos. Esforcei-me para garantir que nenhuma injustiça fosse cometida; recentemente, quando descobri que três armênios que haviam sido deportados eram inocentes, dei ordens para que eles fossem levados de volta às suas casas. Rússia, França, Grã-Bretanha e Estados Unidos não estão ajudando os armênios ao simpatizar com eles e os incentivar. Sei o que um incentivo desse tipo significa a um povo propenso à revolução. Quando nosso Partido de União e Progresso atacou

Abdul Hamid, recebemos todo o nosso incentivo moral do mundo exterior. Esse incentivo nos ajudou muito e foi muito importante para o nosso sucesso. O mesmo pode acontecer com os armênios e seu programa revolucionário. Tenho certeza de que, se os países estrangeiros não os incentivarem, eles desistirão de se opor ao atual governo e se tornarão cidadãos cumpridores da lei. Neste momento, este país está totalmente sob o nosso controle e podemos facilmente nos vingar de quaisquer revolucionários.

— Portanto — eu disse —, supondo que o que o senhor disse é verdade, por que não punir os culpados? Por que sacrificar toda uma raça pelos supostos crimes de indivíduos?

— O seu argumento é válido em tempos de paz — replicou Enver. — Podemos então usar medidas platônicas para acalmar armênios e gregos, mas, em tempos de guerra, não podemos investigar e negociar. Temos de agir imediatamente e com determinação. Também acho que os armênios estão cometendo um erro ao confiar nos russos. Na verdade, os russos prefeririam vê-los mortos do que vivos. Eles são um grande perigo tanto para os russos quanto para nós. Se formarem um governo independente na Turquia, os armênios na Rússia tentarão fazer a mesma coisa lá. Os armênios também foram culpados de massacres; em todo o distrito em torno a Van, apenas trinta mil turcos escaparam, todos os outros foram assassinados pelos armênios e curdos. Tentei proteger os não combatentes no Cáucaso; dei ordens para que eles não fossem feridos, mas descobri que a situação estava fora do meu controle. Há cerca de setenta mil armênios em Constantinopla e eles não serão incomodados, exceto os que são dashnaguistas* e os que estão tramando contra os turcos. No entanto, acho que o senhor pode ficar tranquilo quanto a esse assunto, pois não haverá mais massacres de armênios.

Não levei a sério a afirmação final de Enver. Naquela época, os massacres e deportações estavam acontecendo em todas as províncias armênias e continuaram quase sem interrupção por diversos meses.

Assim que os relatos chegaram aos Estados Unidos, a questão da ajuda humanitária se tornou premente. No final de julho, vim a saber que havia cinco mil armênios de Zeitun e Sultanié que não estavam recebendo alimento algum.

---

* Dashnag, partido ultranacionalista fundado em 1890 como uma união de grupos revolucionários armênios; também conhecido como Federação Revolucionária Armênia. (N. do T.)

Falei a respeito com Enver, que afirmou categoricamente que eles teriam alimentação adequada. Ele não aceitava favoravelmente sugestões para que representantes americanos fossem até aquela parte do país a fim de auxiliar e cuidar dos exilados.

— Se algum americano fizer isso — ele disse —, os armênios se sentirão encorajados e criarão mais problemas. Existem 28 milhões de pessoas na Turquia e um milhão de armênios, e não queremos que essa minoria perturbe a paz do resto da população. O grande problema dos armênios é que eles são separatistas, estão determinados a ter um reino deles e se deixaram enganar pelos russos. Por terem confiado na amizade dos russos, os armênios os ajudaram nesta guerra. Estamos decididos a fazer com que eles se comportem como turcos. O senhor precisa se lembrar de que, quando começamos esta revolução na Turquia, éramos apenas duzentos. Com poucos seguidores, fomos capazes de enganar o sultão e o povo, que pensou que éramos imensamente mais numerosos e poderosos. Prevalecemos sobre o sultão e o povo por meio apenas de nossa audácia e, dessa maneira, estabelecemos a Constituição. É a nossa própria experiência revolucionária que nos faz temer os armênios. Se duzentos turcos foram capazes de depor o governo, então, umas poucas centenas de armênios inteligentes e cultos podem fazer a mesma coisa. Portanto, adotamos deliberadamente o plano de espalhá-los para que eles não possam nos prejudicar. Como eu já disse uma vez, adverti o patriarca armênio que, se o seu povo nos atacasse enquanto estivéssemos travando uma guerra no exterior, revidaríamos, e de forma indiscriminada.

Enver sempre ficava ressentido com qualquer sugestão de que missionários americanos ou outros amigos dos armênios fossem ajudá-los ou reconfortá-los.

— Eles se mostram solidários demais aos armênios — repetiu várias vezes.

Eu havia sugerido que alguns americanos específicos fossem a Tarso e Marsovan.

— Se eles forem até lá, temo que a população local dessas cidades ficará zangada e propensa a iniciar algum distúrbio que poderá resultar em um incidente. Portanto, é melhor para os próprios armênios que os missionários americanos fiquem longe.

— Mas vocês estão arruinando economicamente o país — eu disse em outra ocasião, apresentando o mesmo argumento que havia usado com Talaat.

Enver respondeu com quase as mesmas palavras de Talaat, demonstrando que o assunto havia sido totalmente analisado pelos governantes.

— Considerações econômicas não são importantes no momento. A única coisa importante é vencer. É só isso que temos em mente. Se vencermos, tudo ficará bem; se perdermos, tudo estará errado de qualquer maneira. Admito que nossa situação é desesperadora e que estamos lutando como homens desesperados. Não deixaremos que os armênios nos ataquem pelas costas.

A questão da ajuda humanitária aos armênios famintos se tornava mais premente a cada semana, mas Enver continuava a insistir que os americanos deviam ficar longe das províncias armênias.

— Como podemos fornecer pão aos armênios — perguntou Enver — se não temos o suficiente para nosso próprio povo? Sei que eles estão sofrendo e que é muito provável que não consigam obter pão algum no próximo inverno. Mas temos a maior dificuldade em conseguir farinha e roupas aqui mesmo em Constantinopla.

Eu disse que tinha dinheiro e que os missionários americanos estavam ansiosos para ir até lá e usá-lo em benefício dos refugiados.

— Não queremos que os americanos alimentem os armênios — ele respondeu secamente. — Essa é uma das piores coisas que poderia acontecer com eles. Como já mencionei, eles acreditam que têm amigos em outros países e isso faz com que se oponham ao governo, o que gera todas as suas desgraças. Se vocês, americanos, começarem a distribuir comida e roupas, eles vão achar que têm amigos poderosos nos Estados Unidos. Isso os estimulará a se rebelar outra vez e teremos de puni-los ainda mais. Se o senhor nos der o dinheiro que recebeu, nos certificaremos de que ele será usado em benefício dos armênios.

Enver fez essa proposta descaradamente, e não apenas naquela ocasião, mas em várias outras. No exato momento em que Enver sugeriu aquele mecanismo de ajuda humanitária, os gendarmes e oficiais turcos estavam não apenas roubando todos os pertences domésticos, toda a comida e todo o dinheiro dos armênios, mas estavam até despindo as mulheres armênias de seus últimos trapos e aguilhoando seus corpos nus com baionetas enquanto elas cambaleavam pelo deserto escaldante. E o ministro da guerra estava propondo que eu desse nosso dinheiro americano para aqueles mesmos guardiães da lei a fim de distribuí-lo entre seus subalternos! No entanto, eu tinha de agir com tato.

— Se o senhor, ou outro chefe do governo, se responsabilizar pessoalmente pela distribuição — eu disse —, é claro que teremos prazer em confiar-lhe o dinheiro. Todavia, o senhor naturalmente não espera que nós entreguemos o dinheiro aos homens que estão matando os armênios e violentando suas mulheres.

Enver, porém, voltou ao seu argumento principal.

— Eles nunca devem saber — prosseguiu — que podem contar com os Estados Unidos. Isso os arruinaria completamente! É muito melhor que eles passem fome, e, ao dizer isso, estou realmente pensando no bem-estar dos armênios. Se eles conseguirem se convencer de que não têm amigos em outros países, se acalmarão, reconhecerão que a Turquia é seu único refúgio e se tornarão cidadãos tranquilos. Seu país não está lhes fazendo nenhuma gentileza ao demonstrar constantemente solidariedade. Vocês estão apenas causando aos armênios mais privações.

Em outras palavras, quanto mais dinheiro os americanos mandavam para alimentar os armênios, mais armênios a Turquia tencionava massacrar! A lógica de Enver era bastante enlouquecedora; no entanto, ele acabou cedendo e me permitiu ajudar as vítimas por meio de certos missionários. Em todas as nossas discussões, ele fez aquela afirmação ridícula de que era na verdade um amigo daquela nação malfadada e que até mesmo a severidade das medidas que ele havia adotado era meramente um disfarce. Como Enver sempre afirmava que desejava tratar os armênios de forma justa (nesse sentido, a sua postura na minha frente era bastante diferente da de Talaat, que admitia abertamente sua determinação em deportá-los), me dei ao trabalho de preparar um elaborado plano para melhorar a condição daquele povo. Sugeri que, se desejasse ser justo, ele deveria proteger os refugiados inocentes e reduzir aquele sofrimento tanto quanto possível, e que, para atingir esse objetivo, deveria nomear uma comissão especial de armênios para ajudá-lo, bem como enviar um armênio capacitado, como o efêndi Oskan, ex-ministro dos correios e telégrafos, para estudar as condições e propor sugestões para remediar os males existentes. Enver não aprovou nenhuma das minhas propostas; quanto à primeira, disse que seus colegas o entenderiam mal e, quanto a Oskan, disse que o admirava por seu bom trabalho no período em que fez parte do gabinete ministerial e o apoiava em sua severidade em relação aos funcionários ineficientes, mas não podia confiar nele porque se tratava de um integrante da Sociedade Dashnaguista Armênia.

Em outra conversa com Enver, comecei sugerindo que o governo central provavelmente não era culpado pelos massacres. Eu achava que isso não o desagradaria.

— Evidentemente, sei que o gabinete ministerial nunca teria ordenado coisas tão terríveis como as que aconteceram — argumentei. — O senhor, Talaat e o resto da Comissão não podem ser considerados responsáveis. Sem dúvida, seus subordinados foram muito além do pretendido. Percebo que nem sempre é fácil controlar os subalternos.

Enver rapidamente se endireitou na cadeira. Vi que minhas observações, em vez de preparar o terreno para uma discussão calma e amistosa, haviam-no ofendido. Eu sugerira que algumas coisas podiam acontecer na Turquia sem que ele e seus companheiros fossem responsáveis.

— Está redondamente enganado — ele disse. — Temos absoluto controle deste país. Não tenho desejo algum de pôr a culpa em nossos subordinados e estou totalmente disposto a aceitar a responsabilidade por tudo o que aconteceu. O próprio gabinete ministerial ordenou as deportações. Estou convencido de que nossas ações estão plenamente justificadas devido à atitude hostil dos armênios em relação ao governo otomano, mas nós somos os verdadeiros governantes da Turquia e nenhum subordinado ousaria proceder em uma questão desse tipo sem nossas ordens.

Enver tentou mitigar a barbaridade de sua atitude mostrando piedade em algumas situações específicas. Meus esforços para deter o programa de massacre indiscriminado não progrediram, mas salvei uns poucos armênios da morte. Um dia, recebi uma comunicação do cônsul americano em Esmirna que me informava que sete armênios haviam sido condenados à forca. Aqueles homens haviam sido acusados de cometer alguns crimes políticos bastante vagos em 1909; no entanto, nem o bei Rahmi, o governador geral de Esmirna, nem o comandante militar acreditavam que eles fossem culpados. Quando a ordem de execução chegou a Esmirna, aquelas autoridades telegrafaram a Constantinopla dizendo que, de acordo com a lei otomana, os acusados tinham direito a apelar ao sultão por clemência. A resposta a essa comunicação ilustra bem até que ponto os direitos dos armênios eram desconsiderados naquele momento: "Tecnicamente, vocês estão certos; enforquem-nos primeiro e mandem a petição de perdão em seguida".

Visitei Enver para defender os direitos daqueles homens durante o Bairão, uma das maiores festas religiosas maometanas; trata-se do dia seguinte ao

Ramadã, o mês do jejum. O Bairão tem uma característica em comum com o Natal, pois, naquele dia, é costume para os maometanos trocar pequenos presentes, geralmente doces. Então, depois da habitual troca de felicitações, eu disse a Enver:

— Hoje é o Bairão e o senhor ainda não me mandou nenhum presente.

Enver riu.

— O que o senhor quer? Devo mandar uma caixa de doces?

— Ah, não — respondi —, não vai se ver livre de mim com tão pouco. Quero o perdão de sete armênios que a corte marcial condenou em Esmirna.

Enver aparentemente achou a proposta muito divertida.

— Que maneira engraçada de pedir um perdão! — ele disse. — No entanto, já que o senhor apresenta a questão dessa maneira, não posso recusar.

Ele imediatamente mandou chamar um assessor e enviou um telegrama a Esmirna, libertando os homens.

É dessa maneira fortuita que a justiça é administrada e as decisões relativas a vidas humanas são tomadas na Turquia. Nada poderia deixar mais claro o pouco caso que os turcos fazem da vida e a ausência de princípios na condução da maioria dos casos. Enver não poupou aqueles homens porque tinha algum interesse naquele caso, mas simplesmente para me fazer um favor, para satisfazer um pedido que formulei de maneira bizarra. Em todas as minhas conversas sobre os armênios, o ministro da guerra tratava a questão de forma mais ou menos casual; podia discutir o destino de uma raça como se fosse um parêntese e se referir ao massacre de crianças com a mesma desenvoltura com que falamos do tempo.

Um dia, Enver me pediu para ir com ele até a floresta de Belgrado. Como eu não queria perder nenhuma oportunidade de influenciá-lo, aceitei o convite. Fomos de carro até Buyukdere, onde quatro atendentes vieram com cavalos ao nosso encontro. Em nossa cavalgada pela bela floresta, Enver se tornou mais comunicativo do que nunca. Falou com afeto dos pais; disse que, quando eles se casaram, o pai tinha 16 anos e a mãe, apenas 11. Ele mesmo havia nascido quando a mãe tinha 15 anos. Ao falar da esposa, a princesa imperial, ele revelou um lado da sua natureza muito mais afetuoso do que eu vira até então. Falou da dignidade que ela imprimia ao lar, lamentou que as concepções maometanas de decoro a impedissem de entrar para a vida social, mas expressou o desejo de que ela e a sra. Morgenthau se conhecessem. Naquela ocasião, ele estava mobiliando um novo e lindo palácio no Bósforo e, quando tudo estivesse terminado, a princesa convidaria minha mulher para um café da manhã. A essa altura, estávamos passando pela propriedade do senador e paxá Abraham, um armênio muito rico. Aquele homem havia sido um amigo íntimo do sultão Abdul Aziz e, como na Turquia um homem também herda, além das propriedades, os amigos do pai, o príncipe da coroa da Turquia, filho de Abdul Aziz, fazia visitas semanais ao ilustre senador. Enquanto passávamos pelo parque, Enver notou com desgosto que lenhadores estavam cortando árvores e os deteve. Quando, mais tarde, eu soube que o ministro da guerra havia comprado aquele parque, entendi um dos motivos para sua raiva. Como o paxá Abraham era armênio, pude mais uma vez abordar aquele assunto.

Falei do tratamento terrível dispensado às mulheres armênias.

— O senhor disse que queria proteger mulheres e crianças — observei —, mas sei que suas ordens não estão sendo cumpridas.

— Essas histórias não podem ser verdadeiras — ele disse. — Não posso conceber que um soldado turco maltrate uma mulher grávida.

Se tivesse lido os relatórios circunstanciais que estavam guardados nos arquivos da embaixada americana, Enver talvez tivesse mudado de ideia.

Mudando de assunto mais uma vez, ele me perguntou sobre a minha sela, que era do conhecido modelo "McClellan". Enver a experimentou e gostou tanto que, depois, pegou-a emprestada, mandou fazer uma idêntica (com até mesmo o número em um canto) e a adotou para um de seus regimentos. Ele me falou das estradas de ferro que estavam sendo construídas na Palestina, comentou como o gabinete ministerial estava trabalhando bem e indicou que havia grandes oportunidades na Turquia naquele momento para a especulação imobiliária. Até sugeriu que nos uníssemos para comprar terras que certamente subiriam de valor! Eu, porém, insisti em falar dos armênios, mas não obtive mais progressos do que antes.

— Não permitiremos que eles se agrupem em lugares onde possam tramar e ajudar nossos inimigos. Vamos dar a eles novos lugares onde se instalar.

Do ponto de vista de Enver, a cavalgada foi tão bem-sucedida que, alguns dias mais tarde, fizemos outro passeio daquele tipo, acompanhados por Talaat e pelo dr. Gates, o presidente do Robert College. Enver e eu íamos na frente, nossos companheiros nos seguiam. Aquelas autoridades turcas eram muito atentas às suas prerrogativas e, como o ministro da guerra é o personagem mais importante do gabinete ministerial, Enver insistia em manter uma decorosa distância entre nós e os outros dois cavaleiros. Eu achava aquilo de certa forma divertido, pois sabia que Talaat era o político mais poderoso, no entanto, ele aceitava a discriminação e só uma vez permitiu que seu cavalo ultrapassasse a Enver e a mim. Aquela violação de protocolo incomodou Enver, o que fez com que Talaat freasse o cavalo e voltasse submisso para a retaguarda.

— Eu estava apenas mostrando ao dr. Gates o passo do meu cavalo — ele disse em tom de justificativa.

Entretanto, eu estava interessado em questões mais importantes do que as sutis distinções da etiqueta oficial; estava determinado a falar dos armênios. Mais uma vez, porém, não consegui fazer progresso algum. Enver encontrou assuntos mais interessantes a serem discutidos.

Começou a falar de seus cavalos e, àquela altura, outro incidente ilustrou a volubilidade da mente turca, a rapidez com que um turco passa de um ato de criminalidade monstruosa a atos de bondade individual. Enver disse que logo seria a temporada das corridas de cavalo e lamentou não ter um jóquei.

— Eu lhe darei um jóquei inglês — eu disse. — Está disposto a barganhar? Trata-se de um prisioneiro de guerra. Se ele vencer, o senhor o liberta?

— Combinado — respondeu Enver.

Aquele homem, cujo nome era Fields, de fato participou das corridas como jóquei de Enver e chegou em terceiro lugar. Foi uma corrida pela liberdade, como observou o sr. Philip! Como não chegou em primeiro, o ministro não era obrigado, segundo os termos do acordo, a mandá-lo de volta para a Inglaterra, mas Enver se mostrou flexível e concedeu-lhe a liberdade.

Na mesma cavalgada, Enver me exibiu sua habilidade como atirador.

Em um ponto da estrada, ouvi de repente um tiro de pistola ressoar no ar. Era o ajudante de Enver praticando em um objeto próximo. Enver apeou imediatamente, sacou seu revólver e, esticando o braço de maneira rígida e horizontal, apontou.

— Está vendo aquele galho fino naquela árvore? — ele me perguntou.

A distância era de aproximadamente dez metros. Quando acenei com a cabeça, Enver atirou e o galho caiu no chão.

A rapidez com que Enver conseguia sacar sua arma do bolso, apontar e atirar me forneceu uma explicação convincente para a influência que ele exercia sobre a equipe de piratas que estava governando a Turquia naquele momento.

Circulavam muitas histórias de que Enver não hesitou em usar aquele método de persuasão em alguns momentos críticos da sua carreira. Não sei até que ponto aquelas narrativas eram verdadeiras, mas posso certamente atestar sua grande perícia como atirador.

Talaat também começou a se divertir da mesma maneira e, por fim, os dois estadistas iniciaram uma competição de tiro, comportando-se com tanta alegria e despreocupação quanto meninos na saída da escola.

— Tem consigo um de seus cartões? — Enver perguntou.

Pediu para que eu o afixasse a uma árvore, a cerca de 15 metros de distância.

Enver atirou primeiro. Sua mão estava firme, seu olho ia direto até o alvo e a bala atingiu o cartão bem no centro. Esse êxito deixou Talaat ressentido. Ele apontou, mas sua mão abrutalhada e seu pulso tremiam ligeiramente. Ele não era um atleta como seu companheiro mais jovem, magro e ereto. Talaat acertou várias vezes as bordas do cartão, mas não conseguiu repetir a habilidade de Enver.

— Se eu estivesse atirando em um homem — disse o turco corpulento, saltando novamente sobre o cavalo —, eu o teria acertado várias vezes.

Assim terminaram minhas tentativas de suscitar algum interesse nos dois turcos mais poderosos do seu tempo pelo destino de um dos povos mais valiosos do seu império!

Já mencionei que Said Halim, o grão-vizir, não era um personagem influente. Nominalmente, seu cargo era o mais importante do império; na prática, o grão-vizir era uma mera figura decorativa, e Talaat e Enver controlavam o atual ocupante daquele cargo exatamente como também controlavam o próprio sultão. Tecnicamente, os embaixadores deveriam conduzir suas negociações com Said Halim, pois ele era o ministro das relações exteriores. Todavia, logo descobri que nada podia ser concluído daquela maneira e, embora ainda o visitasse por cortesia toda segunda-feira, eu preferia lidar diretamente com os homens que realmente tinham poder para decidir todas as questões. A fim de não ser acusado de negligenciar qualquer meio de influenciar o governo otomano, abordei várias vezes a questão dos armênios junto ao grão-vizir. Como ele não era turco, mas egípcio, e também um homem educado e de berço, não me parecia improvável que tivesse uma postura diferente em relação aos povos súditos. Mas eu estava enganado. O grão-vizir era tão hostil em relação aos armênios quanto Talaat e Enver. Logo descobri que a simples menção daquela questão o irritava sobremaneira. Evidentemente, ele não gostava que sua elegante tranquilidade fosse interrompida por assuntos tão desagradáveis e irrelevantes. O grão-vizir demonstrou sua postura quando o *chargé d'affaires* grego falou com ele das perseguições ao seu povo. Said Halim disse que manifestações daquele tipo eram mais prejudiciais do que benéficas aos gregos.

— Faremos com eles exatamente o oposto do que nos for pedido — disse o grão-vizir.

Aos meus apelos, o ministro-chefe nominal também não reagiu com maior diplomacia. Tive a desagradável tarefa de enviar-lhe, em nome dos governos da Grã-Bretanha, França e Rússia, uma notificação que dizia que aquelas potências considerariam os homens que estavam dirigindo as questões otomanas pessoalmente responsáveis pelas atrocidades armênias. Isso significava, é claro, que, caso vencessem, os Aliados tratariam o grão-vizir, Talaat, Enver, Djemal e seus companheiros como assassinos comuns. Quanto entrei na sala para discutir aquela embaraçosa mensagem com o integrante da casa real do Egito, ele estava sentado, como sempre, dedilhando nervosamente suas contas com uma disposição não particularmente acolhedora. Mencionou imediatamente aquele telegrama e, com o rosto vermelho de raiva, começou uma longa diatribe contra toda a raça armênia. Declarou que os "rebeldes" armênios haviam matado 120 mil turcos em Van. Essa e outras afirmações eram tão absurdas que me vi defendendo acaloradamente a raça perseguida, o que aumentou ainda mais a ira do grão-vizir. Deixando de lado os armênios, ele começou a recriminar meu país, lançando a acusação habitual de que nossa simpatia pelos armênios era em grande parte responsável pelos problemas daquele povo.

Logo após essa entrevista, Said Halim deixou de ser o ministro das relações exteriores; seu sucessor foi o bei Halil, que, por vários anos, havia sido o presidente do Parlamento turco. Halil era outro tipo de homem. Tinha muito mais tato, era mais inteligente e influente nas questões turcas. Bem-humorado e corpulento, também era um interlocutor afável e escorregadio. Também não era de forma alguma tão insensível aos bons sentimentos quanto a maioria dos políticos turcos daquela época. Dizia-se que ele não aprovava os procedimentos adotados em relação aos armênios; todavia, seu cargo o obrigava a aceitá-los e, como eu logo descobri, até mesmo a defendê-los. Logo após obter o cargo de ministro, Halil me visitou e apresentou uma explicação bastante tortuosa das atrocidades infligidas aos armênios. Eu já conhecia por experiência a posição de várias autoridades em relação às perseguições: Talaat havia sido sanguinário e feroz; Enver, sutilmente calculista; e o grão-vizir, impertinente. Halil falava da eliminação daquela raça com a maior serenidade. Nenhum dos aspectos daquele procedimento, nem mesmo minhas afirmações mais indelicadas, perturbavam sua tranquilidade. Ele começou dizendo que nada podia atenuar aqueles massacres, mas acrescentou que, a fim de entendê-los, eu devia ter em mente alguns fatos.

— Concordo que o governo cometeu erros graves no tratamento dos armênios — disse Halil —, mas o mal já foi feito. O que podemos fazer agora? Ainda assim, se pudermos corrigir algum erro, nós o faremos. Deploro tanto quanto o senhor os excessos e violações que foram cometidos. Gostaria de apresentar-lhe a visão da Porta Sublime; admito que não se trata de uma justificativa, mas acho que há circunstâncias atenuantes que o senhor deveria levar em consideração antes de julgar o governo otomano.

Depois, como todos os outros, ele retornou aos acontecimentos de Van, ao desejo de independência dos armênios e à ajuda que eles haviam fornecido aos russos. Eu já ouvira tudo aquilo muitas vezes.

— Eu disse a Vartkes (um deputado que, como tantos outros líderes armênios, foi assassinado mais tarde) que, se seu povo realmente almejava uma existência independente, deveria esperar um momento propício. Talvez os russos conseguissem derrotar as tropas turcas e ocupar as províncias armênias. Aí eu entenderia que os armênios quisessem se organizar. Perguntei a Vartkes por que não esperar até a chegada de um momento mais favorável. Avisei-o que não deixaríamos que os armênios nos atacassem pelas costas e que, se eles realizassem algum ato hostil contra nossas tropas, eu me desvencilharia de todos os armênios que estivessem na retaguarda do nosso exército e que nosso método seria mandá-los para um lugar a uma distância segura no sul. Enver, como o senhor sabe, deu um aviso semelhante ao patriarca armênio. Todavia, apesar dessas advertências amistosas, eles iniciaram uma revolução.

Perguntei sobre os métodos de ajuda humanitária e disse que já havia recebido vinte mil libras (cem mil dólares) dos Estados Unidos.

— Cabe ao governo otomano — ele respondeu calmamente — garantir que esse povo seja assentado, abrigado e alimentado até que possa se sustentar. O governo naturalmente cumprirá com o seu dever! Além disso, as vinte mil libras de que o senhor dispõe, na verdade, não são nada.

— É verdade — respondi —, é apenas um começo, mas tenho certeza de que posso conseguir todo o dinheiro de que precisamos.

— O paxá Enver — ele replicou — acha que os estrangeiros não devem ajudar os armênios. Não sei se seus motivos estão certos ou errados, simplesmente os transmito ao senhor. Enver diz que os armênios são idealistas e que, assim que os estrangeiros os abordarem e ajudarem, eles se sentirão incentivados em suas aspirações nacionais. Enver está decidido a cortar todas as relações entre os armênios e os estrangeiros.

— É assim que Enver pretende impedir outras ações dos armênios? — perguntei.

Halil deu um sorriso bem-humorado ao ouvir aquela pergunta e respondeu:

— Os armênios não têm nenhum outro meio de ação!

Como quase quinhentos mil armênios haviam sido assassinados àquela altura, a resposta franca de Halil certamente tinha uma virtude que carecia à maior parte das outras afirmações que ele havia feito durante aquela entrevista: era verdadeira.

— Quantos armênios precisam de ajuda nas províncias do sul? — perguntei.

— Não sei, não poderia lhe fornecer nem mesmo um número aproximado.

— São centenas de milhares?

— Creio que sim — Halil admitiu —, mas não posso dizer quantas centenas de milhares. Muitos sofreram simplesmente porque Enver não podia usar tropas para defendê-los. Algumas tropas regulares os acompanharam e se comportaram muito bem; quarenta soldados até perderam a vida defendendo os armênios. Mas tivemos de retirar a maioria dos gendarmes para que servissem o exército e substituí-los por outro grupo que acompanhasse os armênios. É verdade que esses novos gendarmes cometeram muitos excessos deploráveis.

— Muitos turcos não aprovam essas medidas — eu disse.

— Não nego esse fato — respondeu o sempre afável Halil, enquanto fazia uma mesura e se retirava.

Enver, Halil e os outros sempre insistiam na mesma questão: os estrangeiros não deveriam fornecer ajuda aos armênios. Alguns dias após essa visita, o subsecretário de Estado visitou a embaixada americana. Ele foi me comunicar uma mensagem de Djemal para Enver. Djemal, que tinha sob sua jurisdição os cristãos da Síria, estava muito incomodado com o interesse que os cônsules americanos estavam demonstrando pelos armênios. Ele me pedia para ordenar que aquelas autoridades "parassem de se ocupar dos assuntos armênios". Djemal não conseguiu distinguir entre inocentes e culpados, disse o mensageiro, e teve de punir a todos! Algum tempo depois, Halil se queixou comigo de que os cônsules americanos estavam enviando aos Estados Unidos informações sobre os armênios e disse que o governo insistia que eles parassem.

De fato, era eu mesmo que estava mandando a maior parte das informações, e não parei.

CAPÍTULO 27

"Nada farei pelos armênios", diz o embaixador alemão

Suponho que não haja nenhum ponto da questão armênia que tenha suscitado mais interesse do que este: os alemães tiveram alguma participação? Em que medida o kaiser foi responsável pelo extermínio indiscriminado daquela nação? Os alemães favoreceram, simplesmente aceitaram ou se opuseram às perseguições? A Alemanha, nos últimos quatro anos, se tornou responsável por muitas das páginas mais negras da história. Será que também foi responsável por essa, a mais negra de todas?

Presumo que a maioria das pessoas detectará nas observações desses governantes turcos certas semelhanças com a filosofia bélica alemã. Permita-me repetir algumas frases específicas usadas por Enver e outros turcos ao discutir os massacres armênios: "Os armênios provocaram seu próprio destino", "Eles foram avisados do que lhes aconteceria", "Estávamos lutando por nossa existência nacional", "Tínhamos razão em recorrer a qualquer meio para atingir aqueles objetivos", "Não temos tempo para separar os inocentes dos culpados", "A única coisa que nos interessa é vencer a guerra".

Essas frases soam familiares, não? De fato, posso reescrever todas as entrevistas com Enver, usar a palavra Bélgica no lugar de Armênia, pôr essas palavras na boca de um general alemão e teríamos uma exposição completa da postura alemã em relação aos povos súditos. Todavia, os ensinamentos dos prussianos vão mais longe do que isso. Havia uma característica nos procedimentos armênios que era nova: aqueles métodos não eram turcos. Durante séculos, os turcos maltrataram os armênios e todos os outros povos súditos com barbaridade inconcebível. No entanto, seus métodos sempre foram grosseiros, canhestros e pouco científicos. Os turcos eram especialistas em abrir a cabeça dos armênios a golpes de porrete, e esse desagradável exemplo é uma indicação perfeita dos métodos primitivos e ferozes aplicados à questão daquela população. Eles entendiam a utilidade de assassinar, mas não se preocupavam em fazê-lo com método. Porém, os procedimentos armênios de 1915 e 1916 evidenciam uma mentalidade totalmente nova. Essa nova concepção era a da *deportação*. Ao longo de quinhentos anos, os turcos inventaram inúmeras maneiras de torturar fisicamente seus súditos cristãos, contudo, nunca antes haviam pensado em removê-los de seus lares, onde eles haviam vivido por milhares de anos, e enviá-los para um deserto que ficava a centenas de quilômetros de distância. De onde os turcos tiraram essa ideia? Já descrevi como, em 1914, pouco antes da Guerra Europeia, o governo deslocou quase cem mil gregos de seus lares ancestrais ao longo do litoral asiático para certas ilhas no Egeu. Eu também contei que o almirante Usedom, um dos grandes peritos navais alemães na Turquia, me disse que seus compatriotas haviam sugerido aos turcos aquela deportação. Contudo, o mais importante é que essa ideia de deportação *em massa* de povos, nos tempos modernos, é exclusivamente germânica. Qualquer pessoa que ler a literatura pangermanista encontrará essa ideia repetidas vezes. Aqueles entusiastas de um mundo germânico planejaram deliberadamente, como parte de seu programa, a expulsão dos franceses de certas partes da França, de belgas da Bélgica, de poloneses da Polônia, de eslavos da Rússia e de outros povos autóctones dos territórios que eles habitam há milênios, e o estabelecimento, em seu lugar, de alemães sérios e honestos. Seria supérfluo demonstrar que os alemães defenderam essa teoria como política de Estado; é o que eles têm feito nos últimos quatro anos. Deslocaram sabe-se lá quantos belgas e franceses de suas terras natais. A Áustria-Hungria matou grande parte da população sérvia e deslocou milhares de crianças para dentro de seu próprio território para que fossem criadas como súditos leais ao império. Só conheceremos a extensão desses deslocamentos de populações ao final da guerra, mas certamente foram importantes.

    Alguns escritores alemães até chegaram a defender a aplicação dessa política aos armênios. De acordo com o *Temps* de Paris, Paul Rohrbach, "em uma conferência realizada em Berlim há algum tempo, recomendou que a Armênia deveria ser evacuada dos armênios. Eles deveriam ser dispersos na direção da

Mesopotâmia e substituídos por turcos, de maneira que a Armênia fosse libertada de toda a influência russa e a Mesopotâmia recebesse os fazendeiros de que carece". O propósito era bastante evidente. A Alemanha estava construindo a estrada de ferro até Bagdá, passando pelo deserto da Mesopotâmia. Aquele era um detalhe essencial para a criação do grande e novo Império Germânico, estendendo-se de Hamburgo até o Golfo Pérsico. Todavia, essa estrada de ferro só poderia ser bem-sucedida com o desenvolvimento de uma população parcimoniosa e trabalhadora para alimentá-la. Os indolentes turcos nunca seriam colonos desse tipo, mas os armênios tinham o estofo necessário àquela empreitada. A erradicação daquele povo da terra onde ele havia vivido durante milênios e a sua transposição violenta para um deserto árido e quente correspondiam perfeitamente à ideia alemã de política governamental. O simples fato de eles terem sempre vivido em um clima temperado não constituía um impedimento aos olhos pangermanistas. Descobri que a Alemanha estava semeando amplamente essas ideias havia vários anos; descobri até mesmo que os estudiosos alemães ministravam palestras a esse respeito no Oriente.

— Lembro-me de ter ido a uma palestra de um conhecido professor alemão — um americano me contou. — Seu principal argumento era que, ao longo da história, os turcos haviam cometido um grande erro sendo clementes demais em relação à população não turca. A única maneira de garantir a prosperidade do império, segundo o orador, era agir sem nenhum sentimentalismo em relação às nacionalidades e raças súditas da Turquia que não aceitassem os planos dos turcos.

Os pangermanistas expressaram sua opinião quanto à Armênia. Vou me limitar a citar as palavras do autor de *Mittel-Europa*, Friedrich Naumann, talvez o mais hábil propagador das ideias pangermanistas. Em seu trabalho sobre a Ásia, Naumann, que foi um clérigo cristão quando jovem, trata com considerável minúcia dos massacres armênios de 1895-1896. Só preciso citar alguns trechos para mostrar a postura da política estatal alemã em relação àquelas infâmias. "Se levarmos em consideração apenas os massacres violentos de cerca de oitenta a cem mil armênios", escreve Naumann, "só podemos chegar a uma conclusão: devemos condenar com absoluta raiva e veemência tanto os assassinos quanto seus instigadores. Eles perpetraram os mais abomináveis massacres em um grande número de pessoas, maiores e mais graves do que os infligidos por Carlos Magno aos saxões. As torturas que Lepsius descreveu ultrapassam tudo o que conhecemos. O que então nos proíbe de nos lançarmos sobre os turcos e dizer: 'Saiam daqui, miseráveis!'? Só uma coisa nos impede, pois os turcos diriam: 'Eu também estou lutando pela minha existência!'. E, de fato, nós acreditamos no que eles dizem. Apesar da indignação que a sangrenta barbárie maometana nos suscita, acreditamos que os turcos estão se defendendo legitimamente e, antes de mais nada, vemos, na questão e nos massacres armênios, um problema de política interna turca, simplesmente um episódio da agonia que acomete o grande império, que não se entrega à morte sem uma última tentativa de se salvar por meio do derramamento de sangue. Todas as grandes potências, com exceção da Alemanha, adotaram uma política que tem por objetivo modificar a situação atual na Turquia. Dessa maneira, exigem para os povos súditos da Turquia os direitos do homem, da humanidade, da civilização ou da liberdade política, em suma, algo que os igualará aos turcos. Todavia, assim como o antigo Estado despótico romano não tolerava a religião do Nazareno, o Império Turco, que é na verdade o sucessor político do Império Romano do Oriente, também não tolera qualquer representação da cristandade ocidental livre entre seus súditos. Para a Turquia, o perigo na questão armênia é a extinção. Por esse motivo, a Turquia recorre ao ato bárbaro de um Estado asiático, destruiu os armênios de tal maneira que eles não serão mais capazes, por muito tempo, de se manifestar como força política. Sem dúvida um ato terrível, um ato de desespero político, vergonhoso em seus detalhes, mas ainda assim um exemplo de história política à moda asiática. [...] Apesar do desprazer que sente diante desses fatos consumados, o cristão alemão nada tem a fazer, exceto sarar silenciosamente das feridas o máximo possível e deixar que a situação siga o seu curso. Há muito tempo, nossa política no Oriente tem sido determinada: pertencemos ao grupo que protege a Turquia e esse fato deve regular a nossa conduta. [...] Não proibimos que nenhum cristão zeloso cuide das vítimas desses crimes horríveis, desde a criação das crianças até a enfermagem dos adultos. Que Deus abençoe esses atos de bondade como todos os outros atos de fé. Só devemos ter cuidado para que as ações de caridade não assumam a forma de atos políticos que possam prejudicar a política alemã. O internacionalista, que sempre pertence à escola de pensamento inglesa, pode marchar ao lado dos armênios. O nacionalista, aquele que não tem intenção de sacrificar o futuro da Alemanha à Inglaterra, deve, em questões de política externa, seguir o caminho traçado por Bismarck, mesmo que esse seja impiedoso em seus sentimentos. [...] Política nacional: essa é a profunda razão moral pela qual devemos, como homens de Estado, nos mostrar indiferentes aos sofrimentos dos povos cristãos da Turquia, por mais doloroso que isso seja para nossos sentimentos. [...] Esse é o nosso dever, que devemos reconhecer e confessar perante Deus e perante os homens. Se, por esse motivo, mantemos a existência do Estado turco, nós o fazemos por interesse próprio, em vista do nosso grande futuro. [...] De um lado, temos nossos deveres como nação; do outro, nossos deveres como homens. Há momentos em que, em um conflito de deveres, podemos escolher um meio-termo. Isso é correto a partir de um ponto de vista humano, mas não em sentido moral. Nesse caso, como em todas as situações análogas, devemos saber claramente de que lado está o dever moral maior e mais importante. Tendo feito essa escolha, não devemos hesitar. Guilherme II escolheu. Ele se tornou amigo do sultão porque está pensando em uma Alemanha maior e independente".

Essa era a filosofia de Estado alemã aplicada aos armênios, e tive a oportunidade de também observar a prática. Assim que os primeiros relatórios chegaram a Constantinopla, ocorreu-me que o modo mais viável de deter os ultrajes seria se uma representação diplomática de todos os países fizesse um apelo conjunto ao governo otomano. Abordei esse assunto com Wangenheim no final de março. Sua antipatia pelos armênios logo se tornou aparente. Ele começou a denunciá-los com termos grosseiros. Como Talaat e Enver, ele fingia considerar o episódio de Van uma rebelião não provocada e, em sua opinião, assim como na deles, os armênios eram simplesmente vermes traiçoeiros.

— Ajudarei os sionistas — ele disse, achando que essa observação me agradaria pessoalmente —, mas nada farei pelos armênios.

Wangenheim fingia considerar a questão armênia como algo que afetava principalmente os Estados Unidos. Minha intercessão constante em nome daquela população parece ter criado a impressão, em sua mente germânica, que qualquer sentimento de piedade demonstrado em relação àquele povo seria uma concessão ao governo americano. E, naquele momento, ele não estava disposto a fazer nada que agradasse aos americanos.

— Os Estados Unidos parecem ser o único país que se interessa muito pelos armênios — ele disse. — Os missionários americanos são seus amigos e o povo americano, seu guardião. Toda a questão da ajuda aos armênios é, portanto, um problema americano. Como, então, o senhor espera que eu faça alguma coisa enquanto os Estados Unidos estiverem vendendo munição para os inimigos da Alemanha? O sr. Bryan acabou de declarar que não seria uma atitude neutra deixar de vender munição à Inglaterra e à França. Enquanto o seu governo mantiver essa postura, nada poderemos fazer pelos armênios.

Provavelmente, só um lógico alemão detectaria alguma relação entre a nossa venda de material bélico aos Aliados e os ataques da Turquia a centenas de milhares de mulheres e crianças armênias. Mas isso foi tudo o que consegui de Wangenheim naquele momento. Eu falava com ele com frequência, mas ele invariavelmente rebatia meus pedidos de clemência pelos armênios falando do uso de projéteis americanos em Dardanelos. Logo depois, houve um esfriamento das relações entre nós, resultado da minha recusa em lhe dar "crédito" pela interrupção da deportação de civis franceses e britânicos para a península de Galípoli. Depois de uma conversa telefônica bastante ácida, na qual ele me pediu para telegrafar a Washington dizendo que ele não havia *hetzed* os turcos naquela questão, nossas visitas foram interrompidas por diversas semanas.

Havia alguns alemães influentes em Constantinopla que não aceitavam o ponto de vista de Wangenheim. Já mencionei Paul Weitz, que foi, durante trinta anos, o correspondente do *Frankfurter Zeitung* e que, provavelmente, sabia mais sobre os assuntos do Oriente Próximo do que qualquer outro alemão. Embora apelasse constantemente para Weitz para obter informações, Wangenheim nem sempre seguia seus conselhos. Weitz não aceitava a postura imperial ortodoxa em relação à Armênia, pois acreditava que a recusa da Alemanha em intervir de forma eficaz estava prejudicando sua pátria de maneira irreparável. Weitz sempre expunha essa opinião a Wangenheim, mas sem nenhum sucesso. Ele mesmo me falou a respeito em janeiro de 1916, algumas semanas antes de eu deixar a Turquia. Cito textualmente suas palavras a esse respeito:

— Lembro-me de que o senhor me disse no início que a Alemanha estava cometendo um erro em relação à questão armênia. Concordei plenamente com a sua posição. Todavia, quando expus esse ponto de vista a Wangenheim, ele me expulsou da sala duas vezes!

Outro alemão que se opunha às atrocidades era Neurath, o conselheiro da embaixada alemã. Sua indignação atingiu tal ponto que ele chegou a se dirigir a Talaat e Enver em termos pouco diplomáticos. No entanto, ele me disse que não havia conseguido influenciá-los.

— Eles estão irredutíveis e determinados a prosseguir pelo caminho atual — Neurath disse.

É claro que nenhum alemão podia influenciar muito o governo turco se o embaixador alemão se recusava a interferir. Com o passar do tempo, ficou cada vez mais evidente que Wangenheim não queria interromper as deportações. No entanto, parecia que ele desejava restabelecer relações amigáveis comigo e logo mandou terceiros para me perguntar por que eu nunca o visitava. Não sei quanto tempo esse afastamento teria durado se Wangenheim não tivesse sofrido um revés pessoal. Em junho, o tenente-coronel Leipzig, o adido militar alemão, morreu nas circunstâncias mais trágicas e misteriosas na estação de trem de Lule-Bourgas. Levou um tiro de revólver. Um relato dizia que a arma havia disparado acidentalmente, outro dizia que o coronel havia cometido suicídio, outro ainda expunha que os turcos o haviam assassinado, confundindo-o com Liman von Sanders. Leipzig era amigo íntimo de Wangenheim. Quando jovens, os dois foram oficiais no mesmo regimento e, em Constantinopla, eram quase inseparáveis. Visitei imediatamente o embaixador para apresentar minhas condolências. Encontrei-o muito abatido e aflito. Ele me disse estar com problemas cardíacos, à beira da exaustão, e que havia solicitado uma licença de algumas semanas. Eu sabia que não era apenas a morte de Leipzig que estava atormentando a mente de Wangenheim. Missionários alemães inundavam seu próprio país de relatórios sobre os armênios, pressionando o governo para que impedisse os massacres. Todavia, por mais sobrecarregado e nervoso que estivesse naquele dia, Wangenheim deu vários sinais de que continuava sendo o mesmo militarista alemão inflexível. Alguns dias mais tarde, quando retribuiu minha visita, ele perguntou:

— Onde está o exército de Kitchener? Estamos dispostos a abandonar a Bélgica agora — prosseguiu. — A Alemanha pretende construir uma enorme frota de submarinos com grande raio de ação. Na próxima guerra, portanto, conseguiremos bloquear completamente a Inglaterra. Assim, não precisamos das bases de submarinos da Bélgica. Nós as entregaremos aos belgas e ficaremos com o Congo em troca.

Fiz, então, outro pedido pelos cristãos perseguidos. Mais uma vez, discutimos longamente aquele assunto.

— Os armênios — disse Wangenheim — demonstraram que são inimigos dos turcos. Está bastante evidente que os dois povos não podem viver juntos em um mesmo país. Os americanos deveriam levar alguns deles para os Estados Unidos e nós, alemães, mandar alguns para a Polônia e, em seu lugar, encaminhar judeus poloneses para as províncias armênias, isto é, se eles prometerem abandonar seus planos sionistas.

Mais uma vez, embora eu tenha falado com a seriedade de sempre, o embaixador se recusou a ajudar os armênios.

Todavia, em 4 de julho, Wangenheim apresentou uma nota formal de protesto. Ele não falou com Talaat ou Enver, os únicos homens que tinham alguma autoridade, mas com o grão-vizir, que não passava de uma sombra. O incidente era semelhante ao seu protesto pró-forma contra o envio de civis franceses e britânicos para Galípoli a fim de servirem como alvos para a frota Aliada. O único objetivo era dar um caráter oficial à comunicação alemã. A hipocrisia daquele protesto provavelmente era mais aparente para mim do que para os outros, pois, no mesmo momento em que apresentava a suposta queixa, Wangenheim me informava as razões pelas quais a Alemanha não podia tomar providências efetivas para pôr fim aos massacres. Logo após aquela entrevista, Wangenheim obteve sua licença e foi para a Alemanha.

Por mais inflexível que tenha se mostrado, Wangenheim não era tão implacável em relação aos armênios quanto o adido naval alemão em Constantinopla, Humann. Ele era considerado um homem de grande influência, sua posição em Constantinopla correspondia à de Boy-Ed nos Estados Unidos. Um diplomata alemão me disse uma vez que Humann era mais turco do que Enver ou Talaat. Apesar da sua reputação, tentei recrutar sua influência. Apelei a ele principalmente por causa da sua amizade com Enver e por ele ser considerado um importante elo entre a embaixada alemã e as autoridades militares turcas. Humann era um emissário pessoal do kaiser, em constante comunicação com Berlim e, sem dúvida, refletia a atitude dos governantes da Alemanha. Ele discutia o problema armênio com a maior franqueza e brutalidade.

— Passei a maior parte da minha vida na Turquia — ele me disse — e conheço os armênios. Também sei que armênios e turcos não podem viver juntos neste país. Uma dessas raças precisa ir embora. Não culpo os turcos pelo que estão fazendo com os armênios. Acho que suas ações são plenamente justificadas. A nação mais fraca deve sucumbir. Os armênios desejam desmembrar a Turquia, estão contra os turcos e os alemães nesta guerra e, portanto, não têm direito de existir aqui. Também acho que Wangenheim foi longe demais ao fazer um protesto, eu não o teria feito.

Expressei meu horror diante daqueles sentimentos, mas Humann continuou ofendendo o povo armênio e absolvendo os turcos de toda culpa.

— É uma questão de segurança — ele respondeu. — Os turcos precisam se proteger e, desse ponto de vista, suas ações são plenamente justificadas. Ora, encontramos sete mil armas em Kadi-Keuy que pertenciam aos armênios. De início, Enver queria tratar os armênios com a maior moderação e, quatro meses atrás, ele insistiu para que eles tivessem mais uma oportunidade de demonstrar sua lealdade. Mas, depois do que eles fizeram em Van, Enver teve de ceder ao exército, que insistiu o tempo todo que deveria proteger sua retaguarda. A Comissão decidiu pelas deportações e Enver concordou com relutância. Todos os armênios estão trabalhando para a destruição do poder turco e a única coisa a fazer é deportá-los. Enver, no fundo, é um homem de bom coração, é incapaz de fazer mal a uma mosca! Mas, quando se trata de defender uma ideia na qual acredita, ele é temerário e implacável. Além disso, os Jovens Turcos precisam se livrar dos armênios simplesmente por uma questão de autoproteção. A Comissão só é forte em Constantinopla e em algumas outras cidades grandes. Por toda parte, o povo ainda é partidário do antigo regime. Esses turcos à moda antiga são fanáticos, não apoiam o atual governo e, portanto, a Comissão precisa fazer tudo o que puder para se proteger. Porém, não pense que outros cristãos serão prejudicados. Qualquer turco pode facilmente identificar três armênios no meio de um milhão de turcos.

Humann não era o único alemão importante que expressava tal sentimento. Comecei a receber avisos de várias fontes de que a minha "intromissão" em nome dos armênios estava me tornando cada vez mais impopular junto ao oficialato alemão. Um dia, em outubro, Neurath, o conselheiro alemão, me fez uma visita e me mostrou um telegrama que havia acabado de receber do Ministério das Relações Exteriores alemão, segundo o qual os condes Crewe e Cromer haviam discursado sobre a questão armênia na Câmara dos Lordes, culpado os alemães pelos massacres e declarado que haviam recebido essas informações de uma testemunha americana. O telegrama também se referia a um artigo da *Westminster Gazette* que dizia que os cônsules alemães em alguns lugares haviam instigado e até liderado os ataques, mencionando em especial Resler, de Alepo. Neurath disse que seu governo o havia instruído a obter do embaixador americano em Constantinopla um desmentido daquelas acusações. Recusei-me a fazer tal desmentido dizendo que não cabia a mim decidir oficialmente se a Turquia ou a Alemanha era a responsável por aqueles crimes.

No entanto, em todos os círculos diplomáticos, parecia haver uma convicção de que o embaixador americano era responsável pela grande repercussão que os massacres armênios estavam obtendo na Europa e nos Estados Unidos. Não hesito em dizer que eles tinham razão a esse respeito. Em dezembro, meu filho, Henry Morgenthau Jr., visitou a península de Galípoli, onde foi recebido pelo general Liman von Sanders e outros oficiais alemães. Ele mal havia entrado no quartel-general alemão quando um oficial se aproximou e disse:

— São muito interessantes os artigos sobre a questão armênia que seu pai está escrevendo nos jornais americanos.

— Meu pai não está escrevendo artigo algum — retrucou meu filho.

— Bem — continuou o oficial —, os artigos não levam a assinatura dele, mas isso não significa que ele não os esteja escrevendo!

Von Sanders também se pronunciou a respeito:

— Seu pai está cometendo um grande erro ao divulgar o que os turcos estão fazendo com os armênios. Esse assunto não lhe diz respeito.

Como insinuações desse tipo não me impressionavam, os alemães obviamente decidiram recorrer a ameaças. No início do outono, um tal dr. Nossig chegou a Constantinopla vindo de Berlim. O dr. Nossig era um judeu alemão e foi à Turquia para trabalhar contra os sionistas. Após ele ter conversado por alguns minutos comigo, descrevendo suas atividades judaicas, logo descobri que ele era um agente político alemão. Ele me visitou duas vezes; da primeira vez, sua conversa foi um pouco indefinida, o objetivo da visita parecia ser me conhecer e obter a minha simpatia. Da segunda vez, após discorrer vagamente sobre vários tópicos, ele foi direto ao assunto. Aproximou sua cadeira da minha e começou a falar de forma muito amistosa e confidencial.

— Embaixador, nós dois somos judeus e eu quero falar com o senhor de judeu para judeu. Espero que o senhor não se ofenda se eu lhe der um pequeno conselho. O senhor é muito ativo na defesa dos interesses dos armênios e eu acho que não percebe até que ponto está se tornando impopular junto às autoridades deste país por esse motivo. Na verdade, acho que devo lhe dizer que o governo turco está pensando em solicitar a sua convocação de volta ao seu país. Seus protestos pelos armênios serão inúteis. Os alemães não intercederão por eles e o senhor, além de desperdiçar a oportunidade de ser útil, está correndo o risco de terminar sua carreira de forma desonrosa.

— O senhor está me dando esse conselho — perguntei — porque realmente se interessa pelo meu bem-estar?

— Certamente — ele respondeu —, todos nós, judeus, nos orgulhamos do que o senhor fez e detestaríamos ver sua carreira terminar de forma desastrosa.

— Então, volte à embaixada alemã — afirmei — e diga a Wangenheim o seguinte: siga em frente e peça que eu seja chamado de volta ao meu país. Se eu tiver de ser um mártir, não vejo causa mais digna do que esse sacrifício. Na verdade, seria um prazer para mim, pois não posso pensar em honra maior do que ser chamado de volta ao meu país pelo fato de, sendo judeu, eu ter feito tudo que estava ao meu alcance para salvar a vida de centenas de milhares de cristãos.

O dr. Nossig saiu apressadamente do meu escritório e, desde então, nunca mais o vi. Quando me encontrei com Enver, disse que havia boatos de que o governo otomano estava prestes a solicitar que eu fosse chamado de volta ao meu país. Ele foi muito enfático ao dizer que era tudo mentira.

— Nunca cometeríamos um erro tão ridículo — ele disse.

Portanto, não havia dúvida alguma de que aquela tentativa de intimidação havia sido arquitetada na embaixada alemã.

Wangenheim voltou a Constantinopla no início de outubro. As mudanças que ele havia sofrido me chocaram. Escrevi em meu diário: "Ele parecia uma imagem perfeita de Wotan". Seu rosto estava quase sempre se contorcendo, ele estava usando uma venda no olho direito e parecia muito nervoso e deprimido. Disse que havia descansado pouco, que fora obrigado a passar a maior parte do tempo em Berlim cuidando de assuntos oficiais. Alguns dias após a sua volta, encontrei-o enquanto me dirigia a Has-Keuy. Ele disse que estava a caminho da embaixada americana e voltamos até lá juntos. Pouco tempo antes, Talaat me havia dito que tinha intenção de deportar todos os armênios que restavam na Turquia e aquela informação me induziu a fazer um pedido final ao único homem em Constantinopla que tinha poder para interromper aqueles atos horríveis. Levei Wangenheim ao segundo andar da embaixada, onde podíamos ficar a sós sem sermos interrompidos. Lá, por mais de uma hora, sentados em torno da mesa de chá, tivemos nossa última conversa sobre aquele assunto.

— Berlim me telegrafou dizendo que seu secretário de Estado afirmou que, segundo o senhor, depois que a Bulgária entrou na guerra do nosso lado, nunca houve tantos massacres de armênios.

— Não, não foi isso que telegrafei — eu disse. — Admito que mandei muitas informações a Washington. Mandei cópias de todos os relatórios e declarações ao Departamento de Estado. Eles estão bem guardados. O que quer que aconteça comigo, as provas estão completas e o povo americano não dependerá do meu relato oral para ser informado. Contudo, essa afirmação específica não está correta. Simplesmente, informei ao sr. Lansing que toda a influência que a Bulgária exerceu para interromper os massacres se perdeu agora que ela se tornou aliada da Turquia.

Mais uma vez, discutimos as deportações.

— A Alemanha não é responsável por isso — afirmou Wangenheim.

— O senhor pode repetir essa afirmação até o fim dos tempos — respondi —, mas ninguém vai acreditar. O mundo sempre responsabilizará a Alemanha, a culpa por esses crimes serão seu legado para sempre. Sei que o senhor apresentou um protesto por escrito, mas o que isso significa? O senhor sabe melhor do que eu que um protesto desse tipo não surtirá efeito algum. Não afirmo que a Alemanha é responsável por esses massacres no sentido de que os instigou, mas é responsável porque tinha o poder para detê-los e não o usou. Não só os Estados Unidos e seus atuais inimigos o responsabilizarão. Algum dia, o povo alemão exigirá que seu governo preste contas. Vocês são um povo cristão e chegará o momento em que os alemães perceberão que seu governo deixou que um povo maometano destruísse outra nação cristã. É uma tolice o senhor protestar por eu estar enviando informações ao meu Departamento de Estado. Acredita que pode manter em segredo atrocidades tão graves como essas? Não tenha uma ideia tão tola, não pense que, ignorando-as, o resto do mundo fará o mesmo. Crimes como esses clamam por justiça. Acha que eu poderia tomar conhecimento de coisas desse tipo e não relatá-las ao meu governo? E não se esqueça de que os missionários alemães, bem como os americanos, estão me mandando informações sobre os armênios.

— Tudo o que o senhor diz pode ser verdade — replicou o embaixador alemão —, *mas o grande problema à nossa frente é vencer esta guerra*. A Turquia liquidou seus inimigos estrangeiros em Dardanelos e em Galípoli. Agora, está tentando resolver seus assuntos internos. Os turcos ainda têm muito medo que as capitulações sejam novamente impostas a eles. Antes de serem submetidos outra vez a essas restrições, eles pretendem solucionar suas questões internas para que não haja muita chance de ingerência das nações estrangeiras. Talaat me disse que está determinado a concluir essa tarefa antes que a paz seja declarada. No futuro, eles não querem que os russos afirmem que têm direito a intervir nos assuntos armênios porque há um grande número de armênios na Rússia que são afetados pelos problemas de seus correligionários na Turquia. Giers costumava fazer isso o tempo todo e os turcos não querem que nenhum embaixador russo, ou de qualquer outra nação, tenha uma oportunidade semelhante no futuro. De qualquer forma, os armênios são uns coitados. Em Constantinopla, temos contato com armênios cultos e derivamos deles nossas impressões, mas nem todos eles são assim. Todavia, admito que eles foram tratados de forma terrível. Enviei um homem para investigar a situação e ele relatou que os piores ultrajes não foram cometidos pelos oficiais turcos, mas pelos bandidos.

Wangenheim sugeriu mais uma vez que os armênios fossem levados para os Estados Unidos e eu novamente expliquei por que aquela alternativa seria impraticável.

— Esqueça todas essas considerações — eu disse. — Vamos deixar de lado necessidades militares, política governamental e todo o resto e encarar essa questão simplesmente como um problema humanitário. Tenha em mente que a maior parte do povo que está sendo tratado dessa maneira é de idosos e crianças indefesas. Por que o senhor, como ser humano, não entende que eles têm direito à vida?

— No estágio atual das questões domésticas da Turquia — Wangenheim respondeu —, não vou intervir.

Vi que era inútil continuar a discutir a questão. Ele era um homem desprovido de generosidade e piedade humana, eu me sentia enojado. Ao se levantar para ir embora, Wangenheim ficou sem ar e suas pernas fraquejaram. Dei um salto e o peguei antes que caísse. Por um instante, ele pareceu totalmente fora de si; olhou para mim estupefato, depois, se recompôs e recuperou o equilíbrio. Segurando o braço do embaixador, desci com ele as escadas e o coloquei em seu automóvel. Àquela altura, ele parecia já ter se recuperado do episódio de tontura e chegou bem em casa. Dois dias mais tarde, sentado à mesa de jantar, Wangenheim teve um ataque de apoplexia. Foi carregado para sua cama no andar de cima, mas nunca mais recuperou a consciência. Em 24 de outubro, fui oficialmente informado de que ele havia morrido. Assim, minha última lembrança de Wangenheim é a do embaixador sentado no meu escritório na embaixada americana, recusando-se terminantemente a exercer qualquer tipo de influência para evitar o massacre de uma nação. Ele era o único homem, e seu governo, o único governo, que poderia ter detido aqueles crimes, mas, como Wangenheim me disse várias vezes, *"nosso objetivo é vencer esta guerra".*

Alguns dias mais tarde, as autoridades turcas e o corpo diplomático prestaram sua última homenagem àquele homem que era a encarnação perfeita do sistema prussiano. O funeral aconteceu no jardim da embaixada alemã em Pera, que ficou repleto de flores. Praticamente todos os presentes, com exceção da família, dos embaixadores e dos representantes do sultão, ficaram de pé durante as cerimônias simples, mas impressionantes. Depois, a procissão se formou; alguns marinheiros alemães carregaram o féretro sobre os ombros, outros levaram as enormes coroas de flores e todos os integrantes do corpo diplomático, bem como todas as autoridades do governo turco, seguiram a pé.

O grão-vizir liderou a procissão. Fiz todo o percurso ao lado de Enver. Todos os oficiais do *Goeben* e do *Breslau*, além de todos os generais alemães, vestindo farda completa, seguiam atrás. Parecia que toda Constantinopla estava nas ruas, e a atmosfera tinha um quê de feriado. Caminhamos até a frente do Dolma Bagtche, o palácio do sultão, e atravessamos o portão que os embaixadores cruzam quando apresentam suas credenciais. No cais, uma lancha a vapor estava esperando nossa chegada com o conselheiro alemão Neurath a bordo, pronto para receber o corpo do seu chefe morto. O caixão, totalmente coberto de flores, foi colocado no barco. Enquanto a lancha zarpava, Neurath, um prussiano de um metro e oitenta e cinco de altura, trajando seu uniforme militar com um capacete que parecia um mar de plumas brancas, permaneceu ereto e em silêncio. Wangenheim foi enterrado no parque da embaixada de verão em Therapia, ao lado de seu companheiro, o coronel Leipzig. Nenhum outro jazigo perpétuo teria sido mais apropriado, pois aquele fora o cenário dos seus êxitos diplomáticos e, pouco mais de dois anos antes, foi de lá que ele dirigiu por rádio o *Goeben* e o *Breslau*, levando-os com segurança até Constantinopla, tornando, assim, inevitável a aliança da Turquia com a Alemanha e preparando o terreno para todos os triunfos e horrores que necessariamente sucederam tal evento.

CAPÍTULO 28

Enver tenta mais uma vez a paz — adeus ao sultão e à Turquia

Meu fracasso em deter a destruição dos armênios transformou a Turquia em um lugar terrível para mim e considerei intolerável minha associação diária com homens que, por mais gentis, conciliadores e afáveis que tivessem sido com o embaixador americano, ainda exalavam o cheiro do sangue de quase um milhão de seres humanos. Se pudesse fazer mais pelos americanos, pelos estrangeiros inimigos ou pelos povos perseguidos do império, eu teria ficado de bom grado. No entanto, a posição dos americanos e europeus já estava assegurada e, quanto aos povos súditos, eu havia esgotado meus recursos. Além disso, estávamos nos aproximando de um evento nos Estados Unidos que, a meu ver, influenciaria inevitavelmente o futuro do mundo e da democracia: a campanha presidencial. Senti que não havia nada tão importante na política internacional quanto a reeleição do presidente Wilson. Eu não conseguia imaginar calamidade maior, tanto para os Estados Unidos quanto para o mundo, do que a não reeleição desse grande estadista por parte da nação americana. Concluí que, se eu pudesse ajudar substancialmente a reeleição do sr. Wilson, poderia servir melhor meu país.

Eu tinha outro motivo prático para voltar para casa: transmitir ao presidente e ao Departamento de Estado, oralmente e em primeira pessoa, as informações que eu possuía sobre a situação europeia. Era particularmente importante expor as últimas propostas de paz. No final de 1915 e no início de 1916, esse era o principal tópico em Constantinopla. O paxá Enver estava constantemente me pedindo para interceder junto ao presidente para pôr fim à guerra. Ele insinuou várias vezes que a Turquia estava cansada da guerra e que sua salvação dependia da obtenção da paz em um intervalo breve. Já descrevi as condições que prevaleciam poucos meses após a eclosão da guerra, mas, ao final de 1915, a situação havia se deteriorado muito. Quando decidiu deportar e massacrar seus povos súditos, especialmente os armênios e os gregos, a Turquia assinou sua própria sentença de morte econômica. Como eu já disse, aqueles eram os povos que controlavam a indústria, as finanças e desenvolviam a agricultura. As consequências materiais daquele grande crime nacional começaram a aparecer por toda parte. As fazendas estavam incultas e, diariamente, milhares de camponeses morriam de fome. Como os armênios e gregos eram os maiores contribuintes, sua aniquilação reduziu fortemente a receita do Estado, e o fato de praticamente todos os portos da Turquia estarem sob bloqueio interrompeu a arrecadação de tributos alfandegários. O simples fato de a Turquia mal estar arrecadando dinheiro suficiente para pagar os juros da dívida, isso sem falar nas despesas ordinárias e de guerra, dá uma ideia do seu avançado grau de esgotamento. Por isso os turcos tinham muitos motivos para desejar uma paz rápida. Além disso, Enver e seu partido temiam uma revolução caso a guerra não terminasse rapidamente. Escrevi ao Departamento de Estado por volta dessa época: "Estes homens estão dispostos a fazer praticamente qualquer coisa para se manter no poder".

Porém, eu não levava muito a sério as solicitações de paz de Enver.

— O senhor está falando por si mesmo e por seu partido — perguntei — ou também está falando em nome da Alemanha? Não posso apresentar uma proposta sua a menos que os alemães a apoiem. Já os consultou a respeito?

— Não — Enver respondeu —, mas sei qual é a opinião deles.

— Isso não é suficiente — respondi. — É melhor que se comunique diretamente com eles por intermédio da embaixada alemã. Não estou disposto a apresentar uma proposta que não seja apoiada por todos os aliados teutônicos.

Enver achava que seria quase inútil discutir a questão com o embaixador alemão. Disse, no entanto, que estava de partida para Orsova, uma cidade na fronteira com a Romênia e a Hungria, onde se reuniria com Falkenhayn, então chefe do Estado-maior alemão. Enver disse que Falkenhayn era o personagem mais importante e que falaria sobre a paz com ele.

— Por que o senhor acha que este é um bom momento para discutir a paz? — perguntei.

— Porque, em duas semanas, teremos aniquilado completamente a Sérvia. Achamos que devemos criar o clima certo para que os Aliados discutam a paz. Minha visita a Falkenhayn tem como objetivo completar preparativos para a invasão do Egito. Em pouquíssimos dias, esperamos que a Grécia se junte a nós. Já estamos preparando toneladas de provisões e forragem para mandar para a Grécia. Quando conseguirmos o apoio da Grécia, a Romênia, é claro, seguirá o mesmo caminho. Quando os gregos e romenos se aliarem a nós, teremos um milhão de novos soldados. Obteremos todas as armas e munições alemãs de que precisamos assim que a ferrovia direta for aberta. Todos esses fatores criam uma situação excelente para falarmos de paz.

Pedi que o ministro da guerra abordasse o assunto com Falkenhayn na entrevista proposta e falasse comigo ao retornar. De alguma maneira, aquela conversa com Enver chegou aos ouvidos do embaixador alemão, Graf Wolf-Metternich, que logo me visitou para discutir o assunto. Ele aparentemente queria me convencer de duas coisas: a Alemanha nunca entregaria a Alsácia-Lorena, e insistiria na devolução de todas as suas colônias. Respondi que seria inútil discutir a paz antes que a Inglaterra tivesse obtido alguma grande vitória militar.

— Pode ser — respondeu Graf —, mas o senhor não pode esperar que a Alemanha deixe que a Inglaterra obtenha essa vitória simplesmente para colocá-la no clima certo para pensar sobre a paz. Acho que o senhor está enganado. É um erro dizer que a Grã-Bretanha ainda não obteve grandes vitórias. Acho que os britânicos conseguiram vitórias substanciais. Pense bem no que eles fizeram: afirmaram sua inquestionável supremacia nos mares e interromperam todo o comércio alemão. Além de não ter perdido nem um centímetro do seu próprio território, a Grã-Bretanha ganhou enormes domínios novos. Anexou Chipre e Egito e conquistou todas as colônias alemãs. Está controlando uma parte considerável da Mesopotâmia. É absurdo dizer que os ingleses nada ganharam com a guerra!

Em 1º de dezembro, Enver foi à embaixada americana e relatou os resultados de sua entrevista com Falkenhayn. O chefe do Estado-maior alemão disse que seu país gostaria muito de discutir a paz, mas que não podia declarar seus termos previamente, pois isso seria interpretado como um sinal de fraqueza. Mas uma coisa era certa: os Aliados poderiam obter termos muito mais favoráveis naquele momento do que em qualquer outro. Enver me disse que os alemães estavam dispostos a entregar todo o território tomado à França e praticamente toda a Bélgica. No entanto, estavam irredutíveis quanto ao desmembramento permanente da Sérvia. Nenhum hectare da Macedônia seria devolvido à Servia e até mesmo partes da velha Sérvia seriam retidas; ou seja, a Sérvia se tornaria um país muito menor do que antes das Guerras dos Bálcãs; na verdade, quase desapareceria como Estado independente. Mesmo naquele momento, o significado de tudo aquilo era evidente. A Alemanha havia conseguido realizar o objetivo que a fez entrar na guerra: uma rota completa de Berlim a Constantinopla e ao Oriente; uma boa parte da *Mittel-Europa* pangermânica tornava-se assim um fato consumado. Aparentemente, a Alemanha estava disposta a abrir mão das províncias invadidas no norte da França e na Bélgica, desde que a Entente consentisse a manutenção de suas conquistas orientais. A proposta que Falkenhayn fez não diferia muito da que a Alemanha havia sugerido no final de 1914. Aquela entrevista entre Falkenhayn e Enver, assim como me foi relatada, mostra que a Alemanha não havia concebido aquele plano às pressas, mas que aquele era o seu objetivo desde o início.

Em tudo aquilo, eu não via uma promessa de paz iminente. No entanto, achei que deveria apresentar aqueles fatos ao presidente. Portanto, pedi uma licença, que Washington me concedeu.

Minha despedida de Enver e Talaat aconteceu no dia 13 de janeiro. Os dois estavam de ótimo humor. Obviamente, ambos estavam rememorando, assim como eu, todos os importantes acontecimentos que haviam ocorrido na Turquia, e no mundo, desde o meu primeiro encontro com eles dois anos antes. Naquela época, Talaat e Enver eram apenas aventureiros desesperados que haviam atingido uma posição de destaque por meio de assassinatos e intrigas; sua posição era insegura, pois, a qualquer momento, outra revolução poderia lançá-los de volta à obscuridade. Porém, em nosso último encontro, eles eram os déspotas incontestes do Império Otomano, aliados do país que era então a maior potência militar do mundo, os conquistadores (por mais absurdo que seja, era assim que eles se viam) da marinha britânica. Naquele momento de grande triunfo (a expedição Aliada a Dardanelos havia abandonado suas posições duas semanas antes), tanto Talaat quanto Enver considerava seu país mais uma vez uma potência mundial.

— Soube que o senhor está indo para casa para gastar muito dinheiro e reeleger seu presidente — disse Talaat, fazendo uma brincadeira com o fato de eu ser o presidente da comissão financeira do Comitê Democrático Nacional.

— Isso é uma grande tolice, por que o senhor não fica aqui e dá esse dinheiro à Turquia? Precisamos dele mais do que o seu povo. Mas esperamos que o senhor volte logo — acrescentou da maneira educada (e insincera) dos orientais. — O senhor e nós crescemos juntos. O senhor veio para cá mais ou menos na mesma época em que tomamos posse e não vemos como seria possível nos entender tão bem com outra pessoa. Também aprendemos a apreciá-lo. Tivemos nossas diferenças, bastante fortes às vezes, mas sempre o achamos justo. Respeitamos a política americana na Turquia da maneira como o senhor a representou. Não gostamos de vê-lo partir, mesmo que seja só por alguns meses.

Expressei meu prazer em ouvir aquelas palavras.

— É muito agradável ouvi-los falar dessa maneira — respondi. — Como estão me lisonjeando tanto, sei que estarão dispostos a me fazer certas promessas. Como estou com os dois aqui na minha frente ao mesmo tempo, esta é a minha chance de obter uma declaração oficial. Tratarão as pessoas sob minha responsabilidade com consideração, da mesma maneira que as tratariam se eu estivesse aqui?

— Quanto aos missionários e às instituições de ensino americanas — disse Talaat, com a confirmação de Enver —, fazemos uma promessa solene. Eles não sofrerão o menor dos incômodos e poderão continuar fazendo seu trabalho como antes. O senhor pode ficar tranquilo a esse respeito.

— E quanto aos britânicos e franceses? — perguntei.

— Bem — disse Talaat sorrindo —, talvez tenhamos de nos divertir um pouco com eles de vez em quando, mas não se preocupe. Vamos cuidar bem deles.

Pela última vez, falei sobre o assunto que tanto me preocupou por vários meses. Eu temia que outro apelo fosse inútil, mas decidi fazê-lo.

— E quanto aos armênios?

O bom humor de Talaat desapareceu em um instante. Seu rosto se fechou e seus olhos se iluminaram como os de um animal selvagem.

— De que adianta falar deles? — perguntou, abanando a mão. — Já terminamos com eles. Acabou-se tudo.

Essa foi minha despedida de Talaat. "Acabou-se tudo" foram suas últimas palavras para mim.

No dia seguinte, tive minha audiência de despedida com o sultão. Ele era o mesmo senhor simpático e gentil que eu havia conhecido dois anos antes.

Recebeu-me informalmente, usando roupas civis europeias, e pediu para que eu me sentasse com ele. Conversamos durante vinte minutos e discutimos, dentre outros assuntos, as agradáveis relações que prevaleciam entre os Estados Unidos e a Turquia. Ele me agradeceu pelo interesse que demonstrei por seu país e disse que esperava que eu retornasse em breve. Depois, abordou a questão da guerra e da paz.

— Obviamente, todo monarca deseja a paz — disse. — Nenhum de nós aprova o derramamento de sangue. Todavia, há momentos em que a guerra parece inevitável. Podemos desejar solucionar nossas disputas amigavelmente, mas nem sempre conseguimos fazê-lo. Este parece ser um desses casos. Eu disse ao embaixador britânico que não queríamos entrar em guerra com seu país. Digo o mesmo ao senhor neste momento. Entretanto, a Turquia tinha de defender seus direitos. A Rússia nos atacou e, naturalmente, tínhamos de nos defender. Portanto, do nosso lado, a guerra não foi algo planejado, foi um ato de Alá, foi o destino.

Expressei a esperança de que a guerra logo terminasse.

— Sim, também desejamos a paz — respondeu Sua Majestade —, mas deverá ser uma paz que garanta os direitos do nosso império. Tenho certeza de que um país civilizado e próspero como os Estados Unidos quer a paz e fará todos os esforços a seu alcance para que se chegue a uma paz que seja permanente.

Uma das afirmações do sultão durante aquela entrevista me deixou impressionado. Ele afirmou: "A Rússia nos atacou". Era evidente que aquele cavalheiro idoso e simplório acreditava naquilo, também era óbvio que ele desconhecia os fatos reais: os navios de guerra turcos, sob o comando de oficiais alemães, haviam mergulhado a Turquia na guerra ao bombardear portos russos. Em vez de contar a verdade, os líderes dos Jovens Turcos haviam impingido ao sultão a ficção da Rússia como agressora. Aquela entrevista mostrou até que ponto o líder aparente da Turquia conhecia os fatos cruciais do governo do seu próprio império.

Em nossa entrevista, Talaat e Enver não se despediram definitivamente, dizendo-me que me encontrariam na estação. Poucos minutos antes da partida do trem, Bedri se aproximou, bastante pálido e agitado, e me transmitiu o pedido de desculpa de ambos.

— Eles não podem vir — disse —, o príncipe da coroa acabou de cometer suicídio.

Eu conhecia bem o príncipe da coroa e esperava viajar em sua companhia até Berlim. Ele estava prestes a fazer uma viagem à Alemanha e seu vagão especial estava acoplado ao trem. Encontrei-me várias vezes com Youssouf Izzeddin, ele me convidou várias vezes para visitá-lo e passamos muitas horas falando dos Estados Unidos e das instituições americanas, assunto pelo qual ele sempre demonstrou o maior interesse. Me disse muitas vezes que gostaria de introduzir certas ideias americanas de governo na Turquia. Naquela manhã, quando eu estava partindo para Berlim, o príncipe da coroa foi encontrado caído no chão da sua mansão, no meio de uma poça de sangue, com as artérias cortadas. Youssouf era filho de Abdul-Aziz, sultão de 1861 a 1876, que, macabramente, havia morrido cortando suas artérias quarenta anos antes. As circunstâncias que cercavam a morte do pai e do filho eram, portanto, exatamente as mesmas. O fato de Youssouf ser fortemente pró-Aliados, de ter se oposto à participação da Turquia na guerra ao lado da Alemanha e de antagonizar a Comissão de União e Progresso fez com que surgissem muitas suspeitas. Nada sei sobre as histórias que correram de boca em boca e apenas relato que o laudo oficial de morte diz que a causa foi "suicídio".

— "*On l'a suicidé!*" (Eles o suicidaram!) — observou um arguto francês quando esse veredicto foi anunciado.

Obviamente, aquele anúncio trágico lançou uma sombra de tristeza sobre nosso grupo enquanto o trem partia de Constantinopla, mas a viagem se revelou muito interessante. Eu estava a bordo do famoso Balkanzug e aquela era a segunda viagem daquele trem até Berlim. Minha cabine era a de número 13; várias pessoas foram olhá-la e disseram que, na viagem anterior, o trem havia sido alvejado e uma janela do meu compartimento havia se quebrado.

Logo depois da partida, descobri que o almirante Usedom era um dos meus companheiros de viagem. Usedom teve uma carreira brilhante na marinha; dentre outras coisas, foi capitão do *Hohenzollern*, o iate do kaiser, e, portanto, era amigo de Sua Majestade. A última vez que eu vira Usedom havia sido na minha visita a Dardanelos, quando ele ocupava o cargo de inspetor geral das defesas otomanas. Assim que nos reencontramos, o almirante começou a falar do ataque Aliado que havia sido interrompido. Mais uma vez, Usedom não escondeu que havia temido que os Aliados pudessem ter tido êxito naquela investida.

— Muitas vezes — ele disse —, achamos que eles estavam prestes a cruzar o estreito. Todos nós que estávamos lá ficamos muito aflitos e deprimidos com essa possibilidade. Devemos muito ao heroísmo dos turcos e à sua disposição em sacrificar um número ilimitado de vidas humanas. Agora, tudo acabou, essa parte da nossa tarefa está encerrada.

O almirante achava que o desembarque britânico havia sido mal preparado, embora falasse com admiração da habilidade com que os Aliados fizeram sua retirada. Também obtive maiores esclarecimentos sobre a postura alemã em relação aos massacres armênios. Usedom não tentou justificá-los nem culpou os turcos. Discutiu toda a questão com calma, sem paixão, simplesmente como um problema militar e, de suas observações, não seria possível imaginar que estávamos falando das vidas de um milhão de seres humanos. Ele disse simplesmente que os armênios estavam atrapalhando, eram um obstáculo ao êxito alemão e, portanto, havia sido necessário removê-los, como se fossem um monte de madeira inútil. O almirante falou deles com o mesmo distanciamento com que alguém falaria de remover uma fila de casas a fim de bombardear uma cidade.

Pobre Sérvia! À medida que nosso trem percorria seus distritos devastados, obtive um quadro do que a guerra havia significado para aquele corajoso e pequeno país. Nos dois anos anteriores, aquela nação havia ficado sozinha, praticamente sem ajuda dos seus aliados, na tentativa de impedir o avanço da conquista pangermânica, assim como, durante vários séculos, havia sido um baluarte contra os ataques violentos dos turcos. A Sérvia havia pagado seu preço. Passamos por muitas fazendas abandonadas, invadidas por ervas daninhas e negligenciadas, suas construções muitas vezes estavam sem teto e arrasadas. Toda vez que cruzávamos um curso d'água, víamos os restos de uma ponte dinamitada; em todos os casos, os alemães haviam construído novas pontes para substituir as que haviam sido destruídas. Vimos muitas mulheres e crianças de aparência maltrapilha e faminta, mas vimos muito poucos homens, pois todos haviam morrido ou estavam nas fileiras do pequeno exército sérvio, corajoso e ainda de pé. Durante todo esse tempo, soldados alemães passavam por nós em trens lotados ou estavam na sala de controle das estações onde parávamos, o que era suficiente para explicar toda a tristeza e devastação que víamos pelo caminho.

CAPÍTULO 29

Von Jagow, Zimmermann e os teuto-americanos

Nosso trem chegou à estação de Berlim no final da tarde de 2 de fevereiro de 1916. Vale a pena mencionar essa data, pois ela marcou uma importante crise nas relações teuto-americanas. Praticamente o primeiro homem que encontrei foi um velho amigo e colega, o embaixador James W. Gerard. O sr. Gerard me disse que estava fazendo as malas e que deveria partir de Berlim a qualquer momento, pois acreditava que uma ruptura entre Alemanha e Estados Unidos era uma questão de dias, talvez de horas. Naquela época, a Alemanha e os Estados Unidos estavam discutindo a indenização pelo ataque ao *Lusitania*. As negociações chegaram a um ponto no qual o governo imperial afirmou que estava disposto a expressar seu pesar, pagar uma indenização e prometer não voltar a agir daquela maneira. Porém, o presidente e o sr. Lansing insistiam que a Alemanha deveria declarar que o torpedeamento do *Lusitania* havia sido um ato ilegal. Isso significava que a Alemanha não poderia voltar em momento algum no futuro a praticar a guerra submarina sem se contradizer e fazer algo que seu próprio governo havia denunciado como contrário à lei internacional. Todavia, era isso que nosso governo queria e as duas nações estavam discutindo.

— Não posso fazer mais nada — afirmou o sr. Gerard. — Quero que o senhor converse com Zimmermann e Von Jagow, talvez assim consigamos transmitir um novo ponto de vista.

Logo descobri, ao longo das visitas que recebi, que a atmosfera em Berlim era tensa e muito antiamericana. Nosso país era considerado por todos como praticamente um aliado da Entente. Descobri que prevaleciam as ideias mais absurdas sobre a proximidade de nossas relações com a Inglaterra. Acreditava-se que Sir Cecil Spring-Rice, o embaixador em Washington, encontrava-se regularmente com o gabinete ministerial do presidente Wilson e era consultado a respeito de todas as nossas políticas nacionais.

Às 15h, o sr. Gerard me levou à casa de Von Jagow, onde passamos mais de uma hora na companhia do ministro das relações exteriores. Von Jagow era um homem pequeno, magro e nervoso. Acendeu um cigarro atrás do outro durante a nossa entrevista. Parecia muito preocupado com a situação americana. Não devemos supor que o governo alemão não dava importância a uma ruptura com os Estados Unidos. Na época, os jornais alemães estavam nos ridicularizando e insultando, fazendo troça da ideia de que o Tio Sam entraria na guerra. O contraste entre essas fanfarronices jornalísticas e a ansiedade, e até mesmo o medo, demonstrados por aquela autoridade do alto escalão alemão me impressionou muito. A perspectiva de que nossos homens e recursos fossem usados do lado da Entente não era vista com indiferença, a despeito do que dizia a imprensa berlinense.

— Consideramos uma lástima o sr. Lansing insistir para que declaremos o torpedeamento do *Lusitania* ilegal — disse Von Jagow. — Ele está agindo como um advogado técnico.

— Para falar a verdade — respondi —, acho que os Estados Unidos não estão sendo minuciosos nem técnicos acerca dos termos exatos da sua declaração. Contudo, a Alemanha deve exprimir claramente seu pesar por aquele ato, dizer que o considera impróprio e que não voltará a agir daquela maneira. A menos que vocês façam isso, os Estados Unidos não se darão por satisfeitos.

— Não podemos fazer isso — ele replicou. — A opinião pública na Alemanha não o permitiria. Se fizéssemos uma declaração como a que o senhor delineou, o atual gabinete ministerial cairia.

— Achei que a opinião pública aqui estivesse sob controle — retruquei. —Pode demorar um pouco, mas tenho certeza de que vocês podem manipular a opinião pública para que aprove uma declaração desse tipo.

— No que diz respeito aos jornais — disse Von Jagow —, isso é verdade. Podemos controlá-los totalmente. No entanto, será necessário tempo. A imprensa não pode mudar de opinião imediatamente, terá de ser algo gradual, ao longo de duas ou três semanas. Podemos cuidar disso. Todavia, há parlamentares que não podemos controlar e eles causariam tanto problema que todos nós teríamos de renunciar.

— Porém, me parece que vocês poderiam reunir esses parlamentares, explicar a necessidade de manter os Estados Unidos fora da guerra e convencê-los. O problema é que vocês, alemães, não entendem as condições do meu país. Acham que os Estados Unidos não vão lutar. Não entendem o presidente Wilson, pensam que ele é um idealista, um homem de paz que, em circunstância alguma, pegará em armas. Estão cometendo o maior e mais custoso erro que qualquer nação poderia cometer. O presidente tem dois temperamentos bem distintos. Não se esqueçam de que ele tem sangue escocês e irlandês em suas veias. Até o presente momento, vocês viram apenas seu lado escocês, que o torna muito cauteloso, paciente, tolerante e o faz pesar todas as decisões. Mas ele também tem o ardor e a combatividade dos irlandeses. Quando ele toma uma decisão, nada pode demovê-lo. Se ele decidir lutar, lutará com toda a alma até o fim. Não o provoquem mais. Também estão enganados porque alguns importantes integrantes do Congresso, talvez até mesmo um secretário de Estado, se pronunciaram a favor da paz. Todavia, apenas um homem decidirá essa questão: o presidente. Ele a decidirá como achar correto e justo, a despeito do que os outros digam ou façam.

Von Jagow disse que eu lhe dera uma nova impressão do presidente, mas ainda tinha outro motivo para achar que os Estados Unidos não entrariam na guerra.

— E quanto aos teuto-americanos? — perguntou.

— Posso falar com muita propriedade sobre esse assunto — respondi —, pois eu mesmo sou teuto-americano. Nasci na Alemanha e passei os nove primeiros anos de vida aqui. Sempre gostei de muitas coisas alemãs, como a música e a literatura. Entretanto, meus pais deixaram este país porque estavam insatisfeitos e infelizes aqui. Os Estados Unidos nos acolheram amistosamente, nos deram um lar e nos tornaram prósperos e felizes. Há milhões de pessoas como eu, não há oportunidade comercial ou posição social a que não tenhamos acesso. Não acredito que exista povo mais contente no mundo do que os teuto-americanos — arrematei e, embora não pudesse revelar minha própria posição, pois ainda era embaixador, prossegui da seguinte maneira. — Veja o exemplo dos meus filhos: durante toda a guerra, eles simpatizaram com a Inglaterra e seus aliados. Meu filho está aqui comigo e me diz que, se os Estados Unidos entrarem no conflito, ele se alistará imediatamente. O senhor supõe que, caso entremos em guerra com a Alemanha, os teuto-americanos ficarão do seu lado? É uma ideia absurda. A maioria esmagadora dos teuto-americanos é da mesma opinião.

— Mas me disseram — prosseguiu Von Jagow — que haverá uma insurreição dos teuto-americanos se o seu país declarar guerra a nós.

— Esqueça qualquer ideia desse tipo — retorqui. — O primeiro que tentar se rebelar será punido de forma tão rápida e drástica que um movimento nesse sentido não irá longe. Acho que os próprios teuto-americanos leais serão os primeiros a administrar tal punição.

— Queremos evitar uma ruptura com os Estados Unidos — disse Von Jagow. — Contudo, precisamos de tempo para mudar a opinião pública aqui. Temos dois partidos com opiniões diametralmente opostas acerca da guerra submarina. Um acredita em levá-la ao seu limite extremo, sem considerar as consequências para os Estados Unidos ou qualquer outra potência. O atual gabinete ministerial é da opinião contrária; desejamos nos entender com o seu presidente. Porém, a facção militarista está nos pressionando muito. Eles nos obrigarão a renunciar se declararmos o torpedeamento do *Lusitania* ilegal ou impróprio. Acho que o presidente Wilson deve entender essa situação. Estamos trabalhando com ele, mas precisamos ser cautelosos. Suponho que o sr. Wilson, desejando evitar uma ruptura, preferiria que nos mantivéssemos no poder. Por que ele assumiria uma posição que nos obrigaria a renunciar para que nossos cargos fossem ocupados por homens que tornarão a guerra entre Alemanha e Estados Unidos inevitável?

— Vocês desejam que Washington entenda que a manutenção dos seus cargos depende dessa declaração?

— Certamente — respondeu Von Jagow. — Desejo que o senhor mande um telegrama a Washington nesse sentido. Diga ao presidente que, se formos destituídos agora, seremos substituídos por homens que defendem a guerra submarina ilimitada.

O ministro se declarou surpreso com minha descrição do presidente Wilson e de sua disposição a lutar.

— Nós o consideramos — disse Von Jagow — um homem de paz. Também não acreditamos que o povo americano vá lutar. Vocês estão longe do teatro de guerra e, afinal, por que lutariam? Seus interesses materiais não estão sendo afetados.

— Mas há uma coisa pela qual lutaremos: o princípio moral — respondi. — Está bastante claro que o senhor não entende o espírito americano, não percebe que não estamos nos refreando porque não desejamos lutar, mas porque queremos ser totalmente justos. Primeiro, queremos obter todas as provas. Admito que relutamos em interferir em disputas externas, mas insistiremos em nosso direito de usar o oceano como bem entendermos e não queremos que a Alemanha viole constantemente esse direito e mate nossos cidadãos. O americano talvez ainda seja um jovem impetuoso, mas, uma vez que se decide a defender seus direitos, segue em frente a despeito das consequências. O senhor parece achar que os americanos não lutarão por um princípio, mas talvez tenha esquecido que todas as nossas guerras tiveram como motivo questões de princípio. Veja a maior de todas elas, a Guerra Civil Americana, de 1861 a 1865. Nós, no norte, lutamos para emancipar os escravos, era simplesmente uma questão de princípio. Nossos interesses materiais não estavam envolvidos. E lutamos com esse objetivo, embora tenhamos sido obrigados a combater com nossos próprios irmãos.

— Não queremos nos desentender com os Estados Unidos — argumentou Von Jagow. — A paz no mundo depende de três nações: Inglaterra, Estados Unidos e Alemanha. Esses três países devem se reunir, estabelecer a paz e mantê-la. Agradeço sua explicação, entendo a situação bem melhor agora, mas ainda não vejo por que seu governo está sendo tão duro com a Alemanha e tão brando com a Inglaterra.

Dei a explicação usual de que considerávamos nosso problema com cada nação como uma questão distinta e que não podíamos condicionar a maneira como tratávamos a Alemanha ao tratamento dispensado à Inglaterra.

— Ah, sim — respondeu Von Jagow em tom bastante queixoso. — Isso me faz lembrar dois garotos brincando em um quintal. Um deve ser punido primeiro e o outro está esperando sua vez. Wilson vai primeiro dar umas palmadas no garoto alemão e, depois que tiver terminado, vai se ocupar do inglês. No entanto — continuou —, gostaria que o senhor enviasse um telegrama ao presidente dizendo que discutiu essa questão comigo e que agora entende o ponto de vista alemão. Poderia, por favor, pedir que ele não fizesse nada até o senhor chegar lá e explicar tudo pessoalmente?

Fiz a promessa e, com o sr. Gerard, enviei imediatamente o telegrama.

Às 16h30, eu tinha um compromisso para tomar chá com o dr. Alexander e sua esposa em sua residência. Eu estava lá havia cerca de 15 minutos quando Zimmermann foi anunciado! Ele era um homem bem diferente de Von Jagow. Deu-me a impressão de ser muito mais forte, mental e fisicamente. Era alto, até mesmo imponente, de modos imperiosos, direto e incisivo em suas perguntas, mas extremamente agradável e insinuante.

Zimmermann iniciou a discussão da questão teuto-americana com uma declaração que, acredito, ele julgava ser gratificante para mim. Falou-me do comportamento esplêndido dos judeus na Alemanha durante a guerra e da dívida que os alemães sentiam ter em relação a eles.

— Depois da guerra — alegou —, eles receberão um tratamento muito melhor do que o que receberam até agora na Alemanha.

Zimmermann me disse que Von Jagow havia falado da nossa conversa e me pediu para repetir parte do que eu havia dito. Estava particularmente interessado nas minhas afirmações sobre os teuto-americanos e queria ouvir pessoalmente os fatos nos quais eu baseava minhas conclusões. Como a maioria dos alemães, ele considerava os elementos germânicos da nossa população quase como uma parte da Alemanha.

— Tem certeza de que a massa de teuto-americanos seria leal aos Estados Unidos em caso de guerra? — questionou. — Seus sentimentos em relação à pátria alemã não são predominantes?

— O senhor obviamente considera esses teuto-americanos como uma parte da população que vive apartada do resto das pessoas e pouco influi na vida americana como um todo. Não podia estar mais equivocado. É possível encontrar aqui e acolá alguns que defenderão a Alemanha, mas eu estou falando de milhões de americanos descendentes de alemães. Essas pessoas se consideram apenas americanas. A segunda geração, em particular, não gosta de ser considerada alemã. É praticamente impossível fazê-los falar em alemão, eles se recusam a falar outro idioma que não seja o inglês. Não leem jornais alemães nem frequentam escolas alemãs. Também não gostam de ir a igrejas luteranas nas quais se fala alemão. Temos mais de um milhão de teuto-americanos na cidade de Nova York, mas tem sido muito difícil manter vivo um único teatro alemão, pois essas pessoas preferem os teatros nos quais o idioma falado é o inglês. Temos alguns clubes alemães, mas com pouquíssimos sócios. Os teuto-americanos preferem se associar a clubes com frequentadores de várias origens, e até mesmo o clube mais seleto de Nova York os aceita por seus méritos. Na vida política e social de Nova York há poucos teuto-americanos que, como tais, conquistaram uma posição de destaque, mas há muitos homens importantes em outras áreas que são de origem alemã. Se os Estados Unidos e a Alemanha entrassem em guerra, não apenas o senhor, mas todo o mundo ficaria surpreso com a lealdade dos nossos cidadãos de origem alemã. Se os Estados Unidos entrarem na guerra, iremos até o final, e será uma luta longa e muito acirrada.

Três anos mais tarde, não tenho motivo para me envergonhar de nenhuma dessas profecias. Às vezes, me pergunto o que Zimmermann acha atualmente daquelas minhas declarações.

Depois da explicação, Zimmermann começou a falar sobre a Turquia. Ele parecia interessado em descobrir se os turcos estavam propensos a negociar uma paz separada. Eu disse objetivamente que os turcos não achavam que tinham nenhuma obrigação em relação aos alemães, o que me deu a oportunidade de acrescentar:

— Aprendi muito sobre os métodos alemães na Turquia. Acho que seria um grande erro tentar adotar táticas semelhantes nos Estados Unidos. Falo disso porque já houve muita sabotagem, o que já está afastando os teuto-americanos de vocês e nos aproximando da Inglaterra.

— Mas o governo alemão não é responsável — argumentou Zimmermann. — Não sabemos nada a respeito.

É claro, eu não podia acreditar naquela afirmação. Acontecimentos recentes provam a sua falsidade, mas passamos para outros tópicos. A questão do submarino surgiu novamente.

— Restringimos voluntariamente nossa marinha — disse Zimmermann. — Não podemos fazer nada no mar, a não ser com nossos submarinos. A mim, parece que os Estados Unidos estão cometendo um erro grave em se opor tão fortemente ao uso de submarinos. Vocês têm um litoral grande e talvez um dia precisem de *U-boats*. Suponha que uma das potências europeias, ou especialmente o Japão, os ataque. Submarinos seriam muito úteis. Além disso, se insistirem na declaração que foi proposta sobre a questão do *Lusitania*, vocês simplesmente jogarão nosso governo nas mãos do partido de Tirpitz.

Em seguida, Zimmermann voltou a falar da situação na Turquia. Suas perguntas mostraram que ele estava muito insatisfeito com o novo embaixador alemão, Graf Wolf-Metternich. Ao que parecia, Metternich havia fracassado em sua tentativa de conquistar a boa vontade dos governantes turcos e havia causado problemas para o Ministério das Relações Exteriores da Alemanha. O embaixador havia demonstrado uma postura diferente da de Wangenheim em relação aos armênios e tentou sinceramente, junto a Talaat e Enver, interromper os massacres. Zimmermann disse que Metternich havia cometido um grande erro e destruído sua influência em Constantinopla. Ele não fez esforço algum para ocultar sua insatisfação em relação à manifestação de espírito humanitário do embaixador. Naquele momento, entendi que Wangenheim havia realmente representado a posição oficial de Berlim e recebi a confirmação, da mais alta autoridade alemã, de que a Alemanha havia consentido aquelas deportações.

Alguns dias depois, embarcamos em Copenhague e, em 22 de fevereiro de 1916, me vi mais uma vez entrando no porto de Nova York, chegando a meu país.

Apêndice

A fim de facilitar a pesquisa em mapas atuais, incluímos neste apêndice os topônimos das localidades citados neste livro na época de sua redação, em 1918, e nos nossos dias. Os nomes não incluídos nesta lista não sofreram modificação.

1918	2010
Adrianópolis	Edirne
Alexandreta	İskenderun
Bashkale	Baçkale
Constantinopla	Istambul
Dedeagatch	Alexandrópolis
Diarbekir	Diyarbakir
Erenkeui	Eren Keui
Erzinghan	Ezrincan
Eski-Shehr	Eskisehir
Filipópolis	Plovdiv
Foceia	Foça
Gaba Tepe	Kaba Tepe

Haidar Pasha	Haidarpa a
Hamidié	Hamidiye
Harput	Elâzi
Has-Keuy	Hasköy
Kadi-Keuy	Kadikoy
Kara Agatch	Karaagaç
Kihd-ul-Bahr	Kidulbahr
Konia	Konya
Kum Kalé	Kumkale
Lule-Bourgas	Lüleburgaz
Marsovan	Merzifon
Ras-ul-Ain	Ras-el-Ain
Sedd-ul-Bahr	Seddulbahr
Sultanié	Soltaniyeh
Tchanak-Kalé	Çanakkale
Urumia	Urmia
Zeitun	Süleymanli

IMPRESSÃO E ACABAMENTO:
YANGRAF Fone/Fax: 2095-7722
www.yangraf.com.br